Strategic Management

战略管理

路江涌 杨治 编著

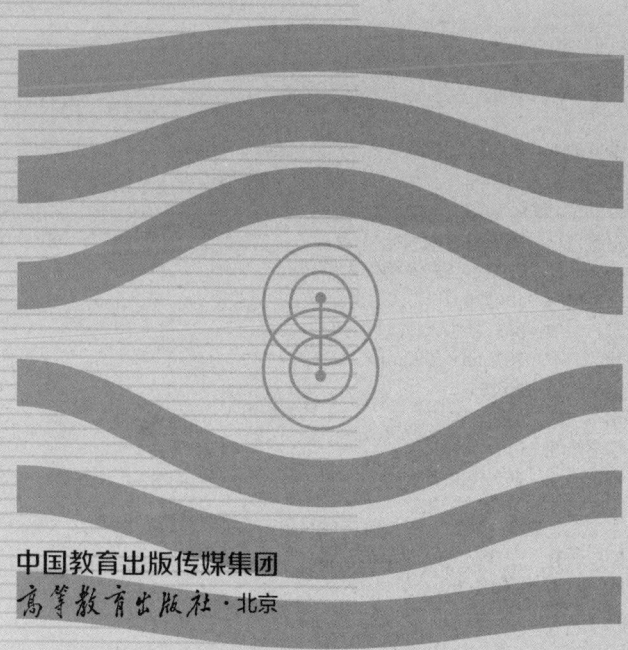

中国教育出版传媒集团
高等教育出版社·北京

内容简介

本书是专为致力于全面深入学习战略管理并应用于企业管理实践的学习者设计的综合性教材。全书从系统性和动态性角度，基于企业管理的格局（整体和局部）和视野（现在和未来）构建了全面的战略管理逻辑结构。

本书的内容分为四篇：第一篇介绍战略管理的基础理论，包括企业使命、愿景与价值观的形成，以及外部环境和内部要素的分析；第二篇分析企业在不同发展阶段的战略演化，如创业期、成长期、扩张期和转型期的战略；第三篇探讨企业面对竞争、生态、数字化、国际化和非市场环境时的策略选择；第四篇关注战略的组织和实施，确保战略决策能转化为行动并执行。

本书的主要特点在于融合了经验、工具、理论和文化四个知识层次，以案例驱动教学，提供适用于各类战略场景的实践工具，并且在理论框架上侧重反映中国企业的管理实践与发展。关于战略管理常用术语的互动游戏设计则增强了教学的趣味性和参与度。

本书的适用对象广泛，包括高等院校经管类专业的本科生、研究生（含 MBA 和 EMBA），尤其是对希望结合中国实际情况学习战略管理的读者来说，本书提供了丰富的学习资源和指导。此外，本书还适用于企业管理者，特别是需要参与战略规划和实施的中高层管理人员。

图书在版编目（CIP）数据

战略管理 / 路江涌，杨治编著. -- 北京：高等教育出版社，2024.10. -- ISBN 978-7-04-063165-4

Ⅰ．F272.1

中国国家版本馆 CIP 数据核字第 202479DF99 号

Zhanlüe Guanli

| 策划编辑 | 韦寅蕾　郭金录 | 责任编辑 | 韦寅蕾 | 封面设计 | 赵　阳 | 版式设计 | 马　云 |
| 责任绘图 | 易斯翔 | 责任校对 | 胡美萍 | 责任印制 | 刘思涵 | | |

出版发行	高等教育出版社	网　　址	http://www.hep.edu.cn
社　　址	北京市西城区德外大街4号		http://www.hep.com.cn
邮政编码	100120	网上订购	http://www.hepmall.com.cn
印　　刷	高教社（天津）印务有限公司		http://www.hepmall.com
开　　本	787mm×1092mm　1/16		http://www.hepmall.cn
印　　张	20.25		
字　　数	480千字	版　　次	2024 年 10 月第 1 版
购书热线	010-58581118	印　　次	2024 年 10 月第 1 次印刷
咨询电话	400-810-0598	定　　价	49.00元

前　言

战略管理是一个关于企业系统性管理和动态性管理的学科。对于企业高层管理者而言，既需要从系统性角度管理企业的各个要素和企业所面临的各种环境，又要从动态性角度管理企业生命周期中的各个阶段和各种变化。因此，我们可以从系统性（格局）和动态性（视野）角度来思考战略管理学科涵盖的内容。用这个逻辑框架整合战略管理学科的核心内容，就得到了图 0-1。

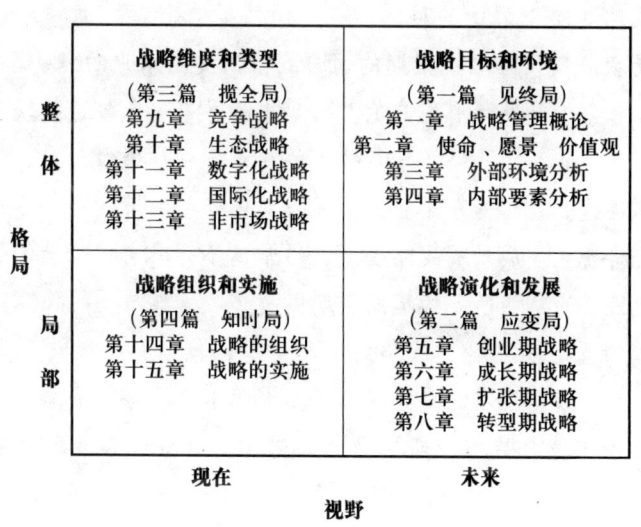

图 0-1　本书的内容结构

图 0-1 纵轴的"格局"表示企业管理的系统性，横轴的"视野"表示企业管理的动态性。"格局"可以分为局部和整体，"视野"可以分为现在和未来。我们把未来的整体称作"终局"，把现在的整体称作"全局"，把现在的局部称作"时局"，把未来的局部称作"变局"。于是，就得到这样一个战略逻辑结构：见终局、揽全局、知时局和应变局。

本书的第一篇着重分析企业的战略目标和环境，包括战略管理概论，使命、愿景、价值观，外部环境分析和内部要素分析四个章节。战略管理概论（第一章）从战略管理的内容、目标、环境、节奏、人员和方法六个方面入手，分析战略管理做什么（what）、为何要进行战略管理（why）、战略管理在哪里进行（where）、该何时进行战略管理（when）、战略管理由谁负责（who）、战略管理该如何做（how）六个基本问题。使命、愿景、价值观（第二章）讨论了使命、愿景、价值观对战略管理的重要意义，以及让它们在企业落地生根、有效贯彻的方法工具。外部环境分析（第三章）从不确定性和不连续性维度分析了企业外部环境，包括政治环境、经济环境、社会文化环境、技术环境、自然环境和法律环境等多个维度；企业的外部环境决定了企业应该采取什么行动，而企业的内部要素则决定了企业有能力采取什么行动。内部要素分析（第四章）分析了企业自身的资源和能力，帮助管理者充分了解自身的优势和劣势，并将其与外部环境分析相结合，以强化优势、克服劣势。

本书的第二篇着重分析企业的战略演化和发展，包括创业期战略、成长期战略、扩张期战略、转型期战略四个章节。创业期战略（第五章）关注创业阶段企业的特征，从用户、组织、产品和市场四个维度，分析创业者特征、创业机会来源、创业产品迭代、创业环境变化等方面。成长期是继创业期之后的企业发展关键时期。成长期战略（第六章）分析企业在成长期如何吸引大众用户，如何打造爆款产品，如何获得外部资源，如何促进组织成长。扩张期战略（第七章）的目标，在于向外延伸企业的边界，从而使企业规模扩大，提升效率，或者分散风险。扩张期的用户战略以提高用户的复购率和分享率为目的；扩张期的产品战略着力于开发现有用户的互补需求，并基于此打造关联产品，实现供应端或需求端的范围经济。转型期战略（第八章）的变革，往往通过用户、产品、组织和市场四个方面进行具体实施。战略变革是企业为了应对内外部环境的不断变化、维持竞争优势而采取的系统性战略变化。成功的战略变革，通常离不开具有前瞻性的管理认知、高效的组织学习，以及与战略变革相匹配的组织制度保障。

本书的第三篇着重分析企业的战略维度和类型，包括竞争战略、生态战略、数字化战略、国际化战略和非市场战略。竞争战略（第九章）主要分析成本领先战略、差异化战略、集中化战略和动态竞争战略，研究企业如何在竞争激烈的市场中获得并保持竞争优势。生态战略（第十章）研究作为组织与组织、组织与个体经济联合体的商业生态系统，包括企业生态系统、创新生态系统和平台生态系统等的自组织、互相依赖、基础设施和竞合演化。数字化战略（第十一章）介绍数字经济的发展趋势、数字技术与平台的特点，以及数字化环境带来的商业变化和企业内部管理变革要求，分析数字化战略的实施对企业运营管理的效率提升、价值创新的重要作用。国际化战略（第十二章）帮助读者理解企业国际化需要从为何国际化、如何国际化、向哪里国际化、何时国际化等方面进行系统性思考，并深入理解国际化的过程、节奏和效果。非市场战略（第十三章）关注企业针对非市场环境中的政府机构、社会公众、新闻媒体等间接利益相关者采取的战略行为，能够如何帮助企业降低或规避外部风险、提升合法性、实现竞争优势。

本书的第四篇关注企业的战略组织和实施，包括战略的组织和战略的实施两部分。战略的组织（第十四章）从组织与战略的关系切入，分析了高层领导者、中层领导者和员工在战略决策中的关键作用。战略的实施（第十五章）介绍了战略实施的四大流程，即战略规划、年度业务计划、管理执行与监控、业绩与管理体系评估，并根据每个流程的特点，引入了企业实践中常用的实施工具。

人类的知识结构可以分为四个层次：经验、工具、理论、文化。首先，人们在日常生活中获得经验。其次，人们从经验中总结规律，形成工具和流程。再次，人们从具象的规律中抽象出理论和科学体系。最后，人们通过长期的实践和思考，形成文化和哲学。本书的编写尝试融合经验、工具、理论、文化四个知识层次，力争在统一的体系中包括实践案例、应用工具、管理理论和文化内涵，做到有据、有用、有理和有趣，如图0-2所示。

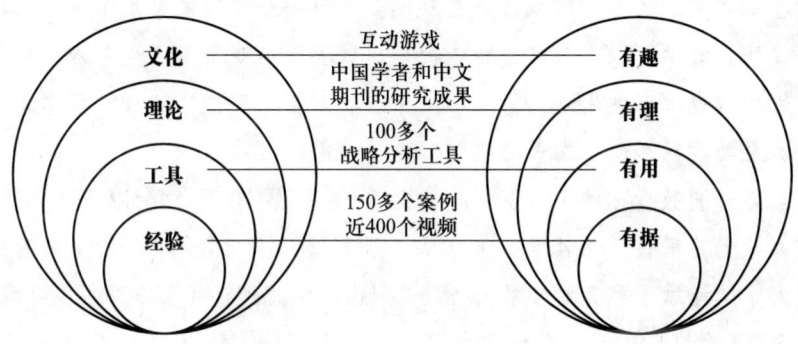

图 0-2　本书的编写特色

战略管理是一门来源于实践的学科，实践中的经验和案例对于战略管理教学至关重要。本书是一本新形态教材，除了文字和图表，各章后附即测即评、常用术语、知识链接和参考文献二维码。扫描知识链接二维码，读者可以得到与章中内容密切相关的超过150个研究型案例素材。这些素材绝大多数于最近几年发表在正规的学术刊物上，其内容的严谨性和及时性都能够得到较好的保障。针对使用本书的教师，编写团队还整理了近400个教学视频，用书教师可通过书后教学支持说明的联系方式获取视频资料。这些案例与视频资料能够帮助读者更好地学习战略管理这门课程，帮助教师更高效地传授相关的知识。具有严谨性和及时性的案例与视频形成了本书第一个编写特色：有据。

战略管理是一门来源于实践，又要回到实践的学科。战略管理学科的发展和影响力的产生离不开诸多战略分析工具的开发和利用。本书不仅为读者提供理论知识，也为读者提供应用工具。编写团队基于本书涉及的主要知识点，编写了一套战略分析工具包，包括超过100个战略分析工具。具有应用性和实践性的战略分析工具形成了本书的第二个编写特色：有用。

早期战略管理学科的起源和发展主要是基于西方发达国家企业的经营实践。然而，中国企业在改革开放后 40 多年的实践中，已形成了具有中国特色、时代特色的管理实践。在习近平关于"把论文写在祖国大地上"的号召之下，这些实践经过中国管理学者的不懈努力，已形成庞大的研究成果体系，发表在高质量的中文学术期刊上。可惜的是，现有包括战略管理教材在内的管理学教材，大多仍是基于西方学者或发表于英文学术期刊上的成果。本书的理论框架主要基于近年来发表在高质量的中文学术期刊上的研究成果，尝试把教材写在祖国大地上。这形成了本书的第三个编写特色：有理。

战略管理是企业管理的重要内容，决定着企业的发展方向和生存状况。战略管理问题不仅需要得到企业高层管理者的高度关注，也需要在企业中层和基层管理者中取得普遍共识。然而，在企业管理中有一个常见的挑战，即中层和基层管理者认为战略管理问题和自己不相干，对战略管理的参与度低。此外，战略管理的一些相关概念往往比较深奥和晦涩，没有足够管理经验的读者很难理解其精确含义。本书在编写过程中，设计了帮助读者理解战略管理基本概念的互动游戏，该游戏涵盖了每一个章节的常用术语，获取方式见书后教学支持说明。教师可以在教学过程中使用这些互动游戏帮助学生深入理解每个概念的含义，企业管理者也可以使用这些游戏帮助中层和基层员工把战略管理概念与企业经营实践联系起来。互动游戏形成了本书的第四个编写特色：有趣。

北京大学路江涌教授（第 1 ~ 3 章、第 5 ~ 8 章、第 10 章、第 12 章、第 14 ~ 15 章）和华中科技大学杨治教授（第 4 章、第 9 章、第 11 章、第 13 章）负责全书的编写和统筹工作。广州大学闫泽斌（第 2 章、第 15 章），中山大学林道谧（第 3 章、第 7 章），浙江大学沈睿（第 5 章、第 14 章），对外经贸大学郑玮（第 6 章、第 12 章），中山大学余雷（第 8 章、第 10 章），华中科技大学王梦阳（第 4 章、第 13 章）、肖晶（第 9 章）、杨敬岚（第 11 章），北京大学马铭泽（互动游戏）等老师和博士生，为相关章节的编写提供了辅助。

严谨扎实的学术研究是教学的基础。本书在写作过程中，吸取了国内外最新的学术研究成果，引用了大量近年来中国学者关于中国企业的研究和发表在中文权威期刊上的论文，践行研究驱动教学、研究和教学扎根祖国大地的理念。本书的写作得到国家自然科学基金重大项目"创新驱动创业的重大理论与实践问题研究"（项目批准号：72091310）的课题五"创新驱动的企业国际创业理论与战略研究"（项目批准号：72091314）、面上项目"我国企业进行公司创投的动因、机制和效果研究"（项目批准号：72072003）和重点项目"大模型技术应用于企业战略管理优化机制研究"（项目批准号：72342029）的资助。

受时间和能力所限，书中的内容难免有所疏漏，我们诚恳地请求各位读者对本书的不足之处给予指正，我们将非常感激您的宝贵意见和建议。我们将以更加严谨的学术态度和扎实的研究工作，不断修正和完善本书，以期达到学术研究和教学相互促进、共同进步的目标。

作者

2024 年 6 月

目　录

第二篇　战略演化和发展

第三篇　战略维度和类型

第四篇　战略组织和实施

---

① ⛶ 表示该部分为扫描二维码阅读的线上内容。

第一篇

战略目标和环境

第一章

战略管理概论

 学习目标

★ 战略管理内容：战略管理都做些什么？

★ 战略管理目标：为何要进行战略管理？

★ 战略管理环境：战略管理在哪里进行？

★ 战略管理节奏：战略管理该何时进行？

★ 战略管理人员：战略管理都由谁负责？

★ 战略管理方法：战略管理该如何进行？

开篇案例：方向要大致正确，组织要充满活力 ①

　　一个公司取得成功有两个关键：方向要大致正确，组织要充满活力。这里的大致正确的"方向"是指满足客户长远需求的产业和技术。其实"方向"包含的内容非常广泛，以客户为中心、以奋斗者为本、艰苦奋斗、利益分享制……都是我们前进的方向，这是广泛来说的。今天讲的是技术、产业。作为商业组织，如果不能聚焦客户需求，把握商业趋势，方向就不可能做到大致正确。

----

① 任正非.方向要大致正确，组织要充满活力：在公司战略务虚会上的讲话［EB/OL］.心声社区，2017-08-11.

一、未来智能社会是万物感知、万物互联、万物智能，华为应以万物互联为基础

要主动推动网络简化，减少自己的既有优势积累，才能构建更大的新优势。为此，要坚持有所为、有所不为，聚焦在战略机会点构建持续领先的优势。

1. 未来智能社会，智能无处不在，贯穿整个"端、管、云"架构。

智能社会有几个特征：万物感知、万物互联、万物智能。万物感知是传感器组成的"神经网络"，万物智能是超级计算，中间万物互联就是网络连接。

第一，端。万物感知，用什么感知？软件用手抓不到，人类只有依靠终端才能体会。

第二，管。在端和云走向智能的趋势下，未来的管将高度简化。

第三，云。云承载了未来的智能运算，代表新的运算模式和服务模式，必须抓住。

2. 推动网络简化，敢于削弱我们的既有优势，就是我们的新优势。

针对 OTT[①] 等推动开源、开放架构和白牌硬件，我们要看到其简化网络、提高效率等有价值一面，认识到其背后的推动力量是 OTT 自身的商业目的。我们也要推动网络简化，减少壁垒，削弱自己的优势，降低重心，形成更大的优势。当整个社会形态变得复杂时，只有提供越来越简单的网络，才具有优势。

3. 坚持有所为、有所不为，聚焦战略机会点，构建持续领先的行业优势，保持有利润的增长、有现金流的利润。

公司在业务发展过程中，处处是机会，处处是危机。如果世界不改变，我们沿着"火车道"往前跑就行，不需要看方向，但如果驾驶"汽车"不看方向，就会翻车。我们要有所为、有所不为，聚焦在战略方向上构建持续领先的优势。华为不是万能的公司，不可能一直增长下去，要练好内功，要做减法，聚焦到主航道来，否则样样都会，样样都不精通。

二、管道战略是产业战略，目的是将产业投资重点清晰化

很多人将管道战略误解为运营商业务，其实管道战略的范围很广，既面向运营商业务，又面向企业业务和消费者业务。华为这些年的优势还是在管道。在别的行业里，管道也能充分发挥作用，谁买我们的管道，谁就是我们的客户。

1. 运营商业务：正确理解客户需求，面对未来加大投入，将运营商解决方案做深、做透。

2. 企业业务：纵向发展、横向扩张，在行动中积累能力，在过程中及时地优化和调整，聚焦在自己明白的少数领域。

3. 消费者业务：走向更加开放，首先将通信功能做到最好。

---

① OTT（over the top）是指互联网公司越过运营商，发展基于开放互联网的各种视频及数据服务业务。

三、未来三至五年，服务要逐步走向数字化和智能化

华为在电信行业的经验是我们不可替代的财富，1 万亿美元的网络存量是我们的优势，要拥抱智能时代的趋势，利用先进的技术手段，逐步走向数字化和智能化。

1. 第一阶段借助机器学习和人工智能提升内部效率，将重复性劳动变成智能劳动、自动化。

2. 第二阶段再考虑升级服务内容和在线服务模式，在设备和网络的生命周期内，持续为客户创造价值。

3. 坚持内部经验库的管理，鼓励员工及时总结案例。

四、坚持开放、合作、共赢，保持组织活力，坚持厚积薄发，追求持续领先

1. 坚持开放合作，选择优秀的伙伴形成产业联盟、提高系统竞争能力。

2. 保持组织活力，坚持厚积薄发。

3. 追求"人无我有，人有我优"的持续领先。

案例思考题

1. 案例中，哪些话说明了华为为什么要做战略管理？
2. 案例中，哪些话体现了华为战略管理的主要内容？
3. 案例中，哪些话展现了华为进行战略管理的环境？
4. 案例中，哪些话显示了华为进行战略管理的节奏？
5. 案例中，哪些话涉及了华为战略管理的参与人员？
6. 案例中，哪些话反映了华为战略管理的实施方式？

第一节　战略管理的概念和理论

一、战略管理的基本概念

（一）战略管理的学术概念

"strategy"一词出自希腊语"strategos"，指军事将领指挥军队作战时所用的谋略。在中国，战略最早被视为一种军事纲领，可以提供作战的智谋。企业经营与战争最大的不同

点在于两者制定并实施战略的目标不一致。发动战争最根本的目的是消灭战争，其战略也是为了该目的而存在；企业经营的目标则是希望自己的企业能够永远保持活力。因此，在研究企业的经营战略时就不能完全借用战争的战略模式，企业经营战略具有其独特性。

战略管理的学术概念有很多种。明茨伯格在《战略的概念：战略的5P》一文中指出战略的概念有5种不同的内涵，即计划（plan）、模式（pattern）、定位（position）、观念（perspective）和计谋（ploy）。这5种内涵全部以英文字母P开头，因此也被称作战略的5P。

将战略视为计划，强调了战略的指导性特性，认为战略是一系列连续的、有意识的、预先规划的行动，是一种处理某种局势的方针。作为一种计划，战略是正式的、预计的行动程序，是经过意识思考后的一种行动方案或指导纲领，是按照一定顺序将企业的主要目标、方针、政策和经营活动结合而成的整体规划。依据这个定义，战略具有两个本质属性：一是预见性，即战略是在企业开展经营活动之前制定的，计划在前，行动在后，计划指导行动；二是意志性，即战略是有意识、有目的开发制定的，反映人们对未来行动的主观愿望。

将战略视为模式，强调战略本质上是一套已经实现了的具有连贯性的行为，并为其加一个意图。也就是说，假定在这种模式背后有一个计划，但是这只是一种假定，它不一定正确。由此战略是基于一系列的行为模式的定义得以确定，而这种行为模式又是从企业的经营活动中得来，体现在企业各项运营活动中，包括产品生产、运输、销售、服务各个环节，也包括行政管理、财务状况、社会责任等方方面面。

将战略视为定位，强调了战略的匹配特性。根据这种理解，战略可以协助企业在环境或市场中，找到适合自身生存和发展的位置。作为定位的战略，是企业内部空间与外部空间的一种适配力量，是企业和环境之间的纽带。战略定位观念鼓励企业在制定战略时从环境的角度出发，特别是从竞争的环境中寻找最有利的定位，以应对、避免甚至打破竞争来保护自己。

将战略视为观念，强调战略是人们理解世界的固有方式，而不仅是定位的选择。例如，一名领导者若富有创造力和开拓精神，在企业经营中就会更关注创造新技术和开发新市场，反之则会选择稳定、低风险的经营策略。换句话说就是，不同的组织管理者，其看待问题的方式与出发角度不同，对组织的定位选择也就不一样。

将战略视为计谋，强调了战略本质上应归为一种特殊的计划，是一种旨在取胜于对手或竞争者的特定策略。例如，某企业通过向外宣称其扩大生产规模的计划来威胁潜在的竞争对手，阻碍其进入该行业，该计划可能并不会真的被实施，而是向对手显示企业的竞争意愿和决心，从而阻止或打乱竞争对手的战略布局，获得本企业的战略优势。

（二）战略管理的实践概念

实践者往往不拘泥于任何一个学术概念，而是从实践的角度出发，尝试理解事物的本质。我们可以用"战略 = 格局 × 视野"这个公式理解什么是战略。人们常说，企业家要有全局观、全球观和未来观，也就是说，要有格局和视野。"格局"指向空间，而"视野"指向时间。所以，"战略 = 格局 × 视野"这个公式意味着，可以从格局和视野，或者从空间和时间，这两个维度来思考什么是战略。

如果我们画一个 2×2 的矩阵图，将"视野"作为行，将"格局"作为列，并且把视野分为"现在"和"未来"两个阶段，把格局分为"局部"和"总体"两个层面，就可以得到图 1-1。

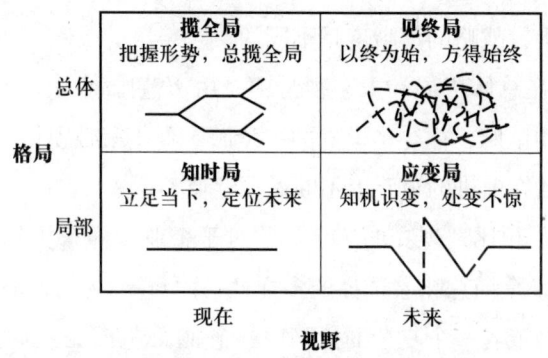

图 1-1　战略 = 格局 × 视野

图 1-1 中，总体格局和未来视野的组合是"见终局"。所谓"见终局"，指的是要能够看到事物未来发展的最终结果和总体情况。近年来，企业家非常推崇"终局思维"，其原因主要在于企业面临的营商环境越来越复杂且瞬息万变，如果企业家只盯着眼前的利益和局部的市场，企业的发展可能很快就会遇到瓶颈。所以，越是在复杂的环境中，企业就越需要有愿景，而且要以愿景为终局，从愿景出发而不是从眼前的利益出发制定企业战略——以终为始，方得始终。

局部格局和现在视野的组合是"知时局"。所谓"知时局"，其实就是"定位"，企业根据现在的实际情况和局部环境，确定自己发展的起点，先找到能让自己安身立命的方法。这就好比一个人不能只是憧憬未来或这山望着那山高，而是要在仰望星空的同时，还能够脚踏实地，做好自己目前能做的事情。对于企业而言，知时局就是要依托自己的资源和能力，找到自己的战略定位，然后从定位出发，向着终局的目标前进。

总体格局和现在视野的组合是"揽全局"。所谓"揽全局"，指的是要在大格局下考虑企业战略，不能只顾局部利益，而忽略全局的参与者。企业家群体所推崇的"跨界思维"

是"揽全局"的具体体现。在复杂多变的商业世界里，企业的竞争对手很可能不是来自现在的同行，而是来自其他行业的跨界竞争者。例如，让数码相机企业陷入困境的不是同行的其他相机企业，而是手机企业；造成方便面销量下降的不是其他零食，而是外卖行业；等等。

局部格局和未来视野的组合是"应变局"。在全球化和网络化的时代，营商环境瞬息万变，唯一不变的可能只有变化本身。因此，企业必须能够更快地适应外部环境和自身情况的变化，适应局部的变化，进而响应全局的变化。企业只有根据变化不断进行调整，才能在时代大潮中知机识变，处变不惊。

从"格局"和"视野"两个维度理解"战略"，我们得到了战略需要做到"见终局、知时局、揽全局、应变局"这个结论。现实中，战略的制定和实施并没有这么简单，在不同的格局和视野组合中，战略的清晰度是不同的。

如图 1-1 所示，在总体格局和未来视野中，由于范围太大、时间太长，企业家所见到的"终局"好像一团乱麻，往往是模糊的。然而，企业家必须相信自己看到的终局，果断地向着终局前进，并在前进的道路上不断做战略调整。

和未来的"终局"相比，现在的"全局"对于企业家而言更加清晰，但也充满不确定性。如图 1-1 所示，全局意味着选择的多样性，而每一种选择所通向的方向非常不同，就好比一根分权的树枝或者一个复杂的岔路口。企业家站在岔路口的起点，必须有能力判断每条岔路的终点，才能对企业走哪一条或者哪几条岔路做出判断。

对于企业家而言，在千万条道路中，目前所走的这条路好比一条连续的直线，确定性最高，连续性也最好。所以，企业要紧紧把握住眼下的发展机会，积累自身的资源和能力，为随时可能到来的变局做好准备。

对于企业而言，见终局、知时局、揽全局的目的是应变局。面临变局的企业就像一辆正在平坦公路上行驶的汽车，突然被沟壑和山峰挡住了去路，而不得不寻找新的道路。企业只有随时为变局做好准备，才能事到临头知机识变，处变不惊。

曾鸣总结过阿里巴巴制定战略的四个步骤，分别是：终局、布局、定位、策略。首先，阿里巴巴提倡"终局思维"，而终局思维首先意味着能够"见终局"。在"见终局"的过程中，"相信"非常重要，"因为相信，所以看见"。换言之，只有相信自己的战略判断，才能看到终局，也才能有方向。其次，终局毕竟是未来的模糊影像，见到终局后还要对照当前的全局情况。全局就好像企业制定战略的地图，只有总揽全局，才能布局好自己的兵力部署。再次，企业战略不仅要考虑全局的情况，还要重点考虑自己的实际情况，定位于最佳战略位置，而只有知时局才能准确定位。最后，企业在总体战略之下要制定具体策略，而制定具体策略的目的就是要应对变局。不难看出，阿里巴巴制定战略的这四个步骤和"见终局、知时局、揽全局、应变局"的战略思路非常吻合。

知识链接

扫描章后二维码，学习"什么是战略"

二、战略管理的理论沿革

（一）理论萌芽期

战略管理学科从 20 世纪 30 年代诞生以来，经历了多个发展阶段。早期战略管理理论萌芽的时间跨度是 20 世纪 30 年代到 60 年代中期。1938 年，巴纳德首次将战略的概念引入管理理论。他认为，把战略因素局限于管理活动和交易活动的某些方面是没有必要的，在任何需要做出决策的情况下，企业组织应该遵循的原则是相同的，都必须考虑到战略因素。

学界一般认为，率先对企业战略做出明确定义的是钱德勒的《战略与结构》。他将企业战略定义为："确定企业的长期基本目标与目的，选择企业达到这些目标所遵循的途径，并为实现这些目标与途径而对企业重要资源进行的管理。"这一定义虽然侧重于企业成长方法和资源管理，但为企业战略研究指明了方向。

（二）理论发展期

进入 20 世纪 60 年代后，全球性竞争加剧，人们也认识到未来是不可预测的，环境是不确定、不连续的，这就从根本上动摇了战略管理理论关于未来可以计划、可以预测的思想。这时，以环境变化分析为中心的战略管理理论便占据了主导地位。1965 年，安索夫出版了第一本有关战略的著作《企业战略》，成为现代企业战略管理理论研究的起点。从此以后，很多学者积极地参与企业战略管理理论的研究，在这一时期出现了多种不同的理论学派。

设计学派的代表人物是安德鲁斯，其在《公司战略概念》一书中首次提出了公司的战略思想问题。设计学派认为：战略制定是一个有意识控制的思想过程。企业的经理是企业战略的唯一制定者，其战略制定过程是简单而又非正式的一次成型过程，成型之后即付诸实施。另外，其认为最佳战略应具有创造性和灵活性。

计划学派以安索夫为主要代表。他在《战略管理》一书中，系统地提出了战略管理的模式和产品市场组合矩阵。计划学派认为：战略构造应该是一个有控制、有意识的正式计划过程。战略计划的实施则应通过目标、项目、预算的分解来进行，具体制定和实施计划的人员必须对高层管理人员负责。战略行为是企业对其经营的外部环境的适应过程以及由此而产生的企业内部结构化的过程。

定位学派在战略定位问题的基础上明确提出，企业在考虑战略时必须将企业与所处的环境相联系，而行业是企业经营的最直接环境；每个行业的结构又决定该行业内部的竞争状况，结构力量（五力模型）决定该行业的平均利润率，从而决定了行业内各企业的潜在利润水平。

企业家学派认为，具有战略洞察力的企业家是企业成功的关键。战略形成主要集中于企业领导人，他们依靠智慧、经验及洞察力进行直觉判断，以决定企业活动领域和发展方向。

认识学派形成于 20 世纪 80 年代中后期。该学派认为：认识是无序的；认识是信息处理的过程；认知是制图过程；认识是概念形成过程；认识是构建过程。认识学派从认知心理的角度出发，认为战略制定不仅是一个理性思维的过程，而且涉及一定的非理性思维，并且后者常常更为重要。

学习学派的代表性著作有彼得·圣吉的《第五项修炼》。该学派认为，战略是通过渐进学习、自然选择形成的，可以在组织上下出现，并且战略形成与贯彻是相互交织在一起的。战略形成与发展就是思想与行动、控制与学习、稳定与改变相结合的艺术性过程。

权力学派把战略形成看作一个协商的过程，强调在战略形成过程中，必须考虑权力即政治方面的因素。权力学派认为，企业内外存在着各种正式和非正式的利益团体，他们会利用各自的权力对企业战略施加影响。因此，战略制定过程是各种正式或非正式利益团体运用权力、施加影响、不断谈判、相互控制和折中妥协的过程。

文化学派将战略形成看作一个集体思维和社会交互的过程，它把个体的集合连接到组织这个整合实体之中，着眼于共同利益，确立了组织风格与个人风格的同等地位，有利于建立整体观念。该学派认为，文化是社会成员随着时间推移而创造的一种共享意向，它的形成不仅通过纯粹的社会活动，还有赖于成员之间的相互关系以及所使用的资源。

环境学派把战略的形成过程看作企业对外部环境的反应过程，环境作为一种综合力量，成为企业战略形成过程的中心角色。该学派将注意力转移到组织外部，重点研究组织所处外部环境对战略制定的影响，注重描述特定环境与组织特殊属性之间的关系，应用组织生态学、社会网络分析等方法研究企业战略理论。

结构学派将战略的形成看作一个变革的过程。该学派认为，企业战略应从两方面去定义，才能真正反映企业战略的性质和特点。一方面，战略在一定时期需要稳定，形成某种需要从多个角度认识的架构；另一方面，战略变革又穿插于一系列相对稳定的战略状态之间，因而战略架构也需要变革。

（三）理论成熟期

20 世纪 80 年代以来，涌现出了行业结构学派、核心能力学派、核心竞争力学派、超级竞争学派、战略资源学派、高阶管理学派和动态能力学派等一系列战略管理理论学派。

行业结构学派主要代表作是迈克尔·波特的《竞争优势》和《国家竞争优势》。他认为,行业吸引力是营利性的主要决定因素,企业的恰当定位是获取竞争优势的基础。构成企业环境的关键部分就是企业投入竞争的一个或几个行业,行业结构极大地影响着竞争规则的确立以及可供企业选择的竞争战略。因此,行业结构分析是确立竞争战略的基石,理解行业结构是战略制定的起点。该学派建立在定位学派基础上,其应用也受行业边界模糊性、行业结构稳定性差的局限。

波特的战略管理思想对企业的内在因素未做深入研究,不能突破把企业视为"黑箱"的局限。为了克服波特战略管理思想的缺陷,80年代中后期开始,战略管理思想由波特的结构观转向了能力观,即从企业外部转向了内部。能力观强调组织内部的技能和集体学习,以及对它们的管理技能,认为竞争优势的根源在于组织内部,新战略的采取受到公司现有资源的约束。该学派认为,核心能力是"组织积累的新学识,特别是如何协调不同生产技能和有机结合多种技术流派的学识";认为企业间绩效差异源于知识不对称和由此导致的企业核心能力的差异。

核心竞争力学派认为,核心竞争力是一个企业中集体学习与智慧的结晶,是企业某种显著的竞争力,是协调多种技术和技能的知识体系和能力,发挥企业经营活动的基石与核心的作用,广泛应用于企业的不同业务和终端产品中,在很大程度上界定企业的形象认知,属于企业总体而不属于某个业务单元。比如,佳能的图像处理能力和本田制造小型发动机的能力。核心竞争力的形成需要跨部门的交流、参与和承诺,需要在使用中得到积累,在共享中得到增强,需要谨慎保护和精心培育。核心竞争力为企业进入广泛的产品市场空间提供跳板、支持和契机,为它所支持的终端产品增加价值,使产品在客户的眼里具有较高的效用。并且,核心竞争力应该很难被对手模仿。

超级竞争学派认为,企业的竞争优势难以持久,合作战略并不能导致企业走出超级竞争的困境。在超级竞争中取胜的唯一手段就是毫不犹豫,无所畏惧,全面拥抱,拔剑而战。适应不断打硬仗的挑战,不断获取短期竞争优势。这也正应了善于在超级竞争中生存并胜出的英特尔公司前掌门人格鲁夫的那句名言:"只有惶惶不可终日者才能生存。"

战略资源学派认为,企业战略的主要内容是如何培育企业独特的战略资源,以及最大限度地优化配置这种战略资源的能力。企业战略资源及其运用能力方面的差异,成为企业竞争优势的源泉,是造成企业间业绩差异的重要原因。企业竞争战略的选择必须最大限度地有利于培育和发展企业的战略资源,而战略管理的主要工作就是培育和发展企业对自身拥有的战略资源的独特的运用能力,即核心能力,而核心能力的形成需要企业不断地积累战略制定所需的各种资源,需要企业不断学习、不断创新、不断超越。只有在核心能力达到一定水平后,企业才能通过一系列组合和整合形成自己独特的且不易被人模仿、替代和占有的战略资源,才能获得和保持持续的竞争优势。

高阶管理学派的研究广泛深入地考察了管理者的特性（年龄、受教育程度、社会阶层、职能背景、性格特点、能力程度、工作年限、管理年限、企业任职长短、同一产业内任职长短等）、管理团队的构成特点（上述指标的平均值、偏差范围、同质化或异质化程度等）和动态性（独裁拍板或集体决策、政治行为的程度和类别、寻求一致还是允许差异、主动出击还是被动反应等），以及他们对企业战略类型的选择、组织结构的设计、控制体系的建立、企业文化的培育、决策中的风险承受和企业经营绩效的影响。

动态能力学派认为，具有有限动态能力的企业，不能培养竞争优势并使竞争优势的来源适应时间的发展，最终会失去其生存的基础。而具备很强动态能力的企业，能够使它们的资源和能力随时间变化而改变，并且能利用新的市场机会来创造竞争优势的新源泉。动态能力论则主要是针对基于创新的竞争、价格/行为竞争、增加回报以及打破现有的竞争格局等领域的竞争进行的。它强调了在过去的战略管理理论中未能受到重视的两个方面：第一，"动态"的概念是指企业重塑竞争力以使其与变化的经营环境保持一致的能力，当市场的时间效应和速度成为关键、技术变化的速度加快、未来竞争和市场的实质难以确定时，就需要企业有特定的、对创新的反应。第二，"能力"这一概念强调的是战略管理是适当地使用、整合和再造企业内外部的资源和能力以满足环境变化需要。

> **知识链接**
>
> 扫描章后二维码，学习"影响企业绩效的战略管理理论视角"

第二节 战略管理的目的和意义

一、战略管理的目的

在企业界流传着这样一句话："创新找死，不创新等死。"这句话所反映的就是企业发展面临的方向不确定性和路径的不连续性。创新就是找新的方向，只有在可能的方向中不断进行探索，才可能找到一条通向未来的道路。然而，如果企业把过多精力放在新方向的探索上，那么在现有方向持续前进所需资源就可能被稀释，可能出现现有方向上发展的不连续性。所以，战略的核心就是选择做什么和不做什么。战略选择的指导思想在于企业的使命、愿景和价值观，而战略选择的行动能力在于企业的运营和执行。

高效运营和执行的主要作用是帮助企业克服发展路径上的各种不连续性，而价值观、使命和愿景的主要作用是帮助企业降低发展方向上的各种不确定性。在此基础之上，战略的作用是在企业的价值观、使命和愿景与企业的运营和执行之间架起桥梁和纽带，使得企业的价值观、使命和愿景能够落地，使得企业的运营和执行能够不偏离企业的发展方向。战略的目的可以总结为，帮助企业在不确定性中找到确定性，在不连续性中找到连续性（图 1-2）。

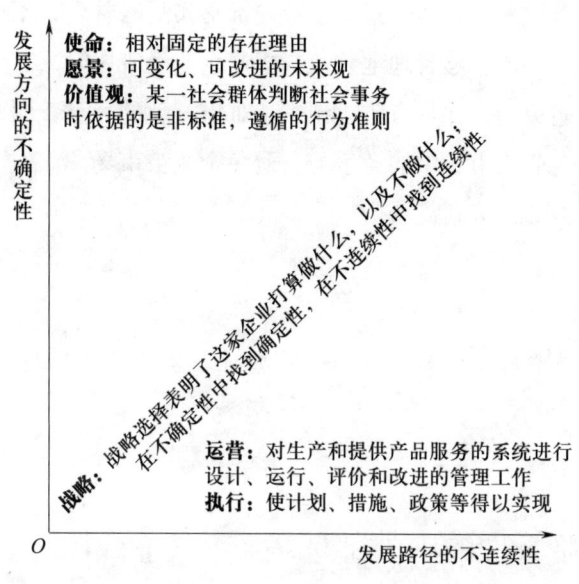

图 1-2　战略与不确定性和不连续性

使命、愿景、价值观、战略、运营、执行等这些广义企业战略概念的构成要素之间的关系如下：首先，引领战略方向的是企业的使命和愿景，也就是企业存在的目的；其次，约束企业存在范围和边界的是价值观；再次，企业的使命和愿景在价值观的约束下体现为企业的战略目标；又次，战略目标在运营中转化为实际的运营指标；最后，运营指标通过实际的行动达成。

二、战略管理的意义

战略管理对企业持续健康发展具有重要的意义。首先，通过在企业内部落实战略管理可以为企业的持续健康发展提供良好的决策性作用，可以帮助企业达到持续健康发展的最终目的。战略是以企业长久发展利益为出发点开展的一系列活动。战略管理以致力于现在、着眼于未来为发展观念，通过对市场及企业的发展定位进行正确分析，准确地预判出市场变化动态和趋势，并为企业制定相应的解决对策，帮助企业最大限度地降低经济损失，进而为企业指明正确的发展方向。

其次，通过在企业内部落实合理的战略管理，可以有效地为企业持续健康发展制定科学的计划，合理地分配企业内部资源，强化企业发展结构，优化人力资源分配，做好企业营销、管理、研发、生产等多个环节的共同管理，统一企业内部的发展目标，集中企业内部的凝聚力与向心力，实现全局的高度统一，从而更好地带领企业持续健康发展。

最后，企业的发展目标是获得更多的经济利益和产生更好的社会效益，避免企业遭受经济损失或者更加严重的后果，而通过在企业内部落实战略管理，不仅可以一定程度上促进企业持续、健康发展，还能够合理地防范与规避企业经济风险，有效降低或避免经济损失。经济风险是无法避免的，并具有难以预判、难以避免的特点，因此，只有通过展开合理的战略管理，提高企业在市场中的竞争力，避免企业被市场淘汰，才能更好地促进企业发展，为企业带来更多的经济利益。

> **知识链接**
>
> 扫描章后二维码，学习"战略管理实践面临的挑战"

第三节 战略管理的内外部环境

一、战略管理的外部环境

企业环境研究包括企业外部环境研究和企业内部环境研究。通过研究外部环境，企业确定它们可能选择做什么，而通过研究内部环境，企业可以确定它们能做什么。

优化营商环境，促进全要素生产率提高是实现经济高质量发展的重要抓手。党的十九大以来，为加快打造市场化、法治化、国际化的营商环境，党中央、国务院作出了一系列重大部署，出台了许多优化营商环境的政策文件（如2020年实施的《优化营商环境条例》）。同时，各地按照党中央、国务院部署，纷纷出台政策，通过简化审批许可、放宽市场准入、规范经营运行、强化监督检查等多措并举，整合优化涉企事项，从行政体制机制角度优化营商环境。

营商环境通常包括公共服务、人力资源、市场环境、创新环境、金融服务、法治环境、政务环境7个维度。① 公共服务反映城市为市场主体提供的公共基础性服务，如水、电、气、医疗卫生等。其直接影响企业生产运营能力与效率，也会影响企业的投资决策与产品销售。② 作为企业投入的生产要素之一，人力资源是企业创业经营的重要支撑力。

人力资源指数则主要用来衡量一个城市劳动力市场人力资源供给的情况。③ 市场环境是企业经营选址的重要考虑因素，直接决定了企业产品消费渠道与市场需求的规模大小。同时，经济发展水平比较高的地区，市场经济体制更为完善，企业能够有更多的发展机会和更为公平的竞争环境。④ 良好的创新环境通过影响研发人员数量、研发资金和研发设备的更新来促进研发投入的增加。同时，创新环境的改善会提高企业的创新效率，增加创新产出，促进企业绩效增长。⑤ 金融服务水平越高，意味着企业融资压力越小、融资成本越低，企业越有动力开展研发创新、投资等活动。⑥ 良好的法治环境能够实现市场主体公平竞争、具有平等地获取资源的权力，能够显著促进企业投资。⑦ 政府作为市场的主要参与者之一，其对市场的发展具有全局性的规划、协调、服务、监督的作用，直接影响营商环境。

营商环境对企业的作用主要体现在对全要素生产率的影响上。首先，营商环境通过驱动技术发展提升企业全要素生产率。新经济增长理论认为经济系统内的技术进步和外部性是经济增长的根本原因。根据新经济增长理论，良好的营商环境应该一方面可以促进人力资本和技术创新；另一方面通过制度的分配调节机制，对知识溢出进行调节，促进社会生产率提升。

其次，营商环境通过驱动产业结构优化提升企业全要素生产率。根据发展经济学，结构转换对全要素生产率提升存在促进作用，主要表现为产业结构优化带来效率提升，体现在两方面：一方面，结构优化会促进生产和消费升级，增加对知识密集型商品的供应和需求，从而促进收益递增。另一方面，产业结构升级通过产业互动与整合促进了既有技术效率的溢出，比如数字化技术运用到传统产业可提高效率。

最后，营商环境通过降低交易成本提升企业全要素生产率。在缺乏有效制度约束下，交易一方可能最大化自己的利益，而有损于另一方的利益。因此，需要"看不见的手"之外的力量解决交易中的高成本问题。良好的营商环境制度，一方面可以促进市场主体通过自主交易获得合理收益，另一方面可以降低交易成本。

知识链接

扫描章后二维码，学习"中国城市营商环境评价"

二、战略管理的内部环境

企业内部环境的主要构成要素有六个，分别是企业资源、企业能力、企业组织结构、企业文化、企业内部控制制度和企业管理团队。

企业可以被看作资源的集合体，企业由于资源禀赋的差异而呈现出异质性。企业的竞争优势来源于企业拥有和控制的有价值的、稀缺的、难以模仿并不可替代的异质性资源。企业资源的异质性将长期存在，从而使得竞争优势呈现可持续性。识别优势资源并对之进行有效的开发、培育、提升和保护是战略管理的重要内容。企业资源是企业拥有的能够提高其战略效果的所有资产、能力、组织流程、信息、知识等，是企业在实施其战略时可以利用的力量。

亚当·斯密的分工理论认为，企业提高生产效率的有效途径是分工。分工可以有效降低生产成本。亚当·斯密的分工理论可以说为企业能力理论体系奠定了最早的理论基础。后来，学者用"核心能力"概念定义组织中知识的积累，并认为企业保持自身长期竞争优势是通过构建核心能力而达到的。进一步，"动态能力"概念被用来概括企业整合、构建、重构内部和外部能力以应对快速变化的环境的能力，动态能力被视为对企业资源观的拓展。

随着世界经济全球化进程的加快和信息技术飞速发展，金字塔组织分工过细、层级繁多、官僚主义的弊端日益暴露，传统层级组织的弊端严重阻碍了企业的发展。在此背景下，企业组织结构变革产生了新的趋势：① 企业组织结构扁平化；② 组织结构的非层级化；③ 企业流程再造；④ 网络化企业组织结构；⑤ 企业内部组织团队化；⑥ 组织结构虚拟化；⑦ 企业组织规模适度化。

企业文化是一个群体在适应外部环境和进行内部整合时，在不断解决各种问题的过程中所获得的、为所有成员所认同的一套基本假设，这些假设已经在实践中被证明是行之有效的，而传授给每位新成员。最后这种假设变得根深蒂固，渗入员工的潜意识中，后来每一位新员工经过耳濡目染就会被潜移默化。企业文化的构成有三个层次：① 深层的默认假设。这是文化的精髓。② 价值观。这是企业的理想目标，也是它希望呈现给公众的形象。③ 日常行为。

企业内部控制制度是指企业行政领导和各个管理部门的有关人员在处理生产经营活动时相互联系、相互制约的一种管理体系，包括为保证企业正常经营所采取的一系列必要的管理措施。企业内部控制制度涉及设计合理有效的组织机构和职务分工，实施岗位责任分明的标准化业务处理程序，按其作用范围大体可以分为两个方面：① 内部会计控制。其范围直接涉及会计事项各方面的业务，主要是指财会部门为了防止侵吞财物和其他违法行为的发生，以及保护企业财产的安全所制定的各种会计处理程序和控制措施。② 内部管理控制。范围涉及企业生产、技术、经营、管理的各部门、各层次、各环节。其目的是提高企业管理水平，确保企业经营目标和有关方针、政策的贯彻执行。

传统的战略管理理论主要从企业的外部环境和企业竞争力等方面探讨企业的战略抉择，并假定战略抉择者是完全理性和同质性的，把战略抉择看成效用最大化的经济过程。

事实上，在企业战略抉择过程中，管理者起着非常重要的作用。同样的环境，不同的管理者有着不同的战略抉择。企业管理团队是维持企业有效运转的动力源之一，在很大程度上决定了企业对环境的应变和适应能力、决策能力和管理能力。

> **知识链接**
>
> 扫描章后二维码，学习"企业组织变革趋势"

第四节　战略管理的节奏和周期

一、战略管理的节奏

在当今日益动荡、复杂的市场环境中，企业竞争优势的可持续时间变得越来越短暂。获得可持续的竞争优势，对于企业而言是一个关键挑战，需要企业动态地审视自身的战略行为及其绩效影响。这意味着，有必要将企业的外部环境、内部资源以及其适配程度，结构化地沿着时间维度进行分析。企业家需要围绕企业经营的外部环境和组织内部过程，动态地思考战略演进的逻辑。所谓动态，就是把时间维度纳入战略研究和分析的框架，考察企业行为和绩效在变化的环境中变化的规律。由于竞争优势是企业在动态环境下生存和发展的关键，企业需要开展一系列的战略活动来获取竞争优势。然而，即使是相同类型的战略活动，也会因实施过程的差异而产生不同的结果。因此，基于时间视角考察战略节奏对企业竞争优势的影响至关重要。

战略节奏主要用来刻画企业战略在执行过程中随时间变化而展现的动态性，旨在刻画企业战略活动随时间变化而展现的速度、变异性等动态特征。战略节奏是企业的一种节律性活动，即企业通过追踪市场需求的变化，在产品市场中动态调整自己的战略行为，在资源市场中改变自己的资源能力组合，借助股权市场收获价值并进一步更新资源基础，应对产品市场的未来挑战。

与战略节奏相关的概念主要包括时机、频率、速度、步幅、经验、学习、顺序、韵律等。在一次战略活动中，企业最先面临的是对战略时机的把握，企业对战略时机的反应速度通常决定了战略活动的起点，而战略执行的速度则影响整个战略活动过程中的经验积累和学习效果，进而决定战略活动的终点；在系列性的战略活动中，多个战略活动交替的速度则构成频率。另外，变异性也体现在多次战略活动发生的次序交替的情形，决定企业对经验知识的学习和吸收效果。

在迅速变化的动态环境下，时间是一种关键的战略资源，企业只有找到与自身资源与能力相匹配的战略节奏，才能借助时间的作用让自身的资源与能力发挥出最大或者最优的用处。那么，企业如何找到适合自己的战略节奏以获取竞争优势呢？

首先，在企业内部的个体层面，管理者作为战略决策者，其时间观念与节奏风格影响着企业战略执行过程的总体倾向。而管理者自身所具备的资源与能力则影响其战略决策能力：一方面直接影响企业战略方向的选择，另一方面决定着管理者对自身节奏风格偏好的支撑程度。因此，管理者的时间观念、节奏风格及其自身的资源与能力是个体层面影响企业战略节奏的重要原因。其次，在企业自身层面，企业自身的资源与能力是支撑企业战略活动的基础，而战略活动自身性质与内容的变化从根本上决定了企业战略执行过程中相关经验与知识的积累，因此资源和能力是产生战略节奏的企业层面的重要原因。最后，在企业外部层面，企业是在动态环境中谋求生存与发展，因此企业需要根据宏观环境的变化调整自己的战略活动进程。

> **知识链接**
>
> 扫描章后二维码，学习"小米公司的战略节奏"

二、战略管理的周期

企业生命周期理论将企业的发展视为生物体生命周期现象的一种模拟，存在着从出生到成长、成熟、衰老与死亡的周期性。和所有生命体一样，企业之所以有生命周期，是因为构成企业的要素有生命周期。根据共演战略理论，企业是由用户、组织、产品和市场四个战略要素组成的，对企业发展生命周期的理解也需要结合战略四要素的生命周期入手进行分析。

（一）用户生命周期

用户需求是有生命周期的，产品能力和用户购买力决定着用户的实际需求水平。当产品能力通过技术创新得以提升后，潜在需要转化为实际需要；当用户购买力因为价格下降或收入上升得以提升后，实际需要转化为实际需求。

需求生命周期曲线反映了在市场达到饱和之前，不同类型用户进入市场的顺序和需求发展的阶段。从进入市场的顺序看，用户可分为创新者、早期采用者、早期大众、晚期大众和落后者五类。其中，创新者和早期采用者在需求发展的萌芽期即进入市场，早期大众在需求发展的成长期进入市场，而晚期大众和落后者在需求发展成熟期才进入市场。等到用户中的落后者全部进入市场，市场需求就达到了饱和。

（二）组织生命周期

正如产品生命周期和需求生命周期紧密相连一样，组织生命周期也和产品生命周期密切相关。在企业创业期，由于尚未形成完整的商业模式，业务规模也非常小，企业的组织发展主要围绕以创业者为核心的创业团队展开，并随着商业模式的清晰化和业务规模的扩大，增加或调整相应的组织功能。

在成长期，企业的核心业务已经基本确定并得到快速发展，而业务快速增长不一定完全来自组织能力，可能是因为市场环境和用户需求带来了好的机遇。这种情况下，企业的组织能力很可能跟不上业务的发展和组织规模的增加，从而为企业的持续发展埋下了隐患。在快速发展期，企业组织建设的核心任务是促进组织能力发展，包括创始人、高管团队和员工的发展，及时调整组织架构，并根据业务的发展需要搭建规范的管理体系。

在扩张期，企业的业务结构将趋于相对稳定，业务发展速度和行业的平均水平相差不大。这时候，相对稳定的业务决定了企业组织结构的稳定性，调结构不是这个阶段企业组织建设的重点，而提升组织效率成为平稳发展期组织建设的核心命题。

在转型期，企业原有业务增速放缓，需要寻找新的商业模式。在此阶段，企业不仅面临寻找新商业模式的挑战，来自原有组织惯性的挑战更大。企业原有的业务逻辑和组织惯性会带来强大的惰性，这种惰性不只来自普通员工和高管人员，企业创始人自身的局限将成为企业实现变革突破的最大障碍。在转型期，转变思维模式是组织创新的前提，包括员工和高管人员对既得利益的重新认识，也包括企业创始人对自己认知边界的重新探索。

如果企业不能突破组织惯性的束缚，那么企业将在组织方面进入衰退期。在有些情况下，企业的业务虽然还在持续发展，但已失去必要的组织活力和组织能力。这类企业也许还能凭借技术、需求、市场等方面的优势存续一段时间，但正如外强中干的枯木，会在不期而至的暴风雨中毁灭。

（三）产品生命周期

需求生命周期本质上是用户对产品需求的起伏变化，和产品生命周期紧密相关。产品和生命体一样，也要经历开发、引入、成长、成熟、衰退的阶段。产品的开发阶段和引入阶段可以合并作为产品的迭代研发阶段，而产品的成长阶段、成熟阶段、衰退阶段分别对应着共演战略的成长阶段、扩张阶段、转型阶段／衰退阶段。

产品开发阶段和引入阶段的产品特点是批量小、成本高。此时，用户对产品还不了解，关注产品的主要是极少数创新者和少数早期采用者，企业往往不得不投入大量的促销费用，对产品进行宣传推广。产品成长阶段的特点是，由于早期大众开始接受产品，产品销量上升，成本下降，价格也可能随之下降。产品成熟阶段的特点是，由于产品大批量生产并稳定地进入市场，随着晚期大众人数增多，市场需求趋于饱和，产品普及并日趋标准化，成本低且产量大，产品价格下降压力增加。产品衰退阶段的主要特点是，由于科技的发展和用户消费习惯改变等原因，产品不能继续适应市场需求，市场上已经有其他性能更好、价格更低的新产品可以满足用户需求，原有产品的销售量和保有量持续下降。

（四）市场生命周期

市场要素是企业发展的重要外部环境因素，技术趋势、市场竞合和资源资本是市场要素的三个重要组成部分。分析市场要素价值可以从这三个方面进行。首先，应用于商业的技术有其产生和发展的自身规律，通常会经历萌芽期、发展期、成熟期和衰退期四个阶段。企业在技术发展的不同阶段进入市场，对于企业后续发展有重要的影响。通常，在技术萌芽期利用新技术进入市场的企业在用户心目中将拥有技术领先者的地位，但由于技术本身尚未成熟，使用最新技术的企业不一定能取得最好的绩效。

其次，由于在行业发展的不同阶段市场中相互竞争的企业和潜在的合作者数量与地位不同，从市场竞合角度也可以把行业发展分为萌芽期、发展期、成熟期和衰退期四个阶段。在行业的萌芽期，市场上企业数量较少，它们之间的竞争与合作程度均有限；在行业的发展期，市场上企业数量增多，企业竞争对手和合作对象均快速增多，竞合程度增强；在行业的成熟期，由于行业增长空间变小，企业之间的竞争变得更加激烈，合作可能性减少；在行业的衰退期，行业中所剩企业数量减少，出现企业共谋现象的机会增强，企业间竞争趋缓，合作甚至合并的可能性增加。

最后，在行业的萌芽期，企业可以利用的行业相关资源稀缺，具有行业所需专门技能的人员很少，行业发展所依赖的供应链也尚未形成。同时，投资者对行业发展前景并不看好，企业获得资金和资本难度较高。在行业的发展期，具有行业所需专门技能的人员开始出现并聚集，围绕行业需求发展起来的供应链甚至是供应商集群开始形成。同时，投资者看好行业的发展前途，资金和资本开始从其他行业流入本行业的。在行业的成熟期，随着行业内企业自身的发展和积累，行业内的相关资源达到峰值，拥有大量的专门人才储备和完善的供应链体系，而先前进入本行业的资本开始获利退出。在行业的衰退期，由于行业发展空间萎缩，行业积累的大量资源使用效率下降，并开始流向其他行业。在此阶段，不仅新的资本不再流入衰退中的行业，衰退行业内企业的资本积累也开始投向其他行业。

知识链接

扫描章后二维码，学习"华为企业生命周期"

第五节　战略管理的各级参与者

一、高层管理者的作用

高层管理者（简称高管）在战略管理中的作用至关重要。高管是企业战略管理的重要推动者，他们的战略信念对企业的战略选择、战略定力和战略成果都有重要影响。但如果高管过度自信，也可能造成企业的战略自大、战略迷失和战略失败。

高管战略信念的形成受环境影响，而且其战略信念不是固定不变的，而是会随着内外部环境的变动进行相应的调整。当内外部环境的变动超出一定范围时，高管战略信念会不断突破原有信念，形成符合企业环境的新信念。

环境的不确定性理论表明，组织和环境时时刻刻都在交换信息，环境不确定性作为企业的一种主观感受，影响着企业的战略变革方向以及最终导向选择。外部环境是通过改变高管战略信念来影响企业战略决策的。战略信念形成初始期，高管的能力有限，对环境特征和组织特征中的部分问题或事件的短暂关注会影响到高管的战略感知。

初始战略信念形成后，高管需要持续地关注环境特征和组织特征中的问题或事件的相关概念集合并进行深层次解读。高管对相关战略问题进行解读后，通常会将处理的问题分为两类。一类是以往遇到过的问题，一般根据战略惯性提取方案并进一步修正方案。另一类是未曾遇到的问题，需要构造新的概念以及新的方案，这类问题需要在认知过程进行创造。新的战略信念形成后，原有的信念并未消失，而是以辅助形式与适合当前企业的新信念并存，过滤后的初始信念和创造的新战略信念共同形成最终的战略信念。此外，通过持续关注内外部环境的变化，最终的信念将重新影响战略感知，形成新一轮的初始战略信念。战略信念循环往复更新，为企业的发展提供后续保障。

心理学研究表明，过度自信是人类个体普遍存在的一种现象。就管理者而言，其过度自信水平更为明显和突出。在20世纪六七十年代，对过度自信的研究开始出现在心理学领域并逐渐得到学者的密切关注。时至今日，管理者过度自信已经成为心理学、金融学、经济学、管理学等领域重要的研究对象，得到了学者的广泛关注。作为一种认知偏差，过度自信是指个体高估自身能力的倾向，是由个性特征和外部刺激因素共同导致的个体主观认识与客观实际之间的一种向上认知偏差，主要表现为过高估计、过度精确和过高定位。

过高估计是指个体高估自身实际能力、表现、控制水平和成功概率。"过高"是指自己的估计结果高于或优于实际结果，"估计"的是自己而不是他人的结果，更不是自己与他人之间的差距。过高估计将令管理者产生"满载而归"的认知偏差。过度精确是指个体对于自己估计结果的准确性或精确性具有极高的确定性。过度精确是对自己估计结果发生的可能性和实际结果发生的可能性之间的比较。过度精确会使管理者产生"胸有成竹"的认知偏差。过高定位是指个体认为自己的行为表现要好于其参照对象。过高定位是个体对自己在某一特定行为方面表现的估计结果与自己对他人在同样行为方面表现的估计结果之间进行比较，认为自己优于参照对象。过高定位会让管理者形成"舍我其谁"的认知偏差。

二、中层管理者的角色

中层管理者在战略管理过程中可能承担四种角色：战略计划实施者、战略行动协调者、战略意义构建者、战略变革倡议者。

中层管理者是战略计划实施者的观点，把战略过程看作一种理性的、有计划的、自上而下的活动，由高层将行动计划传递至基层经理。战略制定是高层管理者的任务，而中层管理者的主要任务是实施和控制。

中层管理者是战略行动协调者的观点，将中层管理者定义为战略对话的参与者，以及高层和基层管理者之间的协调者。他们强调中层管理者的角色是"高层管理者和业务工作人员的链接人"。该种观点认为，中层管理者在战略变革实施过程中起到"上传下达"的作用。

中层管理者是战略意义构建者的观点，强调中层管理者在战略意义构建过程中的作用，认为中层管理者的话语能力体现在两类话语活动中：一是组织谈话，指在特定情境下，中层管理者组织信息，并以合适的方式将信息传达给利益相关者，并对其产生影响的活动；二是设定环境，指中层管理者将与战略活动相关的人召集到一起，就对战略活动的理解达成共识并建立围绕战略活动的工作团队的言说活动。

中层管理者是战略变革倡议者的观点，强调中层管理者自下而上发起战略变革。此观点并不认同高层管理者是成功战略变革的关键因素，实践中高层管理者更多地阻碍了战略变革的发起，而中层管理者和基层管理者却推动了战略变革的产生。组织通常以自上而下的惯性方式来解释事件，因此很容易错过罕见和新颖的机会，而中层管理者会在新事件出现的早期阶段，鼓励跨层级管理者对事件进行解释，并在后期阶段对各种解释进行综合，这样更容易产生新的变革想法。

三、基层员工的参与

在企业战略实践中，无论既定战略是高管团队理性选择的结果，还是利益相关者群体博弈演化的产物，战略的有效执行都需要各级员工广泛参与、密切协作和鼎力支持。但是，如果员工对本企业战略的基本内容、逻辑和实施路径不甚了解，或者对企业战略缺乏认同、执行热情不高，那么，企业战略在实施过程中就会出现所谓的"执行缺口"，既定战略难以付诸实践，战略绩效也就无从谈起。

企业的战略共识，即各级员工对本企业战略的理解程度、认同程度和执行意愿，是影响企业战略执行力和战略绩效的重要因素。应该重点做好以下几方面的工作：

（1）注重培育各级员工的战略意识。企业高管应该在战略实践中，通过清晰的战略陈述和高效的战略沟通来培育中下层员工的战略意识，以确保各级员工能够充分理解企业的愿景、使命和战略目标。

（2）强化员工执行战略的情感管理。就战略执行而言，理解是前提，战略认同和战略承诺是关键。而中下层员工对战略的态度和执行意愿主要受他们认同企业价值观的程度以及企业绩效评价和激励政策等因素或制度的影响。因此，加强对员工的情感管理，是充分发挥战略共识整体效应的关键措施。

（3）确保员工适度参与。目前，相当多的企业把战略看作少数精英的事情，战略决策仅仅在范围很小的圈子里进行，而没有让中下层员工特别是核心员工适度参与。战略制定和执行的分离，导致战略本身曲高和寡，员工则我行我素。其实，在战略管理中，允许和鼓励中下层员工适度参与战略制定工作，有利于增进中下层员工对战略的理解，提高他们认同战略的程度和实施战略的责任感，从而提高企业的战略执行力。因此，允许和鼓励员工适度参与战略制定工作，应该成为企业战略共识管理的重要内容。

第六节　战略管理的形成和实施

一、战略管理的步骤

战略管理是企业内部整体管理中的一个核心要素，对企业整体的持续健康发展具有至关重要的作用。而战略管理主要是以企业长久的发展目标为核心，以时间、系统为线索，制定科学、合理的战略举措，并严格控制战略分析、战略选择、战略实施、战略评价与调整的每一个环节，最大限度地发挥战略管理的作用，从而推动企业持续健康发展。

战略分析是企业执行战略管理的首要条件，通过对目前市场进行分析，确定市场的发展方向，结合本企业经营现状，明确自身在市场中的使命与价值。战略管理是通过运用成熟的战略分析模式对企业的发展战略进行详细分解，找出其中存在的问题，并制定合理的解决方案，进而实现企业内部的高效共鸣，实现共同发展的目标。

企业在战略分析结束之后，需要根据分析结果制定多个企业发展战略选择方案，并结合企业自身的实际情况从企业发展战略选择方案中择优选择，从而最终确定企业的发展战略。企业在制定发展战略、选择发展方案的过程中，一定要确保发展方案具有可行性和可操作性。

战略实施是企业战略管理当中最为重要的一个环节，是确保企业能够达到发展战略目标的核心所在，企业需要对战略实施部分加以重视，以战略选择为中心，制定严谨的战略实施方案。战略评价与调整是战略管理当中不可或缺的一个重要环节。市场环境并不是一成不变的，会随着时间、社会发展、国家政策等的影响而变化，因此，企业应分析其中的规律，进而根据市场环境变化对发展战略进行适当调整。

二、企业战略的共创

共创式战略管理的总体思想是以战略共创达成战略共识，鼓励在战略编制过程中进行思想碰撞和融入集体智慧，保证战略自上而下充分沟通和交流，实现上下同欲，自然而然地形成自下而上主动执行战略的局面，以此促进共同奋斗。

企业战略的共创机制是三层逐级承诺制。"三层"是指企业高层、中层和基层。高层指全体高管（总经理部全体成员），对企业的战略方向和总目标负责；中层指部门经理，对企业总目标分解的具体目标负责；基层是各部门执行层，对实现具体目标的具体行动负责。各层责任明确，实现逐级承诺制，确保企业战略目标的层层落实。

企业战略的共创实现方式是"1+1+N"研讨模式。第一个"1"是每年9月份，企业组织高管召开高层务虚会，旨在聚焦和突出企业管理层的意志，定位企业未来的战略发展方向。第二个"1"是召开一次中高层战略研讨会，以SMART原则的标准确立年度具体目标。会议的目的是针对企业的年度战略方向，组织中高层管理者（企业总经理部和部门负责人）进行集体头脑风暴，分组研讨确定企业各个领域的具体目标，确定具体目标的负责部门，并逐项对具体目标的目标值进行质询，以确保合适的目标牵引。"N"是召开多次行动分解会，依次分解确定具体行动和衡量标准。经过高层务虚会和企业中高层战略研讨会，各项具体目标已清晰并落实到责任部门，为保障各项目标的顺利实现，由具体部门的承接单位组织对相应目标的风险分析和行动分解，从而形成完整的战略成果。

三、企业战略的协同

经营活动与战略的协同是执行的核心。许多战略管理研究文献都提到，企业战略执行效果差的关键因素之一是经营活动与战略脱节，战略无法贯彻到企业的日常经营活动中。因此，有效的执行要求有一套系统的方法，将模糊的愿景和战略转化为可供执行的目标和举措，使战略得以转化为切实的行动。企业愿景和战略制定后，必须将长期战略目标转化为短期行动目标，并将总体战略细化为各部门的运营计划，进而根据运营计划拟订相应的投资与经营预算，以保障战略执行的顺利进行。

战略协同的关键在于实现企业经营活动与战略的匹配，使企业的战略意图和计划得到充分的贯彻和实施，将整个企业的日常经营活动紧紧地围绕企业的战略目标而展开。平衡计分卡和战略地图，为实现战略协同提供了颇有价值的思路和工具。平衡计分卡的核心就在于将企业战略分解并转化为可感知的计量指标体系，据此实现日常经营活动与战略的衔接并管理战略执行。日常经营活动与战略衔接得越好，战略得以执行的力度也就越大，执行的效果也就越好。

组织内不同的管理活动可以分为两大类：其一为与企业价值创造直接相关的主要运营活动，包括流入物流、生产、流出物流、营销与销售、售后服务等。其二为有助于推动内部运营流程实现的组织基础，包括组织结构的设置、决策权的分配、人力资源管理以及信息系统管理等。企业要想通过低成本或差异化战略实现其竞争优势，必须依照战略的要求设置关键的业务流程，突出价值链上主要运营活动中的重点并针对这些重点提供充分的资源保障（运营协同）。同时，主要运营活动的有效开展离不开组织基础（组织协同）。只有依据战略需求合理地设置组织架构以保障关键业务流程的顺畅衔接，才能保障运营活动的重点得以充分实现，进而有效满足用户需求，实现战略目标。因此，企业的主要运营活动和组织基础与战略的匹配决定着战略执行的效果。运营协同和组织协同的程度越高，战略执行的效果越好。

知识链接

　　扫描章后二维码，学习"中国五矿与中国中冶重组"

四、企业战略的控制

有效执行战略必须有一个战略信息控制系统。否则，战略进程就有可能逐渐偏离事先设定的轨道，战略也会因得不到及时的修正和调整而过时，最终导致战略执行失效。在现实的战略管理活动中，许多管理人员都会碰到一个重要的问题，即如何对战略执行的进程和效果进行追踪和评估。战略是一个可能帮助企业从现状过渡到战略目的地的预定途径，也是一个假设。它有可能将企业带到目的地，也有可能使其误入歧途。随着内外部条件的变化，企业的发展常常会偏离预定的方向。这时，缺乏有效的战略信息控制系统会导致企业错误判断既定战略的合理性和有效性，进而更加努力地实施已经不合时宜的战略，危及企业的发展甚至生存。

战略控制的另一个重要方面是行为控制，即如何将各层级员工的业绩考核和奖罚制度与战略执行相衔接，使之能够按照预先制定的经营方向从事经营活动。战略制定者要想使战略得到有效执行，就要将员工利益与期望的战略结果相衔接。业绩考核和奖惩激励制度与战略执行表现挂钩会使得员工在主观上追求自身利益的同时，客观上促进战略目标的实现，从而实现委托人与代理人的利益协调一致，减少代理人与战略目标不协调的自利行为，降低代理成本，以保障战略的有效执行。

知识链接

扫描章后二维码，学习"华润集团的战略管理控制系统"

本章小结

本章从战略管理的内容、目标、环境、节奏、人员和方法六个方面入手，分析战略管理做什么（what）、为何要进行战略管理（why）、战略管理在哪里进行（where）、该何时进行战略管理（when）、战略管理由谁负责（who）、战略管理该如何做（how）六个基本问题。本章介绍了战略管理的基本概念和理论沿革，讨论了战略管理的步骤和意义，分析了战略管理的内部和外部环境，说明了战略管理的节奏和周期，阐述了战略管理各级参与者的角色，揭示了战略管理的形成和实施步骤，为全书的知识框架做了全面铺垫。

思考题

1. 对比各种关于战略的定义，思考如何全方位理解战略的概念。
2. 思考"见终局、揽全局、知时局、应变局"的战略思维如何运用在个人成长中。

3. 战略是一个企业管理概念，是否也可以应用在人生规划中？

4. 战略管理的 5W1H 分析思维，可以如何应用到其他情境里？

5. 战略有节奏，生活是否也有节奏？企业有周期，人生是否也有周期？

6. 战略需要全员参与，是否意味着管理不只是管理者的事情？

即评即测

常用术语

知识链接

参考文献

第二章

使命、愿景、价值观

 学习目标

- ★ 理解使命的内涵及对企业的作用。
- ★ 理解愿景的内涵及对企业的作用。
- ★ 理解价值观的内涵及对企业的作用。
- ★ 掌握使命、愿景、价值观的陈述及落地方法。

开篇案例：《奇点》——支付宝的故事 ①

《奇点》是一部电影质感的约七分钟的广告短片。该短片讲述了由 2003 年发生的真实故事改编的支付宝第一次交易成功的故事。

支付宝是如何取得信任的？在网上支付还未流行的时代，如何获取消费者的信任？该短片讲述了人与人之间信任的故事，讲述了支付宝与信任之间的故事，让支付宝的第一位买家选择信任的其实是支付宝的一名员工。短片传达了"因为信任，所以看见"的理念，每一笔交易都是消费者对支付宝的信任，而每一份信任都是支付宝应当为消费者承担的责任。

支付宝始终围绕"信任"开展工作，始终为消费者甚至整个社会服务。为消费者提

---

① 支付宝. 支付宝 15 周年微电影：奇点［DB/OL］. 优酷，2019-12-04.

供更便捷贴心的服务，不辜负消费者信任，是支付宝每一位成员工作的使命。

支付宝相信：企业社会责任应内生于企业的商业模式，唯有如此才能实现可持续发展。社会责任对企业不是负担，每一家企业都可以找到自身与企业社会责任的接洽点。人人都有社会责任，在网络化的便捷环境下，人人都有能力履行社会责任。支付宝不仅是金融工具、商务平台，更是社会责任平台。

支付宝为公益机构提供免费的即时支付服务，以汶川地震后开通网络募款通道为例，包括希望工程、中国扶贫基金会、中国儿童少年基金会、壹基金等300多家企业、公益机构都接入了支付宝，支付宝支撑了中国公益九成以上网募站点。

《奇点》通过重新演绎，将支付宝的起源故事展现在消费者面前，表达了支付宝的品牌核心——"信任"。这一份信任是消费者对支付宝的信任，是支付宝为了不辜负这份信任而进行的努力与奋斗。

《奇点》看似是讲述在那个网络不发达的年代，人们初次接触"网银"，对支付宝从质疑到信任的故事。实际上是在强调，这份信任可以延续到今天。在当今网络发达的社会，网络世界纷繁复杂，仍然存在着不信任网上支付的人。短片将人与品牌的信任转化为人与人之间的信任，使这个使用产品的过程多了一份人情味。这个短片既进一步套牢了老用户的心，也吸引了一部分新用户的心，让新用户选择信任，尝试接触。

案例思考题

1. 搜索并观看《奇点》短片，理解支付宝在发展过程中的"变与不变"。
2. 讨论使命、愿景和价值观在支付宝发展过程中的作用。

第一节　使命

一、使命的定义

使命（mission）是组织或个体对社会和利益相关者应承担的责任，它揭示了组织或个体存在的根本理由。韦伯词典对"使命"一词的解释是"预先设定且通常自我强化的目标或宗旨"。汉语中的"使命"最早出现于《左传·昭公十六年》："会朝之不敬,使命之不听,取陵于大国,罢民而无功,罪及而弗知,侨之耻也。"最初的意思是指出使者所领受的来自君王的任务。如公元前138年,汉武帝派遣张骞出使西域,张骞历经磨难,12年后才返回汉朝,为开辟中国通往西域的丝绸之路做出了卓越贡献。

对个人而言,使命是个人存在的意义,它为个人事业指明了方向,让人的生命有依托。稻盛和夫认为,一个人应该树立一个光明正大的、符合大义名分的、崇高的使命;如果没有如此崇高的使命,人们就很难从内心深处有继续努力工作的愿望。北宋大儒张载的"为天地立心,为生民立命,为往圣继绝学,为万世开太平"的理念对中国知识分子影响非常深远,成为中国无数知识分子的使命。两弹元勋邓稼先以我国核武器自主研发为使命,为之奋斗一生,临终前他说,要是有来世,他还会选择中国,选择核武器事业。他的好友杨振宁评价说:"邓稼先的一生是有方向、有意识地前进的。没有彷徨,也没有矛盾。"

对企业而言,使命定义了企业的经营范围和存在的价值,回答了"企业是干什么的"这一问题。它不仅让企业在经营定位上与行业竞争对手形成了差异,同时也激励了企业在这一方向坚持不懈。亨利·福特于1903年创办福特汽车公司时,多数汽车公司坚持为富人造车,汽车售价在4 700美元左右,但亨利·福特则不然,他立志要造"造车人能够买得起的汽车"。他说:"我要为大众生产一种汽车,不会有人因为薪水不高而无法拥有它。每个人都买得起,每个人都将拥有它。马会从我们的马路上消失,汽车理所当然地取代它。"在使命的引领之下,福特发明并大力推广、优化流水线生产方式,使T型车的售价由1909年的近900美元,降到1924年的近300美元。到1927年,T型车合计生产近1 500万辆,亨利·福特成为名副其实的"汽车大王"。

知识链接

扫描章后二维码,学习"共益企业"

二、使命的作用

彼得·德鲁克说,企业的一切源于使命,一切与使命密切相关。他认为,企业开展经营与管理,首先要明确自己的使命,并将使命贯穿于企业经营管理活动的始终。企业的经营行为应是使命驱动的,与资源驱动、资本驱动或知识驱动相比,使命驱动更内在,力量也更强大;与利润驱动和成就驱动相比,使命驱动效用更持久。可见,使命对企业经营管理具有举足轻重的作用。

（一）使命表达企业存在的目的

企业使命的核心作用是表达企业存在的目的。德鲁克认为，关于企业的目的，只有一个正确而有效的定义——"创造顾客"。是顾客决定了企业是什么。因为只有当顾客愿意付钱购买产品或服务时，经济资源才能转变为财富，物品才能转变为商品。企业自己认为产品是什么不重要，对于企业的前途和成功不是那么重要。相比而言，顾客认为他购买的是什么，产品在他心中的"价值"何在，才具有决定性的影响。换句话说，顾客将决定企业是什么样的企业，它的产品是什么，以及它会不会成功兴旺。因此，企业要以为顾客创造价值为己任。

知识链接

扫描章后二维码，学习"组织的使命是什么"

（二）使命是战略管理的大前提

只有明确了"企业是干什么的"这一问题，企业才有可能在这个方向上确定企业未来的愿景（目标），进而制定实现未来愿景的战略，并编制相应的实施计划。京东的使命是"让购物变得简单、快乐"，其自营的仓储和物流配送从"快"的角度提升了顾客的购物体验。阿里巴巴的使命是"让天下没有难做的生意"，这个使命决定了阿里巴巴的平台思维。使命不同导致了京东和阿里巴巴在物流配送方面战略的差异。

（三）使命让企业专注核心优势

企业使命反映了企业对某一领域的长期承诺，没有对该领域的长期承诺，企业不可能形成核心优势。2011年5月，拉里·佩奇拜访乔布斯，请教他做一个好首席执行官的秘诀。乔布斯说："要想清楚谷歌成熟以后想成为什么样的公司，现在摊子铺得到处都是。你想专注做的5个产品是什么？然后把其他的都扔掉吧，因为它们会拖你的后腿，它们会把你变成微软，导致你生产的产品虽符合要求但不伟大。"

（四）使命强化个体的组织承诺

如果企业的使命能够得到员工的认同，甚至成为员工个人的使命，那么，员工就能以主人翁的心态，与企业同甘共苦。2014年，万科推出事业合伙人制度来改造职业经理人制度。万科对传统职业经理人制度的反思主要是：职业经理人可以共创、共享，但没有共担。也就是说，职业经理人可以一起干事、一起富贵，但不能一起患难。一旦遭遇重大的行业风险，职业经理人往往难以依靠。归根到底，企业需要包括职业经理人在内的管理者相信企业的使命并为之奋斗。如果普通员工都能被使命感召，企业将焕发强大的生命力。

（五）使命彰显企业的社会责任

企业使命反映了企业对员工、股东、消费者、社会以及环境保护等方面做出的承诺，这帮助企业赢得利益相关者乃至整个社会的认同与支持，并最终获得可观的利润和持续发展的机会。本杰瑞是全美三大冰激淋公司之一，这家冰激淋公司成立于一家废弃的加油站，几年后销售额就达到了 1.5 亿美元，与知名冰激淋品牌哈根达斯分庭抗礼。本杰瑞快速发展的原因，除了对产品品质的坚持外，还有该公司"社会公益向导"的企业使命。本杰瑞创始人科恩说："最让人惊讶的是我们的社会价值，也就是使命宣言中呼吁'我们运用企业的力量来改善地方、全国与国际社会生活品质'的部分，事实上帮助我们变成一个更稳定、更具获利性的高成长企业。"

（六）使命让经营成为无限游戏

使命能够帮助企业家把企业经营看作无限游戏，而不是有限游戏。美团创始人王兴曾说，《有限与无限的游戏》这本书对他影响很大。有限游戏是在边界内玩，无限游戏却是和边界玩，也就是和规则玩，探索改变边界本身。如果把企业经营看作有限游戏，那么企业的目的可能就是具体的和短期的；如果把企业经营看作无限游戏，那么企业的目的可能就是宏大的和长期的。很多伟大的企业都具有远大的目标和富有想象力的使命，这样的企业通常是在进行无限游戏。

> **知识链接**
>
> 扫描章后二维码，学习"美团的使命驱动"

三、使命的陈述

（一）使命的内容

使命往往以高度抽象笼统的形式进行表达，不是为了描述具体的结局，而是为了指导组织，提供激励，树立方向，形成基调。2017 年，习近平在党的十九大报告中指出："中国共产党人的初心和使命，就是为中国人民谋幸福，为中华民族谋复兴。这个初心和使命是激励中国共产党人不断前进的根本动力。"[①] 2021 年，习近平在庆祝中国共产党成立 100 周年大会上进一步指出："中国共产党一经诞生，就把为中国人民谋幸福、为中华民族谋复兴确立为自己的初心使命。一百年来，中国共产党团结带领中国人民进行的一切奋斗、

---

① 习近平.决胜全面建成小康社会 夺取新时代中国特色社会主义伟大胜利［N］.人民日报，2017-10-28（1）.

一切牺牲、一切创造，归结起来就是一个主题：实现中华民族伟大复兴。"[1] "为中国人民谋幸福，为中华民族谋复兴"，正是对中国共产党使命的高度概括和总结。

"使命"最重要的特点是"利他性"。一个组织的使命不是为了自己，而是为了他人。使命是在自己所信仰的价值观下，定制出来的行动指南与利他责任。使命的表达通常使用"为……""让……""以……""创造……"等句式。例如，招商局集团的使命是"以商业成功推动时代进步"，中国太平保险集团的使命是"创造富裕的安宁生活"。

2022 年 9 月，中国企业联合会、中国企业家协会发布了"2022 中国企业 500 强"榜单。[2] 笔者对榜单中前 300 家企业的使命进行了系统检索，发现其中的 253 家企业在企业官网上明确披露了使命。在披露了使命的企业中，使用"让……"句式表达使命的企业有 11 家，使用"为……"句式表达使命的企业有 24 家，使用"以……"句式表达使命的企业有 16 家，使用"创造……"句式表达使命的企业有 12 家（表 2-1）。

表 2-1　中国 500 强企业使命的代表性表述

代表性企业名称	使命表述	表述句式	企业数量
泰康保险集团股份有限公司	让保险安心、便捷、实惠，让人们长寿、健康、富足	让……	11
前海人寿保险股份有限公司	为国人提供一流人寿保险服务，保障国人拥有体面而有尊严的生活	为……	24
国家开发投资集团有限公司	以投资创造更美好的未来	以……	16
中国远洋海运集团有限公司	创造价值连接梦想	创造……	12

资料来源：作者整理。

企业的使命表达模式有两种基本类型：一是产品导向的使命。例如，"我们经营折扣店"（沃尔玛）。二是市场导向的使命。例如，"帮助顾客节省每一分钱，实现价格最便宜的承诺"（沃尔玛）。上述第一种表达模式以"我们"开头，注重说明企业做了什么产品；第二种直接说明如何"利他"，为他人带来什么福利。相较而言，市场导向的定义在"利他性"的表达上更加清晰，也就更能打动客户。所以，很多企业的使命表达后来全部转换成了第二种方式。

企业使命除了需要有一定的表达模式外，还需要反映特定内容。关于使命内容，弗

雷德·戴维提出的九要素框架可以作为参考。戴维的使命九要素包括：客户需求、产品服务、市场环境、技术趋势、公共形象、企业存续、经营理念、自我认知、员工关怀。我们进一步可以把这九要素分为三类：局、势、我（表2-2和图2-1）。

表2-2　企业使命表述的九个要素

使命陈述维度	使命陈述要素	代表性使命表述
局	客户需求	让天下没有难做的生意（阿里巴巴）
	产品服务	始终坚持做感动人心、价格厚道的好产品（小米）
	市场环境	以优质矿物原料为中国及全球经济增长助力，成为国际金属矿业市场重要力量之一（紫金矿业）
势	技术趋势	技术为本，致力于更高效和可持续的世界（京东）
	公共形象	做一家负责任的保险公司（太平洋保险）
	企业存续	以质量求生存，以信誉求发展（日照钢铁）
我	经营理念	贯彻新发展理念，推动高质量发展（包头钢铁）
	自我认知	真心缔造美好家园（中天控股）
	员工关怀	与员工共享，与祖国共荣，与社会共进，与环境共存（敬业集团）

资料来源：作者整理。

"局"侧重指在空间维度上影响企业的各种因素，主要包括客户需求、产品服务、市场环境三个方面。客户是企业最重要的利益相关者，企业使命应该回答谁是企业的客户，他们的核心需求是什么。

产品服务是企业满足客户需求的方式，企业使命应该回答企业提供什么产品和服务。例如，小米的使命"始终坚持做感动人心、价格厚道的好产品"明确指出企业要坚持做好产品——感动人心且价格厚道的好产品。

市场环境是企业所面临的外部条件，企业使命应该回答企业在哪里竞争，从事什么行业以及扩展到什么区域。

"势"侧重指在时间维度上影响企业的各种因素，主要包括技术趋势、公共形象和企业存续三个方面。在技术快速变化和发展的今天，企业需要把握技术趋势，获得并保持技术优势。

公共形象对于一些行业的企业来说非常重要，好的公共形象能够帮助这些企业获得客户的信任，有助于企业长期稳定发展。

长期存续是所有企业的愿望，有些企业直接将长期存续的愿望在使命中表达出来。

"我"侧重指在内在维度上影响企业的各种因素，主要包括经营理念、自我认知和员工关怀三个方面。经营理念是企业对经营活动本质认知的高度概括，通常反映着企业创始人对企业经营的理解。

自我认知反映企业主要经营者对世界的基本认知和愿望。

员工关怀反映企业对参与创造价值的员工的态度，以及在参与价值创造之后，员工在价值分配过程中话语权的大小。部分企业会在企业使命表达中突出员工的重要地位和作用。

实际上，企业使命的表述往往非常简洁，无法涵盖上述九个方面的所有内容。然而，企业使命的表述无论多么简洁，都必须回答一个问题：企业为何存在？有的企业使命表明，企业为客户需求而存在；有的企业使命表明，企业为推动技术进步而存在；有的企业使命表明，企业为员工福利而存在；有的企业使命表明，企业为社会责任而存在。

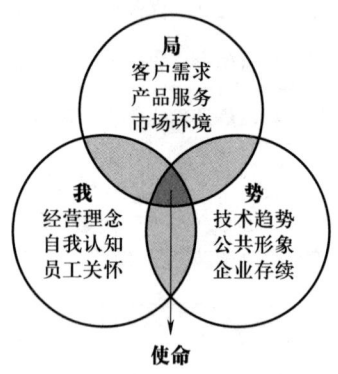

图 2-1　使命陈述内容框架

（二）使命的凝练

企业在凝练使命时，不能太具体，不能简单地对当前产品线或客户群体进行描述。例如，"我们存在的意义是让预算员甩掉计算器"，仅仅是对一家企业当前工作的简单描述，缺乏吸引力和灵活性，无法延续百年，不是一个好的使命。另一种表述要好得多："我们的目标是打造和贡献卓越的工具，帮助预算工作者提高效率"。总之，使命回答的是企业存在的理由这个问题，而这个问题的答案不能太直白。诸如"我们存在的目的是为某某群体生产某某产品"之类的说法，应该尽量避免。

现实中，企业制定的使命往往过于直白和直接，甚至在短期就能实现。试想如果一家企业的使命很容易就实现了，那么这家企业就会面临生存意义的危机。如果企业真正理解"使命是企业存在的理由"这句话的含义，那么在制定企业使命时，就应该把使命定得高一些、大一些、远一些。

例如，建筑领域数字化领军企业广联达早年的使命是"让预算员甩掉计算器"。然而，随着社会和技术的发展，所有人都不怎么用计算器了，这就意味着广联达原来的发展方向可能错了，或者是目标定得太低了。于是，广联达的使命更新为"让每一个工程项目成功"。这里的"每一个"看似很绝对，但只要有一个工程项目不成功，广联达就有存在的必要。同时，"成功"的定义也是模糊的。随着人类社会的发展，成功也许是无止境的，这样广联达也就有了永续经营的底气。

企业在制定使命的时候，可以参考以下句子结构："＿＿＿＿＿＿＿（动词／具体行动）＿＿＿＿＿＿＿（服务对象）＿＿＿＿＿＿＿（解决问题／成果描述）。"以阿里巴巴的使命"让天下没有难做的生意"为例，使命表达中的"动词"是"让"，"服务对象"是"生意"，"成果描述"是"没有难做的"。广联达的使命是"让每一个工程项目成功"，其中的"动词"也是"让"，"服务对象"是"每一个工程项目"，"成果描述"是"成功"。

在凝练使命的过程中，应该从多个层次提出"为什么"。可以问："我们为什么长久地存在？如果不复存在，这个世界会因此损失什么？"与此相关，一种有效的方法是从"我们制造某某产品"开始，连续提出五个"为什么"。问完五个为什么，你会发现，你已经触及企业的根本目标了。

"五个为什么"是丰田公司提出的、用来探求问题的根本原因的方法。"五个为什么"方法可以用于连接企业的短期战略目标和长期使命，找出二者之间的联系和逻辑递进关系。例如，阿里巴巴早年制定了一个扩张业务种类、做大业务规模的战略目标。基于这个战略目标，我们可以用"五个为什么"方法推导出战略目标是否与使命一致。

第一个"为什么"：为什么要做到业务种类多、业务规模大？

回答：为了提供多元服务和降低成本。

第二个"为什么"：为什么要提供多元服务和降低成本？

回答：为了实现业务互补和规模经济。

第三个"为什么"：为什么要实现业务互补和规模经济？

回答：为了吸引更多买家和卖家。

第四个"为什么"：为什么要吸引更多买家和卖家？

回答：为了充分发挥网络效应。

第五个"为什么"：为什么要充分发挥网络效应？

回答：为了要提高买家和卖家的匹配效率。

第 N 个"为什么"：为什么要提高买家和卖家的匹配效率？

回答：让天下没有难做的生意。

知识链接

扫描章后二维码，学习"西门子使命驱动技术创新"

四、使命的形成

企业是由人创建和运营的，企业使命的形成往往与其创始人的个人使命感密切相关。每一位创始人都有一种强烈的使命感，影响他思考如何生活更有意义，并激励他为之坚持不懈奋斗。企业是创始人不懈奋斗的产物。在这个过程中，创始人将个人使命向企业成员输出并得到企业成员的认可，最终经过提炼定格成为企业使命。

乔布斯说："我的激情所在是打造一家可以传世的公司，这家公司里的人动力十足地创造伟大的产品，其他一切都是第二位的。"于是，"做最好的产品，丰富人们的生活"便成了苹果的使命。通用电气在100多年前创建的时候，爱迪生刚好发明了电灯泡，于是公司的第一个使命就是"让天下亮起来"。直到今天，通用电气都在围绕着电气来做各项业务。加入通用电气的每一位伙伴，都始终认同"我的工作就是让这个世界亮起来"的使命。

企业使命离不开创业过程中的萃取。企业的存在意义是为顾客创造价值。然而，不同顾客群体的需求不一样，即便同一顾客群体，他们的需求也会存在差异。企业的资源和能力是有限的，面对激烈的市场竞争，企业如何扬长避短，与竞争对手形成差异？很多时候，不是企业想做什么（使命）就能做什么。使命的形成是一个与顾客、竞争对手、合作者相互交互的过程。这个交互过程，既受到创始人最初创业想法的指引，又在商业实践中不断修正，直至最终探索出成功的商业模式。也正是在这个过程中，创始人对企业存在的价值有了更深刻的思考，最终形成企业的使命，并指引企业未来的发展。

使命的落地需要企业决策层，特别是"一把手"的长期坚持。一些借助时代大潮或创始人天赋异禀，单靠产品创新崛起的企业，发展到一定阶段，可能因为精神内核缺失而遭受挫败。曾有人打了一个很形象的比方说，很多企业家常年在游泳，游到急流中间遇到旋涡、暗涌，发现很多人走散了、不少当没了，游了那么远却不知对岸到底是什么、自己到底图什么。发出这种感慨的企业家并非自己能力不足，而是在带领大队人马成就事业的过程中，忘掉了做事业的初心和精神内核，忘掉了同路人之间应该如何联结和相伴。这些问题并没有一个具象的定义或切实的答案，必须经过灵魂拷问达成明确共识。只有这样，才能凝聚一批初心一致、意志坚定的人，企业才能克服困难走向一个又一个胜利。

使命通常是企业需要长期坚持的，但并不意味着使命不能变化。一方面，在企业成长初期，由于规模和能力有限，企业通常只聚焦于单一业务，致力于满足顾客某一方面需要，将资源集中在单一细分市场上力争取得突破。随着企业的发展和产品的多元化，企业使命可能也需要调整。另一方面，企业外部环境可能发生了变化，新环境给企业发展提供了新问题和新机遇。此时，制定新使命有助于企业重新定义自己存在的意义，凝聚力量为顾客创造新价值。最后，随着企业的成长，企业决策者对于企业存在的意义也会有新的理解，进而导致了企业使命的变更。

2020 年 5 月 20 日，刘强东在第五个老员工日发了一封内部全员信，将京东先前的使命"让生活变得简单快乐"改为"技术为本，致力于更高效和可持续的世界"。刘强东强调："在京东即将迈入 17 岁之际，我们对自己有了更深刻的认知，也就能够更从容地面对内外部的变化。"新的使命，不仅体现了京东对 17 年成长历程的思考，更体现了智能时代对京东致力于通过技术提升产销两端效率的价值追求。

知识链接

扫描章后二维码，学习"京东是谁"

第二节　愿景

一、愿景的定义

愿景（vision）是组织或个体为之奋斗并希望达到的图景，是一种意愿的表达。韦伯词典对愿景的解释主要有：看见的能力或行为；在梦境中见到的情景；由想象而产生的想法、概念或目标；想象的能力。不难看出，无论上述哪种解释，都包含两部分内容："愿"和"景"。其中，"景"因"愿"而生，"愿"随"景"而成。因此，愿景应包括"虚"和"实"两个方面："愿"是虚的一面，愿由心生；"景"是实的一面，眼见为实。如此看来，"愿"可以被理解为使命，而"景"可以被理解为战略目标，愿景"上接使命，下接战略"的作用可以看作使命从心中图景向现实图景的转化，或是从远处图景向近处图景的渐近。

对个人而言，愿景是个人对人生的长期规划，这里的"长期"可能直达人生终点，也可能是人生的关键转折点。《钢铁是怎样炼成的》的主人公保尔·柯察金认为，"人最宝贵的是生命。生命每个人只有一次。人的一生应当这样度过：当回忆往事的时候，他不为虚度年华而悔恨，也不会因为碌碌无为而羞愧"。

现实中，人们往往通过思考自己在人生终点时的情景来构想人生的目标，有时候会想象希望写在自己墓志铭上的文字，并以此来规划自己的人生道路。甚至有人认为，越早写下自己的墓志铭，就能越早明白自己一生所求何为，理清什么才是对自己最重要的东西。墓志铭可以提醒我们，死亡不可避免，当最后一刻即将到来，回首往事，自己是否真正无怨无悔。

愿景是企业对未来的设想和展望，回答了"企业未来将会成为什么样子"。企业愿景体现了企业的使命和核心价值观，是企业渴望变成、渴望实现和渴望创造的东西。

不仅个人和企业需要愿景，国家作为一个整体也必须有清晰的愿景。

二、愿景的作用

管理学者吉姆·柯林斯认为，大多数企业的愿景都空洞而杂乱，随着商业浪潮的更替而不断改变，结果却徒劳无益。大多数企业的愿景之所以空洞而杂乱，是因为这些愿景的陈述没有一个确定性的基础。在快速变化的商业环境中，企业无法确定的是外部条件，而能够确定的是自己的使命和宗旨。所以，企业愿景必须上接使命，用使命的确定性应对未来环境的不确定性。同时，大多数企业的愿景虽然随着商业浪潮的更替而不断改变，但最终徒劳无益的原因，在于这些愿景没能够真正落地实施。换句话说，这些愿景仅仅是虚幻的空中楼阁，没能够和企业的战略相结合。因此，愿景必须下接战略，用战略的连续性来应对未来路径的不连续性。

（一）愿景为战略指明方向

愿景提供了一个清晰的发展目标和未来图景，为战略目标的设定指明了方向。1987年10月，党的十三大提出了我国经济建设的"三步走"战略部署："第一步，实现国民生产总值比一九八〇年翻一番，解决人民的温饱问题。这个任务已经基本实现。第二步，到本世纪末，使国民生产总值再增长一倍，人民生活达到小康水平。第三步，到下个世纪中叶，人均国民生产总值达到中等发达国家水平，人民生活比较富裕，基本实现现代化。"

2017年10月，党的十九大在即将实现第一个百年奋斗目标之际，又对实现第二个百年奋斗目标分两个阶段进行了安排：第一个阶段，从2020年到2035年，在全面建成小康社会的基础上，再奋斗15年，基本实现社会主义现代化；第二个阶段，从2035年到本世纪中叶，在基本实现现代化的基础上，再奋斗15年，把我国建成富强民主文明和谐美丽的社会主义现代化强国。

无论是党的十三大的"三步走"战略部署，还是党的十九大的"两个阶段"安排，都是中国经济建设的愿景。这些愿景为一个个五年规划指明了方向，并得到有效贯彻，中国共产党在愿景的指引下践行"为中国人民谋幸福，为中华民族谋复兴"的初心和使命。

（二）愿景激发组织的力量

愿景描绘了阶段性发展目标和图景，能够激励个体为战略的制定和实施而奋斗。彼得·圣吉认为，没有共同愿景的组织往往只会导致员工对上级、对组织的被动式遵从，而绝不是对组织的真诚奉献。例如，华为 2017 年提出的愿景是"把数字世界带入每个人、每个家庭、每个组织，构建万物互联的智能世界"。这个愿景不仅明确指出了华为的发展目标，也成为推动企业技术创新、市场扩展和文化建设的强大动力。华为通过不断的研发投入、全球化布局和技术深耕，成功成长为全球最大的通信设备供应商之一。在这个过程中，愿景成为华为员工共同追求的目标，激发了员工的潜能和创造力，为华为的持续发展提供了精神动力。

三、愿景的陈述

（一）核心理念和未来图景

企业的愿景应包括两部分：核心理念和未来图景。核心理念反映了企业的使命和宗旨，也就是说，愿景必须和使命相呼应；未来图景是企业希望成为什么样子，是核心管理层对企业未来的设想和规划。未来图景由两部分组成：一项长达 10~30 年的大胆目标，以及生动描述目标实现后的美好景象。吉姆·柯林斯提出基业长青的企业都拥有 BHAG目标（big, hairy, audacious goals），即宏伟、艰难、大胆的目标。BHAG 目标是清晰且令人神往的，能够起到团队精神催化剂的作用。

愿景描述要尽量生动活泼、引人入胜，从而激发人们的情感、唤起人们的兴趣。可以想象把愿景从文字转换成图画，让其铭刻在人们的脑海中，这可称为"用文字作画"。阿里巴巴的愿景是"追求成为一家活 102 年的好公司"。大多数企业都说自己要成为百年企业，这种表达缺少画面感，而"102 年"能够马上引起人们的兴趣。这"102 年"代表着阿里巴巴从创立的 1999 年横跨 3 个世纪，生存到 2101 年。"好公司"内涵丰富，也极具想象力，可以让利益相关方对公司的未来充满期待。

与使命类似，愿景也需要基于宏大的格局和长远的视野。例如，在曾担任通用电气首席执行官长达 20 年的杰克·韦尔奇看来，企业的愿景陈述要有三个特点：高、大、上。[1]企业愿景既要目标远大，又能鼓舞人心，还要切合实际。所谓"目标远大"，就是："哇，太好了，这个目标听起来太棒了，我要努力实现它。"所谓"鼓舞人心"，就是："太好了，我知道如果我们努力去做，一定能做到。"所谓"切合实际"，就是："这个目标听起来非

---

[1]　杰克·韦尔奇，苏茜·韦尔奇.商业的本质［M］.蒋宗强，译.北京：中信出版社，2016.

常合理，我要和我的团队努力实现它。"

与使命不同的是，愿景在表达方面应该更加具体。使命是企业存在的理由，并非某些具体的目标。愿景是清晰阐明的目标，可以在10~30年里实现，而使命永没有完成之日。我们可以把使命比作启明星，企业需要永远追逐它，但是始终无法到达。愿景则是有待攀登的高山，一旦抵达了山顶，就要向新的高峰出发。

管理者在制定愿景时，可以展开想象力，设想自己未来10~30年待在这家企业，等到自己离开时，企业会成为什么样子，应该取得什么成就。杰克·韦尔奇就任通气电气首席执行官时，提出企业的愿景是成为"世界上最有竞争力的企业"，让企业的每个业务领域都能在市场上占据第一名或第二名的位置，任何不能达到该要求的业务都必须整改、出售或关闭。这样的愿景具有非常清晰的含义，表达内容具体且准确，没有任何抽象的东西。同时，这个愿景又是壮志凌云的，它表明了通用电气征服全球市场的雄心。

（二）愿景的呈现

拥有清晰的愿景对企业有四个益处：首先，愿景为人们的非凡努力奠定了基础。人们会对价值观、理想、梦想和令人兴奋的挑战产生反应，这是人类的本性。人们渴望有意义的工作，大多数人工作不仅仅是为了每月拿薪水回家，人们想要的是值得追求、有意义的工作。只要发挥好这一力量，很多长期困扰管理者的问题，如"怎样调动员工工作积极性"等基本上就迎刃而解了。如果把工作当成信仰，人们就会自我激励。

其次，愿景是战略及战术决策的背景。企业的愿景为各级员工提供了决策前提，它的重要性无论怎样强调都不过分。共同愿景就像爬山者的指南针和遥远的终点。只要给人们指南针和明确的终点，放手让他们自由发挥，他们就能找到抵达终点的路。一路上，人们难免会遇到障碍、弯路、错路、深不可测的峡谷。但是，有了指南针，大方向就不会出错，再加上有明确的终点，相信自己是在为值得跋涉的终点而奋斗，人们就真的可能抵达终点。

再次，共同愿景带来凝聚力、团队精神和共同体。如果没有共同愿景，组织很容易沦为一盘散沙。人们把精力浪费在破坏性的内部争斗上，而不是为了共同目标而奋斗，更不是为了整个组织的成功而努力。企业发展的一个难题是，如何在释放个人创造力的同时保持一致的前进方向。愿景恰恰是个人和组织之间的强大纽带。在一家公司里，如果大家拥有同一盏指路明灯（一个共同愿景），那么，向着同一个终点奋勇前进的壮观场面就会出现。

最后，愿景是企业不断发展的基础，能够帮助企业摆脱对个别领袖人物的依赖。企业的最初愿景可能直接来自第一代领导者，它们很大程度上就是领导者的个人愿景。但是，要实现卓越，企业必须克服对一两位领袖人物的过度依赖。个人的愿景必须成为团体的共同愿景，成为组织的关键特征，而不是掌舵人的个人特征。实际上，愿景必须超越企业创始人而存在。

愿景通常要回答四个核心问题，即何时（when）、何地（where）、为谁（who）、做何事（what）。阿里巴巴的愿景包括长期和中期两个部分，长期愿景是"追求成为一家活102年（when）的好公司（what）"；中期愿景是"到2036年（when），服务20亿位消费者（who），创造1亿个就业机会，帮助1 000万家中小企业盈利（what）"；至于何地（where），则是隐藏在使命中的"天下"。

知识链接

扫描章后二维码，学习"用户为本，科技向善"

四、愿景的落地

企业愿景必须与企业使命保持一致。企业使命回答了企业的存在意义，定义了企业的经营范围；愿景则是企业在使命定义的经营范围内对企业未来的设想和展望，践行了使命赋予企业的存在意义。

迪士尼的愿景是"成为全球的超级娱乐公司"，其使命是"使人们过得快活"，"成为全球的超级娱乐公司"能够实现其"使人们过得快活"的使命；万科的愿景是成为中国房地产行业领跑者，其使命是"建筑无限生活"，"成为中国房地产行业领跑者"能够实现"建筑无限生活"的使命；小米的愿景是"和用户交朋友，做用户心中最酷的公司"，其使命是"始终坚持做感动人心、价格厚道的好产品，让全球每个人都能享受科技带来的美好生活"，只有"和用户交朋友，做用户心中最酷的公司"才能做出"感动人心、价格厚道"的好产品，才能让"让全球每个人都能享受科技带来的美好生活"。

企业愿景来自企业高层就不同利益相关者期望达成的单个或诸多目标的综合设想。企业内部或外部存在的利益相关者，可以细分成以下三类：① 内部利益相关者，包括企业员工、管理人员、企业部门和董事会；② 外部利益相关者，包括企业股东、供应商、债权人、本地社区和自然环境；③ 远端利益相关者，包括竞争对手、消费者、宣传媒体、政府机构、选民和工会等。不同利益相关者为企业提供了不同的资源和价值，企业生存和发展离不开不同利益相关者的合作。然而，不同利益相关者对企业有着不同的利益诉求，这些诉求在某种程度上存在冲突。通过愿景的制定，企业推动了不同利益相关者基于企业愿景达成共识，并得到他们的认同。也只有这样，企业愿景才具有强大的感染力和号召力，才能有效地利用不同利益相关者的独特资源与价值来促进企业长期可持续发展。

企业愿景的表达必须以正式的方式呈现，必须写在纸上，必须是核心管理团队（通常是创始团队）坐下来反复讨论而形成的。书写会迫使管理者严谨地思考自己到底想要做什么。更重要的是，书写是使其成为整个组织的愿景（而不是领导者个人愿景）的关键一步。

愿景落地需要企业不同层级的战略进行系统性支撑。愿景是对未来综合性的设想和展望，而且实现起来的时间跨度比较大。这意味着愿景需要在时间上、层级间和部门间进行分解，并通过制定不同年度、不同层级、不同部门的战略来实现。战略包括战略目标与战略路径，战略目标描述了战略实施后企业应该达到的状态，战略路径是实现战略目标的大体框架和基本道路。

愿景通常在较长时间内保持稳定，但并不意味着企业愿景一成不变。愿景的变动，一方面受前阶段愿景的影响，另一方面由使命引领。吉姆·柯林斯认为，基业长青的企业之所以能够长盛不衰，原因在于这些企业能够坚守恒定不变的使命和宗旨，同时不断改变自己的愿景和战略。

第三节　价值观

一、价值观的定义

价值观（values）是组织或个体对客观事物按照其对自身及社会的意义或重要性进行评价和选择的标准。韦伯词典对"价值观"一词的解释是"内在感知有价值或者期望的东西（原则或品质）"。对个人而言，人们总是有所取舍、有所好恶，对于赞成或反对、支持或抵制，总会有一定的标准。人生价值就是人们从价值角度考虑人生问题的根据，并对个人的思想和行为具有一定的导向或调节作用，使之指向一定的目标，或带有一定的倾向性。

《论语》中"己所不欲，勿施于人"，体现的是孔子为人处世的价值观，即不要把自己不愿承受的事强加给别人。《孟子》中"穷则独善其身，达则兼济天下"，反映了孟子出世入世的价值观，即穷困潦倒时要洁身自好，注重个人品德修养（出世）；显达时要心怀天下，造福社会（入世）。《三字经》《弟子规》等著作中总结的为人处世之道则系统地反映了中国传统文化提倡的价值观。

对企业而言，价值观是企业及其员工共同认可和崇尚的价值评判标准，回答了"如何做的问题（how）"。它为企业及其成员在工作的各个方面提供了行动准则，也为企业处理各种矛盾提供了判断依据。企业价值观要能反映出三重关系：价值观会如何影响企业的策略，也就是如何处理现在的企业和未来的企业的关系；如何处理企业和同事伙伴的关系；如何处理企业和客户的关系。

> **知识链接**
>
> 扫描章后二维码，学习"爱因斯坦的世界观"

二、价值观的作用

（一）价值观影响企业的决策

战略决策本质上是对备选方案的选择，企业价值观影响了企业对备选方案的偏好，进而影响了企业的战略决策。很多人一直有一个疑惑，华为这么有钱，为什么不去做房地产？2000 年的时候，深圳房地产行业就已经快速成长起来了，有人给任正非建议做房地产。任正非听后说，"挣完大钱，就不会再想挣小钱了"。华为不进入房地产的理由，在1998 年制定的《华为基本法》中有明确表达。《华为基本法》第一部分是核心价值观。核心价值观中第 1 条是"华为的追求是在电子信息领域实现顾客的梦想，并依靠点点滴滴、锲而不舍的艰苦追求，使我们成为世界级领先企业"。致力于成为电子信息领域的世界级领先企业"的价值观，决定了华为不可能去从事房地产行业。

> **知识链接**
>
> 扫描章后二维码，学习"《华为基本法》解读"

（二）价值观激励向上的信念

价值观通常传达一种积极向上的信念，激励个人为实现集体目标而奋斗。"杨根思连"是我军少有的几个以英雄人物名字命名的连队。长津湖战役中，连长杨根思接到坚守下碣隅里小高岭阵地，阻挡美军南逃的命令。面临极度严寒、缺衣少食的恶劣环境，杨根思在战场动员时说，革命战士不相信有完不成的任务，不相信克服不了的困难，不相信有战胜不了的敌人。在"三个不相信"的鼓舞下，战士们打退敌人 8 次进攻，在第 9 次进攻时，杨根思抱着炸药包与敌人同归于尽。几十年过去了，杨根思的"三个不相信"成为"杨根思连"的核心价值观，激励着连队官兵奋勇争先，不怕牺牲，出色地完成党和国家交给的各项任务。

汶川地震发生后，三天的黄金救援时间即将过去，然而，与地震中心汶川只有一山之隔的彭州灾情仍不清楚。"杨根思连"接到了探路侦察任务，当时多处山体滑坡、桥梁中断，余震接连不断，连队官兵为了抢时间和死神赛跑，顾不上个人生命危险奋勇向前，标示道路，架设浮桥，为后续部队快速进入灾区做出了贡献。在灾后重建阶段，草坝村孩子上学必经的铁索桥桥板被震落，"杨根思连"战士上山采石加以修补。桥还未修好的一个雨天，村里孩子放学了，为了让他们能安全回家，战士一个挨着一个趴在铁索上形成了一道"人桥"，让孩子从他们身上爬过去。

（三）价值观促进个体的协作

价值观是个体间的相处之道，是所有人做人做事的共同约定，可以促进个体之间的协作。组织协作存在五大障碍：缺乏信任、惧怕冲突、欠缺投入、逃避责任、无视结果。缺乏信任是指团队成员不相信同事的言行是出于好意，于是导致成员之间过分小心或相互戒备。惧怕冲突是指同事之间花很多时间和精力试图避免激烈的争论，而良好的合作需要建设性的冲突和争论。欠缺投入是指组织不能在较短时间内把问题阐述清楚，并达成共识。逃避责任不仅是指逃避自己的工作责任，还包括在看到同事的表现或行为有损于集体利益的时候，不能够及时给予提醒。无视结果是指团队成员倾向于关注集体工作目标以外的事情，将个体利益放在集体之上。企业价值观通常会鼓励成员相互信任、维护集体利益，进而有助于克服组织协作的障碍。

（四）价值观约束个体的行为

企业价值观对个体行为产生内在约束，与正式制度产生互补效应。企业运营过程中，所有员工都应该遵守企业的规章制度。然而，企业正式制度无法对员工所有行为进行规范，总有一些情景是企业制度无法描述清楚的，也总会出现一些新的情景是现有制度没有涉及的。此外，还有一些情景即使制度规定了，但是员工的行为却是无法监督的。在这种情景下，企业价值观将成为员工的价值评判标准，引导员工做出符合企业长远利益的决策。

三、价值观的陈述

企业价值观的内容可以分为四个层次：核心价值观、目标价值观、基本价值观和附属价值观。

核心价值观是指导企业所有行动的根深蒂固的原则，也是企业的文化基石。柯林斯和波拉斯给核心价值观下了一个简洁的定义：核心价值观是固有的、不容亵渎的，是不能为了一时方便或短期利益而让步的。核心价值观常常反映缔造者的价值观，比如惠普所颂扬的"惠普之道"便是一个例子。惠普创始人之一戴维·帕卡德认为，倾听顾客的意见很重要，他要求推销人员与顾客密切合作，以便用最恰当有效的办法解决他们的问题，从而提高惠普产品和服务的价值。核心价值观是一家企业独特的源泉，因此必须不惜一切代价去恪守。

目标价值观是企业要获得成功必须拥有但目前暂不具备的价值观。例如，某家企业需要发展一种新的价值观以支持新的企业战略，或者满足不断变化的市场和行业的需求。比如，腾讯的价值观是"正直、进取、协作、创造"。"正直"是坚守底线，以德为先，坦诚、公正、不唯上。2023 年 1 月 10 日腾讯向全员发送的一份邮件中通报了近期的反腐败情况，通报共涉及 48 人。名单上的员工和管理者因涉嫌职务侵占、非法挪用资金、商业贿赂等违法行为或内部管理不当等问题，触犯"腾讯高压线"而受到处罚。显然，这些员工没有认同腾讯"正直"的价值观。从这个角度讲，"正直"应该是腾讯的目标价值观。

基本价值观是任何员工都必须具备的行为和社交标准。不同企业的基本价值观差异不大，尤其对同一地区或同一行业的企业来说更是如此。这就意味着很难凭借基本价值观把一家企业与其竞争对手区分开来。比如，很多企业将"诚信"作为企业的核心价值观，它们拒绝雇用曾经在履历表上弄虚作假或者就过去工作经历提供不真实信息的人。尽管这些企业宣称的价值观毫无疑问是正确的，而且绝大部分组织都有类似的政策，但除非企业能够采取极其严格的措施，表明自己比别的公司拥有更高的诚信标准，否则"诚信"只能被视为企业的基本价值观，而不是核心价值观。

附属价值观是自然形成的，不是由领导者有意培植的，会随时间的推移在企业生根。附属价值观通常反映了企业中员工的共同利益或特质，它对企业的工作氛围起着重要的作用。位于旧金山的萨克·埃利奥特·卢卡（Sak Elliot Lucca）时装公司，早期员工都是单身人士，他们在周日聚会上穿着黑衣服。这家公司无意中就浸染了这些员工的价值观——时髦、年轻、酷。但随着公司的发展，管理者发现，如果只录用有上述风格的年轻人，公司就没办法招聘到合适的员工。为此，管理者认识到，只招收"时髦"的员工与公司的核心价值观——信任、坦诚以及主人翁精神没有必然的联系。即使"不时髦"的人也应该被录用，只要他们拥护公司的核心价值观。

知识链接

扫描章后二维码，学习"凝聚当代中国的价值公约数"

本章小结

"不忘初心、牢记使命",精彩的人生离不开使命的坚守、愿景的指引和价值观的约束。企业也一样,企业的经营也需要清晰有力的使命、愿景和价值观。借助它们,企业向利益相关者清晰地传递了:企业要为顾客创造什么样的价值;企业奋斗要达到的壮美图景是什么;在履行使命、愿景的过程中,企业坚守的价值评判标准是什么。使命、愿景和价值观不仅是战略管理的基本依据和终极目标,也是企业文化的精神内核和员工团结奋斗的力量之源。然而,使命、愿景和价值观对战略管理的支撑作用,离不开它们内容和形式上的凝练,离不开企业员工,尤其是高层管理者的强烈认同。因此,企业既要充分认识使命、愿景、价值观对战略管理的重要意义,同时又要掌握让它们在企业落地生根、有效贯彻的方法工具。

思考题

1. 从历史、现实或文学作品中寻找"使命必达"的例子,理解使命对于践行者而言的重要意义。

2. 找到最近年份的中国或世界"500 强企业"榜单,选择 3 个代表性行业,每个行业选择 3 家代表性企业,对比不同行业、不同企业的使命、愿景和价值观,分析其相同点、差异点,找出值得其他企业借鉴的闪光点。

3. 选择几份上市公司年报,阅读其中的企业使命、愿景、价值观和战略的部分,思考如何参照党的二十大报告中的相关论述,加深企业对使命、愿景、价值观和战略的理解。

4. 阅读关于国家发展的重要政策文件,从国家发展的高度理解使命、愿景、价值观的重要性和现实性,理解中国共产党的使命任务、愿景和社会主义核心价值观的主要内容。

5. 反思自己的世界观、人生观和价值观,思考自己的三观是否符合时代的要求和应对人生挑战的需要。

| 即评即测 | 常用术语 | 知识链接 | 参考文献 |

第三章

外部环境分析

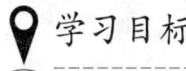 学习目标

★ 理解企业面临的复杂环境及企业发展的不确定性和不连续性。

★ 认识到管理者的认知局限并掌握外部环境的分析思路和分析工具。

★ 理解政治环境、经济环境、社会文化环境、技术环境等宏观因素对企业战略的影响。

★ 理解产业生命周期、产业竞争环境、产业生态环境、价值链、供应链和产业链等相关产业条件对企业战略的影响。

★ 掌握波特五力模型，并能使用其分析产业竞争环境。

开篇案例

　　每年年底，各大媒体都会对未来一年的发展趋势进行预测，内容往往涉及政治、经济、社会、科技、环境、法律等诸多因素。虽然时过境迁之后，这些预测通常并不那么准确，但对于企业而言，预测未来环境的变化，分析当下环境的变数，是至关重要的。这项工作的重要性不仅体现在预测结果的准确性，更体现在分析的思路和预测的过程中。

　　2022年11月14日，《经济学人》杂志发表了对2023年的十大预测：在新冠大流行两年后，世界将不得不应对冲突对地缘政治和安全影响的不可预测性；抑制通货膨胀的斗争；能源市场混乱；新冠大流行之后变化的不确定性。更复杂的是，所有这些东

西都是紧密耦合的，就像一系列互相咬合的齿轮。以下是《经济学人》杂志所刊登的2023年值得关注的十个主题和趋势。①

1. 所有人都在关注乌克兰。能源价格、通货膨胀、利率、经济增长、粮食短缺——都取决于俄乌冲突的结果。俄乌冲突的快速进展最有可能出现的结果是陷入僵局。

2. 经济衰退迫在眉睫。随着中央银行提高利率以抑制通货膨胀，主要经济体将陷入衰退。通货膨胀是新冠大流行的后遗症，因为能源价格高企。美国的衰退应该是相对温和的；欧洲会更残酷。痛苦将是全球性的，因为强势美元伤害了已经受到食品价格飙升打击的贫穷国家。

3. 环境改善的希望。随着各国急于确保能源供应，它们正在转而使用化石燃料。但从中期来看，战争将加速转向可再生能源，以其作为碳氢化合物的更安全替代品。除了风能和太阳能，核能和氢能也会受益。

4. 中国人口巅峰。2023年4月的某个时候，中国人口或将被印度人口（大约为14.3亿）超过。随着中国人口的减少，经济增长放缓的风险将持续增强。

5. 分裂的美国。尽管共和党人在中期选举中的表现不如预期，但在最高法院作出一系列有争议的裁决后，关于堕胎、枪支和其他热点问题的社会和文化分歧加剧。前总统特朗普正式参加2024年美国总统竞选将火上浇油。

6. 地缘政治新热点。对俄乌冲突的高度关注增加了其他地方发生冲突的风险。印度、土耳其、亚太等区域都可能成为地缘政治的焦点。

7. 新的国际联盟。因俄乌冲突，北约将迎来两名新成员。沙特阿拉伯会加入新兴集团亚伯拉罕协议吗？

8. "报复性"旅游。随着旅行者在解封后进行"报复性"旅游，旅行者支出几乎将恢复到2019年1.4万亿美元的水平，但这只是因为通货膨胀推高了价格。由于企业削减成本，商务旅行仍将疲软。

9. 元宇宙的现实挑战。在虚拟世界中工作和娱乐的想法会超越视频游戏吗？Meta将决定是否在其股价低迷时改变其战略，元宇宙的发展也正在面临法律、社会、文化、技术等方面的新挑战。

10. 新的一年，一切都有可能。新冠大流行结束了地缘政治和经济发展的相对稳定和可预测时代。经济动荡、极端天气以及社会和技术的快速变化，使得不确定性成为常态。

---

① STANDAGE T. Ten Trends to Watch in the Coming Year［DB/OL］.《经济学人》官网，2022-11-14.

案例思考题

1. 对上述预测进行归类，区分哪些属于政治（P）、经济（E）、社会（S）、科技（T）、环境（E）、法律（L）的范畴。

2. 当你读到本案例时，2023 年已经过去。尝试回顾一下预测中的哪些变为了现实，哪些在未来还存在较大的不确定性。

3. 找一些其他的年度预测文章，看看这些文章都包括哪些内容。

4. 如果请你写一篇文章，对未来一年进行十项预测，你会怎么写？

第一节　复杂的环境

一、不确定性和不连续性

近年来，"黑天鹅"和"灰犀牛"这两个词，在媒体甚至中央文件中反复出现。例如，2019 年 1 月，习近平在省部级主要领导干部坚持底线思维着力防范化解重大风险专题研讨班上的讲话中指出："面对波谲云诡的国际形势、复杂敏感的周边环境、艰巨繁重的改革发展稳定任务，我们必须始终保持高度警惕，既要高度警惕'黑天鹅'事件，也要防范'灰犀牛'事件；既要有防范风险的先手，也要有应对和化解风险挑战的高招；既要打好防范和抵御风险的有准备之战，也要打好化险为夷、转危为机的战略主动战。"①

再如，党的二十大报告指出："当前，世界百年未有之大变局加速演进，新一轮科技革命和产业变革深入发展，国际力量对比深刻调整，我国发展面临新的战略机遇。同时，世纪疫情影响深远，逆全球化思潮抬头，单边主义、保护主义明显上升，世界经济复苏乏力，局部冲突和动荡频发，全球性问题加剧，世界进入新的动荡变革期。我国改革发展稳定面临不少深层次矛盾躲不开、绕不过，党的建设特别是党风廉政建设和反腐败斗争面临不少顽固性、多发性问题，来自外部的打压遏制随时可能升级。我国发展进入战略机遇和风险挑战并存、不确定难预料因素增多的时期，各种'黑天鹅'、'灰犀牛'事件随时可能发生。"

"黑天鹅"一词来自纳西姆·塔勒布的著作《黑天鹅：如何应对不可预知的未来》。塔

① 习近平.习近平著作选读（第二卷）[M].北京：人民出版社，2023：244-245.

勒布认为，"黑天鹅"事件有三个特点：第一是具有意外性，即通常发生在预期之外。第二是极端性，即会产生极端的影响。第三是事后可预测性。也就是说，在"黑天鹅"事件发生之后，人们会像事后诸葛亮那样找到各种各样的理由来解释，显得自己好像是事前就知道"黑天鹅"事件会发生似的。

之所以把此类事件称作"黑天鹅"，是因为在17世纪发现澳大利亚之前，欧洲人见到的都是白天鹅，就认为天鹅都是白色的。等他们到达澳大利亚后就发现了黑天鹅，仅一次的发现就推翻了"天鹅都是白色的"这个错误认知。因此，发现黑天鹅具有"意外性"；黑天鹅的发现完全颠覆了原来的认知，具有"极端性"；事后想起来，存在黑天鹅也很合理，具有"事后可预测性"。

"灰犀牛"一词主要指代的是不连续性，这个用法来自米歇尔·渥克的著作《灰犀牛：如何应对大概率危机》。渥克认为，"灰犀牛"事件有三个特征：一是可预见性；二是发生概率高，具有一定的确定性；三是波及范围广、破坏力强。由于"灰犀牛"事件具有可预见性和一定的确定性，人们往往在事件发生之前就预见到了其发生的可能性。然而，正是因为此类事件经常在人们面前出现，所以虽然近在咫尺，人们却往往选择忽视"灰犀牛"事件，最终造成波及范围广、破坏力强的后果。

之所以把此类事件称作"灰犀牛"，是因为非洲草原上的灰犀牛，体形庞大、行动迟缓，远远看着似乎并没有威胁，而当它一旦被触怒、朝人奔袭而来时，人能够逃脱的概率微乎其微。灰犀牛行动迟缓，因此"可预见性高"；灰犀牛攻击性强，因此发生攻击的"概率高"；灰犀牛体形庞大，因此"波及范围广、破坏力强"。可见，"灰犀牛"事件不是随机突发的事件，而是在出现一系列警示信号和危险迹象之后，如果不加处置就会出现的大概率事件。

人们之所以经常用"黑天鹅"和"灰犀牛"一起形容复杂的环境，是因为这两个名词背后的概念恰好是我们理解复杂环境的两个基本维度："不确定性"和"不连续性"。第一，构成世界的大量组成部分之间存在着复杂的相互关系，各个组成部分混杂相互作用会产生什么样的结果，往往是不确定的。第二，复杂系统在演化过程中会产生很多条发展路径，然而，并不是所有的路径都是连续的，大量发展路径是间断的、突变的和不连续的。

从古到今，人类社会的演进和科学的发展，很大程度上是为了降低不确定性和不连续性。例如，人类从茹毛饮血的狩猎时代进入刀耕火种的农耕时代，初期并不是因为农耕方式比狩猎方式获得能量的效率更高，而是因为农耕获得能量的确定性和连续性更高。然而，农耕带来的人口增长和聚集产生了新的问题，如部落冲突、传染疾病等。这些问题的本质是新的不确定性和不连续性，而解决这些问题的方式是发展社会科学和自然科学。人类发展社会科学和自然科学的目的是掌握一些确定性的规律，并利用这些规律来帮助人类解决自身遇到的不确定性和不连续性，从而获得确定性和连续性的结果。

如果你站在一团迷雾中，一定会问两个问题："向哪里去"和"怎么去"。这两个问题正是事物发展的两个根本挑战。事物在复杂环境中向哪里发展，以及如何发展，分别对应着未来发展方向的不确定性和未来发展路径的不连续性。为此，我们可以从"不确定性"和"不连续性"两个维度来思考现实环境的复杂性，用"复杂 = 不确定性 × 不连续性"这个公式来描述环境的发展过程。

图 3-1 中，纵轴是"未来发展方向的不确定性"，横轴是"未来发展路径的不连续性"，两个维度各有"高"和"低"两种情况。于是，形成"低不确定性、低不连续性""低不确定性、高不连续性""高不确定性、低不连续性""高不确定性、高不连续性"四种组合。我们可以从这四种情况出发分析环境的复杂性。

当环境处于"低不确定性、低不连续性"这种情况时，环境的复杂程度较低（图 3-1 左下角象限）。不确定性低意味着前进的方向是确定的，不连续性低意味着前进的道路是平坦的。这就好比在高速公路上开车的人，只要动力充足，一路高速就能到达终点。

当环境处于"低不确定性、高不连续性"这种情况时，环境的复杂程度较高（图 3-1 右下角象限）。不确定性低意味着前进方向是比较确定的了，但不连续性高意味着前进的道路上需要克服很多障碍。这就好比参加各种越野挑战赛的人，虽然终点的方向已经确定，但要自己想办法克服困难才能到达终点。

当环境处于"高不确定性、低不连续性"这种情况时，环境的复杂程度较高（图 3-1 左上角象限）。不确定性高意味着前进的方向出现了多种可能性，而不连续性低意味着虽然不同选择会通向不同的方向，但这些选择的可行性比较高。这就好比进行自驾游的人，开车开到岔路口，虽然每条岔路都走得通，但每条道路通向的目的地是不同的。

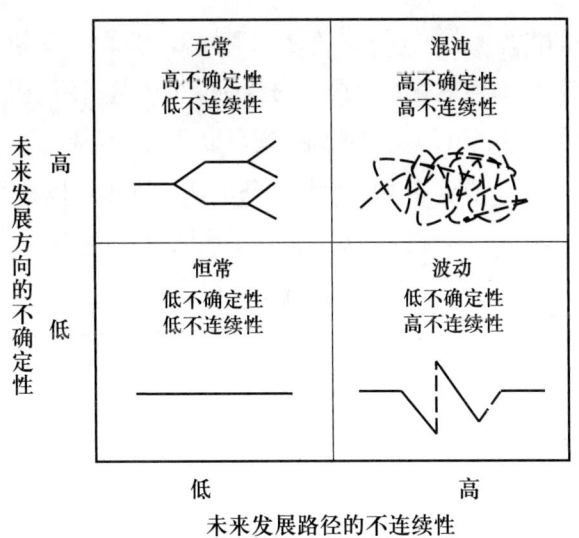

图 3-1 复杂环境中的不确定性和不连续性

资料来源：作者整理。

当环境处于"高不确定性、高不连续性"这种情况时，环境的复杂程度最高（图 3-1 右上角象限）。不确定性高的同时不连续性高，意味着未来往哪个方向发展以及能否达到目标都不清楚。这就好比在沙漠风暴中开车的人，很难确定前进的方向，也不知道下一步会不会撞上沙丘或石堆。

根据图 3-1，人们可以比较直观地用图形描述所分析环境的类型，是低不确定性和低不连续性的"大路型"（恒常），是高不确定性和低不连续性的"岔路型"（无常），是低不确定性和高不连续性的"断路型"（波动），还是高不确定性和高不连续性的"迷路型"（混沌）。

当人们判断自己处于"大路型"的环境中，就可以大胆地往前走，不用担心出现新的岔路或者在路上出现障碍。当人们处于"岔路型"的环境时，可以用较高速度往前走，但需要随时留意新的岔路口，既要避免错失可能的机会，也要避免走错路。当人们处于"断路型"的环境时，就不能以很高速度往前走了，需要随时小心路上可能出现的障碍。当人们所在的环境是"迷路型"时，人可能已经不能在车上待着了，需要不时下车来侦察路线。

> **知识链接**
>
> 扫描章后二维码，学习"木屋烧烤危机管理"

二、环境的变化

我们常说，现在的世界面临"百年未有之大变局"。那么，"变局"到底意味着什么？会在哪些方面发生变化？如何变化？变局中的"局"可能包括两个维度——空间和时间。从空间维度看，企业所面临的环境从宏观到微观可以分为全球宏观环境、产业环境、供应链生态环境等。从时间维度看，企业所面临的环境从近到远可以分为当下环境、近期环境、中期环境、远期环境等。在空间维度上，各个环境因素之间关系错综复杂，形成确定性和不确定性共存的系统。在时间维度上，各个环境因素之间关系的动态演化，形成连续性和不连续性共生的过程。我们身处百年未有之大变局中，需要做的是在不确定性中寻找确定性，在不连续性中创造连续性。

结合图 3-1 中的四个象限，我们可以以"低不确定性、低不连续性"的情况为基准，分析环境在不确定性和不连续性这两个维度上的变化。环境的变化可能发生在不确定性或不连续性其中一个维度上，也可能在两个维度上同时发生，一共有三种情况。第一种情况，从"低不确定性、低不连续性"的情况出发，如果不确定性上升，但不连续性保持较低水平，那么，环境就进入了"高不确定性、低不连续性"状态。这就好比我们已经习惯了走直线，却突然走到一个岔路口，需要进行方向的选择。此时，好像选择哪条路线都走得通，但每条路线通向的终点不一定是相同的。

第二种情况，从"低不确定性、低不连续性"的情况出发，如果不连续性上升，但不确定性保持较低水平，那么环境就进入了"低不确定性、高不连续性"状态。这种情况好比一个习惯走高速公路的人，突然发现高速公路到头了，前方都是土路。此时，前方的路好像还是通的，但速度一定要慢下来。

第三种情况，从"低不确定性、低不连续性"的情况出发，如果不连续性和不确定性同时上升，那么环境就进入了"高不确定性、高不连续性"状态。这种情况就好像一个习惯于白天走路的人，突然发现天黑了，伸手不见五指，原来习惯的大步走变成了"摸着石头过河"。此时，往哪个方向走以及能不能走通，都成了未知数。

这个讨论是以"低不确定性、低不连续性"的情况为出发点，分别考虑了不确定性和不连续性变化的三种情况。

我们可以对不确定性和不连续性变化的过程进一步分析。想象这样一个场景：6 500万年前的一天，风和日丽，生活在地球上的恐龙正享受着充足的食物。忽然，一颗小行星撞击了地球，引起了冲天大火和漫天烟尘，许多恐龙直接因为这次撞击而死亡。随后，由于地球大气系统受到干扰，生态环境迅速发生变化。等到生态环境重新稳定下来，地球上的恐龙已经消失了，存活下来的是那些能够适应新生态环境的物种。随着时间的推移，这些幸存下来的物种开始变得繁荣，逐渐分布于整个地球，形成了现在的大千世界。

这个场景实际上反映了这样一个过程：恐龙生活在不确定性低且不连续性低的白垩纪晚期（图 3-1 左下角象限），突然遇到巨大的不连续性打击（进入图 3-1 右下角象限），随后全球生态环境进入不确定和不稳定状态（进入图 3-1 右上角象限），最后生态环境恢复稳定状态，但物种演化出了新的发展方向（图 3-1 左上角象限）。

这个过程实际上就是危机的演化过程。图 3-2 中，最左边那条笔直的长实线代表着危机到来之前的状况，即未来发展方向的不确定性低且未来发展路径的不连续性低。危机爆发早期，长实线变成了波浪状虚线，代表着动荡的开始和不连续性的提高。随着危机的加剧，波浪状虚线变成了乱麻状虚线，意味着系统进入混沌状态。接着，伴随着危机的消退，乱麻状虚线变成了树权状实线，意味着在危机中生存下来的个体中的大多数将有一条连续性的道路可走，但道路究竟通向何方，仍具有巨大的不确定性。

图 3-2 中的危机过程模型不仅反映了恐龙的灭绝过程，实际上反映了各种危机过程的普遍规律，包括我们刚刚经历过的新冠疫情危机。在 2020 年年初新冠疫情暴发之前，我们每个人、每个企业的发展方向都是相对确定的，发展路径也是相对连续的。每个人都做好了过年准备，每个企业也都刚开过年会，准备年后继续撸起袖子加油干。疫情的暴发

使每个人、每个企业发展路径都中断或暂停了。春节过后，生活和生产并没有马上回到正轨，不确定性快速积累，不连续性持续发酵，每个人都不清楚未来的方向、原来的路径还走不走得通。随着疫情防控取得阶段性胜利，社会重新找回了发展路径的连续性，但一些企业倒闭了，一些企业转行了，社会也出现了新的发展方向。

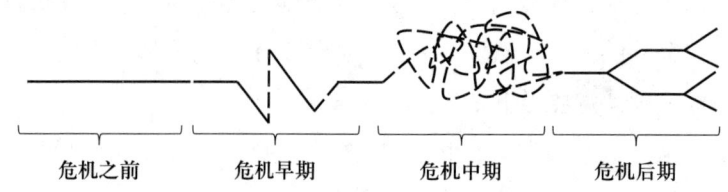

图 3-2　危机过程中不连续性和不确定性的变化

资料来源：作者整理。

三、外部因素评价

在对宏观环境、产业环境等外部环境进行详细的分析后，我们常常用外部因素评价矩阵对重要的外部机会和威胁进行梳理和评估。外部因素评价矩阵，简称 EFE 矩阵，是企业常用的一种分析方法。它通过对企业外部环境中的宏观环境、产业环境等的趋势进行识别和评估，帮助企业了解外部环境中存在的机会和威胁，为企业应对外部环境的变化并制定相应战略提供参考。EFE 矩阵的主要制作步骤如下：

（1）识别企业的外部环境的关键因素，如宏观环境中的政治环境，产业竞争环境中的买方议价能力、替代品威胁等。这些因素应该是对企业的业绩产生重要影响的关键因素，数量以 10~20 个为宜，包括机会和威胁两方面。

（2）为每个关键因素赋予一个权重，以反映其对企业战略的相对重要程度。权重取值范围从 0（不重要）到 1（非常重要），各因素权重之和必须为 1。

（3）对每个关键因素进行评分，以反映该因素对企业的影响。评分通常采用 1~4 的四级评分法进行评估，评分 1、2、3、4 分分别代表该因素对企业战略而言是主要威胁、一般威胁、一般机会、主要机会，即机会的评分必须为 3~4 分，威胁的评分必须为 1~2 分。

（4）将每个因素的权重和对应评分相乘，得到每个因素的加权得分。再将所有因素的加权得分加总，即得到企业的总加权得分，该得分反映了外部因素方面对企业的整体竞争力的影响。

无论 EFE 矩阵包含多少因素，总加权得分都在 1.0~4.0 分，平均值为 2.5 分。一般来说，总加权得分在 2.5 分以下意味着外部因素对企业的影响较为消极，需要针对外部因素进行适当的应对以抵消不利因素，利用有利因素；总加权得分在 2.5 分以上则意味着外部环境对企业的影响较为积极，应该注意保持。

表 3-1 为某企业外部因素评价矩阵的分析情况。可以看到，政策对行业准入的严格限制对某企业的影响最为重要，权重值在所有因素中最高，为 0.21；该因素也是该企业所面临的最大机遇，评分为 3.5 分；主要外部威胁为行业核心人才的议价能力极高以及消费者转换成本较低所造成的购买方议价能力强，评分为 1 分；该企业的加权总分为 2.166 分，说明该企业的外部环境情况处于行业平均水平（2.5 分）之下，需要加以重视。

表 3-1　某企业外部因素评价矩阵

	关键外部因素	权重	评分	加权得分
机会	严格的行业准入限制	0.21	3.5	0.735
	居民健康意识增强	0.11	2.8	0.308
	人口老龄化、环境污染加重	0.08	2.8	0.224
	行业处于成长期，整体发展迅速	0.06	2.6	0.156
	城市居民购买力增强	0.04	2.5	0.100
威胁	政府管制越来越严格	0.14	1.5	0.210
	来自医疗相关行业的潜在进入者	0.11	1.5	0.165
	同质化的产品和服务容易导致价格战	0.09	1.2	0.108
	核心人才的议价能力强	0.08	1.0	0.080
	价格透明、消费者转换成本较低	0.08	1.0	0.080
总加权得分		1.00	—	2.166

EFE 矩阵作为一个分析企业外部因素的工具，可以对企业外部的机会和威胁进行评估，并结合随后的内部因素分析，综合分析备择战略并制定战略和决策。然而，我们也必须注意到，EFE 矩阵仅仅是根据企业对外部环境的主观判断而做出的评估，是基于评估者的经验和判断的，可能存在一定的主观性和偏见。因此，在运用 EFE 矩阵时，我们还需要关注这些因素影响企业的内在逻辑。例如，供应商的议价能力强，如果是因为供应商的产品具有独特性和不可替代性，那么企业需要做出的战略行动则可能是进行后向一体化、进行零部件和投入要素的标准化，并获取更多的供应商资源，从而提高某个供应商的可替代性。

第二节　宏观环境分析

企业宏观环境分析的常用工具是 PEST 模型。PEST 是 4 个英文单词的首字母缩写，包括：政治（political）、经济（economic）、社会文化（sociocultural）、技术（technological）。

一、政治环境分析

政治环境是指对企业的经营活动具有一定制约作用的各种政治因素的总和，包括企业经营所在地的政治制度、政治形式和执政党的路线、方针、政策等。虽然政治因素对企业来说大多属于不可控因素，但企业只有在一个相对稳定的政治环境中，才能通过公平竞争获得长期稳定持续的发展。因此，企业家必须增强政治意识，善于从政治上看问题，不断提升政治判断力和领悟力，选择好、利用好政治环境。

与政治环境密切相关的一个概念是政治风险。对于企业而言，政治风险指的是政治权力的拥有者通过直接干预或者改变政策间接影响企业的生产经营，从而导致企业蒙受损失的现象。从来源看，政治风险可以进一步分为管制风险和不稳定风险。管制风险的来源是政治权力的滥用，而不稳定风险的来源是政治权力的波动。从层次看，政治风险可以进一步分为企业层面的政治风险和国家层面的政治风险。企业层面的政治风险包括针对企业的歧视政策、对企业产权的侵犯和政治权力拥有者违反与企业的合同等；国家层面的政治风险包括政策的突然变更、企业资产转移的限制、大规模企业资产掠夺等。

制度理论的发展为跨国公司与政治风险的研究提供了独特视角，其核心观点是，企业在海外生存和发展的"游戏规则"之一是必须适应东道国的制度环境。母国与东道国之间制度距离越大，跨国公司的经营环境越复杂，外来者劣势就越突出，遭遇政治风险的可能性也就越大。这种效应在发展中国家和发达国家之间表现得格外明显。

企业所有制类型、行业性质等固有属性本身就可能为跨国公司带来海外政治风险。在东道国政府看来，国有企业受母国政治议程影响较多，可能在海外投资活动中夹带非经济性动机，意在汲取东道国的能源、尖端技术或施加地缘影响。此外，电子通信等行业的跨国公司由于技术和设备铺设范围广、渗透性强，可能获取涉及国家安全的信息和情报，这种行业特点使得电子通信类企业在很多国家都成了接受审查率最高的外资行业。

近年来，随着国际政治形势的复杂化，企业面临的政治风险有上升的趋势。一项关于政治风险的调查显示，几乎所有参与调查企业都认为新冠疫情暴发之后，世界主要经济体之间的竞争加剧了，经济脱钩在全世界范围内正在发生，逆全球化趋势正在加速，社会不稳定性因素逐渐增多。在 2022 年，73% 的参与调查企业表明它们因为政治风险而蒙受了损失，这个比例在 2020 年是 35%。

面对政治风险，企业往往会采取一定的应对措施。这些措施通常包括：识别并主动监测潜在政治风险的影响，针对政治风险可能出现的情况进行情景规划，把政治风险纳入企业风险管理体系中，通过股东和利益相关方规避政治风险，在产品和服务中加价以弥补政治风险的损失等。

知识链接

扫描章后二维码，学习"华为应对国际政治风险案例"

二、经济环境分析

经济环境是指影响企业生存与发展的社会经济状况与经济政策，一般包括所在国家或地区的经济体制、经济结构、经济政策、经济发展状况、国民消费水平等方面。其中关键的指标涉及国民生产总值、利率水平、财政货币政策、通货膨胀、失业率水平、居民可支配收入水平、汇率、能源供给成本、市场机制、市场需求等。

世界银行的《营商环境报告》（*Doing Business Report*）于 2003 年首次推出，用于考察各个经济体商务环境，评价各个经济体商务环境随时间的变化。世界银行通过设定标准化的评估指标和统一的测评机制，可在全球范围内横向比较各个经济体的营商环境。《营商环境报告》测评企业全生命周期，对创业、处理建筑许可证、获得电力、登记财产、获得信贷、保护少数投资者、纳税、跨境交易、执行合同和解决破产问题提供了定量指标。该系列报告认为，发展中经济体的营商环境正在赶上发达经济体，而改革是发展中经济体营商环境改善的主要原因。报告称，2020 年营商环境改善最显著的经济体是沙特阿拉伯、约旦、多哥、巴林、塔吉克斯坦、巴基斯坦、科威特、中国、印度和尼日利亚。当年全球范围内的 115 个经济体经商变得更容易。巴林实施了数量最多的监管改革（9 项），在几乎所有业务领域都有所改善，而中国和沙特阿拉伯紧随巴林之后，分别进行了 8 项改革。中国在《营商环境报告 2020》中得分 77.9 分，排名 31 位。

2021 年 9 月，世界银行停止《营商环境报告》的更新。随后，世界银行宣布开启新的《宜商环境报告》（*Business Enabling Environment*）作为替代，于 2023 年开始发布。从

"营商环境"到"宜商环境",有五个方面的主要变化。一是评估视角有差异。营商环境项目旨在对各国中小企业进行考察,宜商环境项目从整个私营企业发展的角度进行评价。二是主题选择有差异。营商环境项目注重对企业全生命周期内所适用的法律法规进行评价,宜商环境项目不仅关注监管框架,还关注公共服务。三是数据收集有差异。营商环境项目的部分评价指标重点涉及法律法规,宜商环境项目不仅会收集法律法规信息,还会收集实际执行情况等。四是指标体系有差异。营商环境项目按照企业从开办到破产的全生命周期构建评价指标体系,宜商环境项目评价指标初步包括企业准入、经营场所、公用服务接入、劳动力、金融服务、国际贸易、纳税、争议解决、市场竞争和办理破产等多个领域。五是覆盖范围有差异。营商环境项目包含 191 个经济体中的主要商业城市和 11 个经济体中第二大商业城市,而宜商环境项目将尽可能地覆盖更多的国家和国家内部城市。

三、社会文化环境分析

社会文化环境是指企业所处国家或地区的社会结构、社会风俗与习惯、信仰与价值观念、行为规范、生活方式、文化传统、人口规模与地理分布等因素的形成与变动。具体包括:家庭数量、人口增长状况、人口规模、人口地理分布、人口迁移、出生率、死亡率、工作态度、受教育程度、道德观念、社会责任等。

人口是社会文化环境的基础因素,是社会经济发展的基本动力,而全世界人口规模、结构和分布正在发生的重大变化,将影响所有企业的生存和发展。联合国经济和社会事务部每年发布的《世界人口展望》密切跟踪全球人口发展动态。截至 2022 年 11 月,全球人口已达 80 亿人。由于预期寿命和育龄人口增加,联合国预计到 2030 年全球人口将增长至约 85 亿人,2050 年达到约 97 亿人,21 世纪 80 年代达到约 104 亿人的峰值,并保持这个水平到 2100 年。

《中国统计年鉴 2021》显示,2020 年全国人口出生率为 8.52‰,首次跌破 10‰,创下了 1978 年以来的新低。同期全国人口自然增长率(出生率 - 死亡率)仅为 1.45‰,同样创下 1978 年以来的历史新低。与此同时,我国 65 岁以上老年人口比重已经达到 13.5%,比 2019 年增加 1 297 万人。15~64 岁的人口数量则由 2019 年的 9.9 亿人下降到了 2020 年的不到 9.7 亿人,减少了 2 681 万人。

老龄化将对中国的发展产生深远影响。从经济总量角度来看,老龄化可能降低劳动力供给、降低劳动生产率,并挤出投资,使潜在经济增速下降。不过,如果老龄化有效倒逼技术升级、提高人力资本投资,则能够减轻潜在增速下降的压力,促进产业升级。从宏观结构角度来看,人口老龄化亦会通过消费倾向、消费偏好、要素禀赋的改变,引致产业结构的调整。从消费结构来看,人口老龄化会带来国家整体消费结构的变化。医疗服务、社会和个人服务等服务消费占比往往随着老龄化的发展而提高。从要素禀赋来看，人口老龄化更多推动产业由劳动密集型向资本、技术密集型转变。

四、技术环境分析

技术环境由企业所在国家或地区的技术水平、技术体制、技术政策、技术体系与技术发展趋势等因素构成。《中华人民共和国国民经济和社会发展第十四个五年规划和2035年远景目标纲要》指出，要强化国家战略科技力量。制定科技强国行动纲要，健全社会主义市场经济条件下新型举国体制，打好关键核心技术攻坚战，提高创新链整体效能。瞄准人工智能、量子信息、集成电路、生命健康、脑科学、生物育种、空天科技、深地深海等前沿领域，实施一批具有前瞻性、战略性的国家重大科技项目。

这里强调的"科技强国行动纲要"和"新型举国体制"就是技术体制；"关键核心技术攻坚"和"提高创新链整体效能"就是技术政策；"人工智能、量子信息、集成电路、生命健康、脑科学、生物育种、空天科技、深地深海等前沿领域"就是技术发展趋势。

世界知识产权组织每年发布全球创新指数。《2022年全球创新指数报告》从创新投入和创新产出两方面，设置政策环境、人力资本与研究、基础设施、市场成熟度、商业成熟度、知识与技术产出、创意产出7个大类、81项细分指标，对全球132个经济体的创新生态系统表现进行综合评价排名。结果显示，中国排名第11，较上年再上升1位，连续十年稳步提升，位居36个中高收入经济体之首。具体地，中国在报告中有9项细分指标排名全球第一。创新投入方面，国内市场规模，提供正规培训的公司占比，阅读、数学和科学PISA（国际学生评估项目）量表3个细分指标排名第一，国内产业多元化、产业集群发展情况2项细分指标排名第二，全球研发公司前三位平均支出、高校排名前三位平均分、资本形成总额GDP占比、企业供资GERD（研发支出总额）占比4项细分指标排名第三。创新产出方面，本国人专利申请量、本国人实用新型专利申请量、本国人工业品外观设计专利申请量、本国人商标申请量、劳动力产值增长、创意产品出口在贸易总额中的占比6个细分指标排名第一。该报告还显示，世界5大科技集群中中国独占两席。东京—横滨地区依然是全球最大的科技集群，深圳—香港—广州地区、北京、首尔、圣何塞—旧金山地区分列第二至第五位。

第三节 产业环境分析 ▌▌▌

一、产业生命周期

产业生命周期指产业从产生到消亡具有阶段性和共同规律性的企业行为（特别是进入和退出行为）的演变过程。一个新产业从出现到成熟一般都会经历价格下降、产出增加和企业数量先升后降的非单调的过程。

产业生命周期过程通常是这样的。首先，突破性创新引发了小企业的进入并引入新产品或服务。随着市场需求增长，过程创新越来越重要，产业结构开始出现集中化。在产业的下一个演进阶段，将会出现主导设计（dominant design）。主导设计的出现会锁定未来产品开发的路线，引发一系列过程创新（process innovation），使生产过程更具弹性，并且逐步改善生产效率。主导设计的出现使产业进入淘汰过程，产业集中度随进入壁垒的提高而提高，优胜劣汰的选择过程会将未能及时适应主导设计并调整组织结构的企业赶出市场或使其被兼并。在最终的产业成熟阶段中，仅会出现少量后续的过程创新，在位企业均具有较高的集中度，且有串谋的可能性。这种情况将持续到出现下一次不连续的技术进步。

产业生命周期通常可以划分为四个阶段，即萌芽期、发展期、成熟期和衰退期。在萌芽期，市场容量很小但不确定性很高，产品设计较原始而生产过程非专业化。在萌芽期，竞争导致了创新，而这又推动了大量企业进入市场。产品研发是一个试错过程，企业争取通过异质性创新获取竞争优势。此时，大企业相对小企业并没有优势，因为创新不是大规模研发导致的。越来越多的企业进入时，消费者从产品中获得了更多的收益，产业进入了发展期。产出水平开始提高，产品设计趋于稳定，于是产品创新开始转向过程创新。由于进入壁垒提高，进入市场的企业开始减少，而最终经过优胜劣汰，只有强大的竞争者才能在市场中生存。由于产品设计趋于稳定，研发变得越来越复杂，企业研发部门的规模会与创新率直接相关。而在市场成熟后，产出水平增长放缓，企业进入率进一步下降，进入壁垒很高，但研发的进入壁垒很低。创新的焦点完全转向了过程创新和管理战略，边际利润受到压缩，市场变得缺乏吸引力。衰退期新进入者的减少和现存企业的大量退出使成熟期和衰退期的企业总数量下降。

在生命周期的不同阶段，产业在消费者数量、产品产量、市场增长率、利润、竞争状况、企业规模、技术创新、进入壁垒等方面具有不同的特征。其中，一个明显体现是企业数量的演变。在新产业的发展期进入的新企业最多，之后新企业进入速度开始下降，并在产业成熟期达到企业数量的峰值。随后，产业内企业的大规模退出就会出现。同时，产业的产出增长率在生命周期的初始阶段非常高，并随着市场的成熟逐渐趋向于零。此外，产品的价格下降速度在生命周期的初始阶段比较快，随着市场的成熟逐渐放慢并趋于零。

理解产业生命周期对于了解企业发展规律有重要意义。一个企业要想活得久一些，它的寿命就要努力超越产业生命周期的限制。按照康德拉季耶夫的长波理论，人类社会从18 世纪工业革命到现在，经历过五个大的产业周期。成功的企业往往能跨越多个产业周期。像西门子（Siemens）这样的百年老店，经历过电报电话、电力照明、自动化、医疗四个大的产业周期，每个产业为其贡献了 30~50 年的辉煌。

任正非认为，华为前 30 年的高速发展，固然有自身的主观努力，但是天时、地利、人和皆备，华为在客观上是吃足了通信基础设施全球大发展的这波产业红利的。没有国家的改革开放和产业红利，单靠艰苦奋斗也未必能有所作为。任正非判断，通信基础设施这个产业，经过 30 年的发展，基本上进入成熟稳定期。华为要想继续成长，就需要做好对时代的洞察，敢于决断，然后靠坚定不移的执行力去落实。如果企业固守在擅长的领域，缺乏新洞察、新思想、新管理、新技术，那就是"熵增"，终将落入衰落的陷阱。

产业生命周期模型对于企业来说可以用来制定战略框架，通过市场规模、竞争情况等特征基本情形确认产业所处生命周期的阶段，从而确认企业的基本战略选择。当产业处在萌芽期时，只有为数不多的投资公司投资于这个新兴的产业，创业企业的研究和开发费用较高，而大众对其产品尚缺乏全面了解，致使产品市场需求狭小，销售收入较低。同时，较高的产品成本和价格与较小的市场需求之间的矛盾使得创业企业面临很大的市场风险，而且可能因财务困难而面临破产风险。因此，这类企业更适合对风险承受程度更高的创业者和风险投资者。

当产业处在发展期时，企业的生产技术逐渐成形，市场认可并接受了企业的产品，产品的销量迅速增长，市场逐步扩大，然而企业可能仍然处于亏损或者微利状态，需要外部资金注入以增加设备、人员，并着手下一代产品的开发。在这一时期，拥有较强研究开发实力、市场营销能力、雄厚资本实力和畅通融资渠道的企业逐渐占领市场，部分优势企业脱颖而出。随着市场需求上升，新进入的企业大量增加，产品也逐步从单一、低质、高价向多样、优质和低价方向发展，出现了生产企业之间和产品之间相互竞争的局面。

当产业进入成熟期时，市场已被少数资本雄厚、技术先进的大企业控制，各企业分别占有一定的市场份额，整个市场的生产布局和份额在相当长的时期内处于稳定状态。企业之间的竞争手段逐渐从价格手段转向各种非价格手段，如提高质量、改善性能和加强售后服务等。产业的利润由于一定程度的垄断达到了较高的水平，而风险却因市场结构比较稳定、新企业难以进入而较低。在产业成熟期，增长速度降到一个适度水平，产业的发展很难较好地保持与国民生产总值同步增长。当然，由于技术创新、产业政策、经济全球化等各种原因，某些产业可能在进入成熟期之后迎来新的增长。

衰退期出现在较长的稳定期之后。由于大量替代品的出现，产品的市场需求开始逐渐减少，产品的销售量也开始下降，某些企业开始向其他更有利可图的产业转移资金，因而产业出现了企业数目减少、利润水平停滞不前或不断下降的萧条景象。至此，整个产业便进入了衰退期。但在很多情况下，产业的衰退期往往比产业生命周期的其他三个阶段的总和还要长。

实际上，大量的产业都是衰而不亡，甚至会与人类社会长期共存。例如，钢铁业、纺织业在衰退，但是人们却看不到它们的消亡。随着技术进步、经济全球化等因素的变化，某些处于衰退期的产业还会重新焕发生机。证券投资分析界所奉行的"没有夕阳产业，只有夕阳企业"的论断也正源于此。需要说明的是，上述关于产业生命周期四个阶段的分析只是对产业发展共性的一种描述，它并不适用于所有产业的情况。而且，同一产业在不同发展水平的国家或者在同一国家的不同发展时期，可能处于生命周期的不同阶段。

二、产业竞争环境

五力模型由迈克尔·波特在 1980 年首次提出，主要用于分析产业竞争环境和产业发展特征，又称波特五力模型。根据波特的理论，产业中主要存在五种力量影响竞争结构和程度，即卖方的议价能力、买方的议价能力、产业内企业的竞争、潜在进入者的威胁、替代品的威胁。产业的整体竞争情况由五种力量共同决定，通过分析可直观看出企业的生存能力和盈利能力，五种竞争力结果可体现产业竞争规律。

（1）卖方的议价能力。供应商的议价能力是指供应商讨价还价的行为和程度，它们可能通过提价或降价购买产品或服务，以此向某个产业中的企业施加压力。卖方压力可以使一个产业因无法使销售价格跟上生产成本的增长而失去利润，因对买方的生产效率和盈利能力造成威胁，以此获得讨价还价的优势。卖方的议价能力主要取决于所投入生产要素的价值，当其在买方采购总成本中占比较大或能极大地影响产品质量时，卖方议价能力将大大提升。同时它还取决于卖方投入品的可替代性、卖方产业和被分析产业的相对集中度，以及卖方向买方市场进行整合一体化的威胁。

（2）买方的议价能力。买方的议价能力是指买方的讨价还价行为和程度。买方的议价手段包括压低价格、对产品或服务的质量提出更高要求，迫使作为卖方的企业加大竞争，进而影响盈利能力。买方易获得议价权的原因有：买方购买量在卖方销售量中占比很大；卖方市场规模较小；交易通常为标准化产品（可替代性高）；买方信息完全程度高；买方的相对集中度高；买方向卖方市场整合进行一体化的威胁高。

（3）产业内企业的竞争。在同一产业内，企业之间相互抗衡，经济利益紧密联系又互相制约，其目标是创造优于对手的竞争优势，则必然存在冲突。企业间的竞争主要集中在广告战、价格战、服务战等方面，竞争强度与产业潜力、生产能力、对产业的承诺度和差异化等因素有关。

（4）潜在进入者的威胁。潜在进入者将为产业注入活力，但在争夺原料和市场份额的过程中，也会对市场中的现有企业带来一定的压力，甚至威胁到企业生存。新企业进入一个产业的难易程度，取决于该产业的进入壁垒，如果障碍较小，对现有企业的威胁增加。

（5）替代品的威胁。当产业内企业所提供的产品或服务功能类似时，将产生竞争行为。在性能相同的情况下，替代品的价格越低、顾客转换成本越小，所造成的威胁越大。一旦该替代品投入市场，现有企业将不得不降低价格以保持市场份额，导致经济利益受损。

> **知识链接**
>
> 扫描章后二维码，学习"邮政寄递业竞争分析"

三、产业生态环境

要想创造出一个富有创新力的经济体，必须建立一个完整的产业生态系统。产业生态系统通过产业间资源互补、融资、战略选择、合作选择来创造价值。产业生态系统中的各个部分相互影响、共同演进，通过主体内部的互补性协作，可以创造出"1+1>2"的价值。产业生态系统主要分为核心企业、配套企业两大群落。核心企业是整个系统的关键组成部分，并且核心企业在系统协调中起到关键作用。

产业生态系统为了提升创新的绩效与水平，强调以协作为核心，借助信息技术开展跨界融合，通过不同产业的卖方、买方、互补者、替代者及同行的合作与竞争，建立基于竞争、互利共生等关系的协作共同体。产业生态系统强调内部异质性、互惠性、嵌入性和共同行动。

首先，通过多元主体、多元要素参与，不同主体间的相互融合，系统内要素越多元异质，要素间连接就越畅通，就越能产生多样性的创新成果，系统越具有活力。其次，基于未来预期与共同利益，形成长期信任的关系优势，内部主体相互支持，形成共同的价值观、行为规范与网络治理机制。主体间降低了搜寻与交易成本，减少了机会主义行为，提高了合作成功的概率。嵌入网络位置、关系带来信息优势和学习优势。再次，高新技术产业生态系统是一种强弱关系的结合。弱关系促进主体间的交流、异质信息的获取；强关系降低主体间知识搜寻成本，促进相互学习和知识溢出，有利于创新积累。最后，系统通过分工与协同，提升了其应对外部不确定性能力，提高了对外界的反应敏捷性与反应速度，加速了创新进程，降低了创新风险。

产业生态系统发展是一个动态演化的过程，演化动力分为内生动力和外生动力。内生动力来自系统主体的新颖性、创造性，推动系统主体不断进行创造，搜寻未知机会，不断创造出新的市场和技术。外部动力包括技术进步、市场需求、制度变迁等。

产业生态系统在生命周期不同阶段的演化动力不同（图3-3）。萌芽期，属于从兴起到多样化阶段。对互补组织资源的需求与获取是生态系统初期的核心演化动力。成长期，属于从多样化到整合阶段。系统主体间及其与环境不断交互产生新的资源即网络资源。对网络资源的追逐是产业生态系统成长期的主要动力。成熟期，属于从融合到巩固阶段。前期积累的技术和能力得到集中爆发，主体的集体行动产生了包括核心技术的产生、快速的反应能力等协同的系统资源，对系统资源的获取是成熟期的主要动力。衰退期，属于从巩固到更新阶段。系统刚性增加，系统主体同质性提高。如何通过变革获得创新要素增加节点的异质性，如何跨越临界点，建立新的平衡获得突破性创新，是衰退期系统演化的主要动力。

> **知识链接**
>
> 扫描章后二维码，学习"电子竞技产业生态系统"

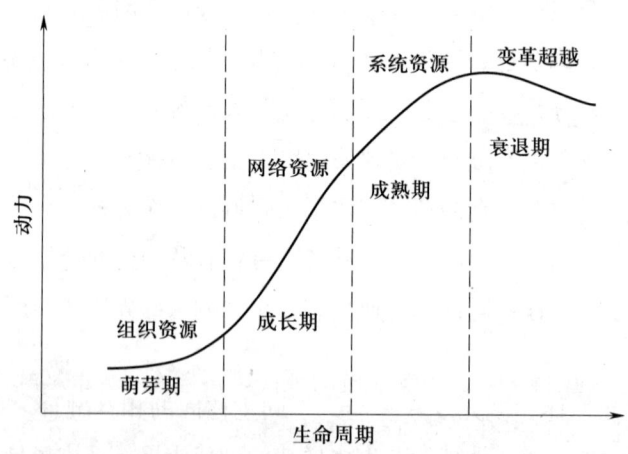

图3-3 产业生态系统生命周期不同阶段的演化动力

资料来源：刘和东和刘权（2021）。

四、价值链、供应链和产业链

价值链、供应链和产业链构成了组织生产和运作的三个核心概念，各自在不同的层面展现了组织活动的特性与联系。

价值链聚焦于微观层面，由迈克尔·波特首先提出，专注于探索组织内部如何通过不同活动和环节创造并传递价值。价值链分析组织内部从设计、生产、营销到配送和支持服务等环节的价值增值过程，目标是提高企业的价值创造能力和竞争优势。

供应链立足于中观层面，强调跨越不同组织的协同与合作，涉及从原材料的采购直至产品流向消费者的整个过程。它的关键在于优化组织之间的流程，整合商流、物流、信息流和资金流，以提升整体的运作效率和产品的价值。

产业链则从宏观视角出发，关注各经济部门之间基于特定逻辑和空间布局形成的相互交织网络。这个概念着重于产业间的相互依存与合作，旨在通过经济网络和产业生态的发展，促进产业和区域竞争力的整体提升。

价值链的演进，特别是迈克尔·波特的理论，为理解如何通过内部活动创造更大价值奠定了基础。供应链的发展则突破了组织的界限，强调了跨组织间的整合和合作，而产业链的概念则提供了一个更广阔的视角，关注整个经济部门间的相互作用和协同。

这三个概念之间存在着紧密的关系。供应链的有效管理和优化依赖于价值链中各环节的高效执行，而产业链的构建和发展为供应链和价值链提供了更广泛的宏观环境和支持。随着时间的推移，这三个概念的边界日渐模糊，向着融合和互补的方向发展。供应链不仅关注组织间的流程优化，也致力于通过产业链的现代化进一步提升价值链的效率和效益，从而促进产业结构的优化，降低运营成本，提高经济系统的竞争力和抗风险能力。随着信息技术的发展和全球化的深入，价值链、供应链和产业链之间的互动和融合趋势愈发明显，共同塑造了新型的经济组织形态，强调了价值创造、流程协同和时空布局的统一。这体现了在全球产业体系下，从原材料供应到产品消费全过程中的价值创造主体与活动的紧密联系，标志着基于产业供需网络的生态系统的形成。

国家政策也越来越重视产业链和供应链的现代化，将其视为推动经济高质量发展和实现新发展格局的关键。通过提升产业链和供应链的现代化水平，旨在建立一个安全、开放的经济体系，增强产业竞争力。

本章小结

　　企业常常面临高度不确定性和不连续性的外部环境，包括政治环境、经济环境、社会文化环境、技术环境、自然环境和法律环境等多个维度。通过分析宏观环境中的趋势（机会和威胁），能够发现企业外部环境对企业的潜在影响，并据此进行相应的决策和行动。通过产业生命周期、产业竞争环境（波特五力模型）、产业生态环境、价值链、供应链和产业链等分析，可以了解产业环境中存在的机会和威胁等趋势。产业生命周期包括萌芽期、发展期、成熟期和衰退期。企业通过对市场规模、竞争情况等特征的基本情形，确认产业所处生命周期的阶段，从而确认企业的基本战略选择。波特五力模型是分析产业结构的基本工具。通过对买方议价能力、卖方议价能力、产业内企业的竞争、潜在进入者威胁和替代品威胁进行分析，能够找到产业盈利能力的制高点和瓶颈，从而指导企业制定竞争战略。价值链、供应链和产业链也是企业分析其与上下游和其他利益相关者关联的重要工具，涵盖了在全产业体系下从原材料供应到产品消费全流程中的各类价值创造主体与活动，是基于产业供需网络的生态系统。

思考题

　　1. 寻找近十年来对某个行业影响较大的"黑天鹅"和"灰犀牛"事件，并识别不同企业的应对方法，分析其如此应对的原因及后果。

　　2. 在网上寻找相关的报告，从政治、经济、社会文化、技术、自然和法律六个角度识别外部环境中的重要趋势。

　　3. 找到1~2个你感兴趣的产业，运用波特五力模型，分析该产业的吸引力和未来趋势，并讨论其中的机会和威胁，以及如何在该产业赢得竞争。

　　4. 找一个产业（如烟花产业、服装产业等），讨论该产业目前所处的产业生命周期，并从该产业中挑选一个企业，分析该企业的价值链和产业链的关系。

即评即测	常用术语	知识链接	参考文献

第四章

内部要素分析

📍 学习目标

★ 了解企业内部资源、能力的重要性。

★ 学习企业内部资源、核心能力与竞争优势的关系。

★ 理解企业如何通过打造持续竞争优势为国家和社会创造价值。

★ 掌握 VRIN 框架、价值链分析、内部因素评价（IFE）矩阵、SWOT 分析方法。

开篇案例：比亚迪新能源的崛起 ①

　　2023 年 3 月 28 日晚，比亚迪发布 2022 年全年业绩，营业收入 4 240.61 亿元，同比增长 96.2%，归属于上市公司股东的净利润 166.22 亿元，同比增长 445.86%，扣非净利润 156.38 亿元，同比增长 1 146.42%，各项核心经营数据均创历史新高。同时，规模效应和高价值车型的持续放量，也带动了比亚迪单车利润显著提升。

　　2022 年，在汽车行业面临芯片结构性短缺、原材料价格居高不下等诸多困难挑战下，比亚迪以技术驱动产品量价齐升，加速攻占高端市场。通过刀片电池等核心器件自研自产，实现产业链垂直一体化供应，成本优化能力大幅提升，筑起最大化抗风险屏障，进一步稳固了新能源汽车领军者地位。

---

① 臧树伟，陈红花.创新能力如何助力本土品牌厂商"换道超车"？[J].科学学研究，2019，37（2）：338-350.

中国汽车工业协会（简称中汽协）数据显示，2022年中国新能源汽车产销分别完成705.8万辆和688.7万辆，同比增长96.9%和93.4%，市场占有率提升至25.6%。在行业爆发式增长的背景下，比亚迪新能源汽车销量更是一骑绝尘，2022年全年累计销售186.35万辆，同比增长208.64%，其中纯电动汽车91.1万辆，同比增长184%，插电混动汽车94.6万辆，同比增长247%。

2022年以来，比亚迪相继推出元PLUS、汉千山翠限量版、海豹、唐DM-p、腾势D9、仰望U8、仰望U9等多款车型，其中不乏"爆款"，例如汉家族全年销量超27万辆，成为B级+C级轿车年度销量冠军，唐家族全年销量超15万辆。行业龙头地位愈发凸显。

规模效应有效缓解上游原材料价格上涨带来的成本压力，推动比亚迪盈利大幅增长。年报显示，比亚迪2022年整体毛利率达到17.04%，较2021年提升4.02个百分点。其中，单车毛利达到3.67万元，较2021年的2.71万元增长35.42%，与此前车型集中在10万~20万元价格带不同，2022年比亚迪新款汉家族、唐家族等售价达到30万元左右，汉家族单车成交均价超过25万元，腾势品牌售价上探至40万元，以此寻求更高的利润。

基于王朝、海洋、腾势、仰望、个性化品牌"F"五大产品矩阵，覆盖从家用到豪华多方位、全场景用车需求，凭借领先的电池、电机、电控核心技术，比亚迪的产品力越来越强。随着2023年新车型密集投放，比亚迪的市场占有率有望进一步提升，其高端品牌将继续向高价位、细分市场拓展。

案例思考题

1. 比亚迪凭借哪些资源和能力获得了在市场上的竞争优势？
2. 核心技术能力是否意味着比亚迪具备可持续竞争优势？

第一节　内部要素分析概述

一、内部要素分析的重要性

以迈克尔·波特为代表的传统产业组织学派强调，企业业绩的差异主要源于其所处行业的差异，特别是行业结构的差异。因此，为了实现较高的利润率，企业需要对外部环境进行分析，选择具有吸引力和发展潜力的行业。然而，为什么会存在在不吸引人的行业中一些企业盈利水平很高，而在吸引力较高的行业中一些企业经营状况很差的情况？要回答这个问题，传统产业组织学派就存在一定的局限性，忽视了企业内部资源或能力的差异性。因此，以伯格·沃纳菲尔特为代表的资源学派应运而生。

资源学派认为，在同一行业内，企业所拥有的资源和能力是有差异的，这种差异是企业收益差异的重要原因。企业能够获得超额利润，主要是因为其拥有同行业企业没有的核心能力。因此，要解释企业绩效差异的原因，就需要理解企业如何在竞争环境中保持独特和持续的优势。这就凸显了企业内部要素分析的重要性，即对企业内部资源和能力进行分析，以确定企业的核心竞争力和未来发展方向。这也是战略分析的一项重要内容。

《孙子兵法·谋攻篇》载："知彼知己，百战不殆；不知彼而知己，一胜一负；不知彼，不知己，每战必殆。"这句话强调了知是战的前提和基础，打仗需要充分了解各方面的情况并进行分析，才能取得胜利。知彼，即需要对外部环境乃至竞争对手有充分的了解和认知；知己，即需要对自身情况有清晰的了解，进行综合分析，扬长避短。简单地说，企业的外部环境决定了"企业应该做什么"，企业的内部要素则决定了"企业能够做什么"。企业需要深入了解外部环境，并对内部所拥有的资源和能力进行分析，清晰地了解自身的优势和劣势，进而将其和企业外部环境分析相结合，强化优势、克服劣势，发掘企业核心竞争力，实现竞争优势。图4-1展示了以资源为基础的战略分析过程。

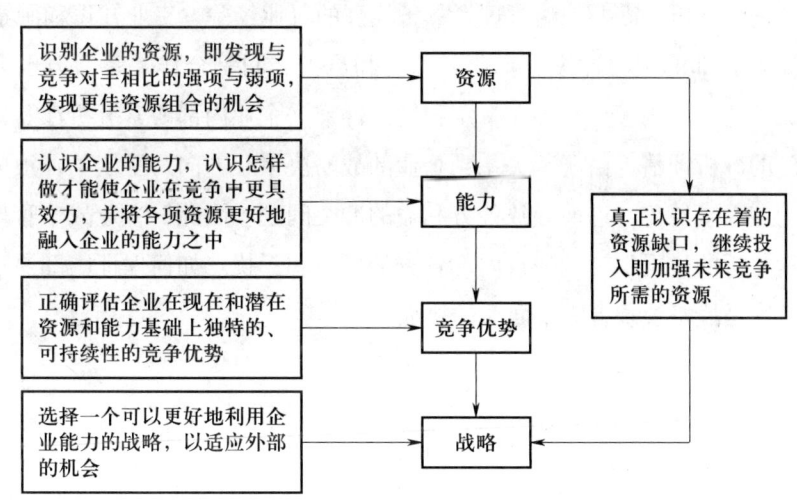

图4-1 以资源为基础的战略分析

资料来源：龚荒（2016）。

竞争优势指企业拥有比其竞争对手更优秀的资源、技能、能力或其他方面的优势，从而使得企业能够具有比竞争对手更强的盈利能力。建立竞争优势，实现更好的业绩，是几乎所有企业的追求目标。企业的竞争优势越强，就越能够相较竞争对手为顾客创造更多的价值，也就越可能获得更高的市场份额和超额利润，从而在市场上取得成功。例如，腾讯在即时通信技术方面拥有显著的优势，并凭借其打造了社交媒体生态系统，为顾客创造了独特价值，这是腾讯在社交媒体和游戏领域成功的重要原因之一。

二、内部要素分析的挑战

企业要进行有效的内部要素分析并不是一件容易的事情，主要面临着三方面的挑战。

第一，内部要素分析面临高度的不确定性。由于外部宏观环境、行业环境和顾客需求的不可控变化，企业对其资源和能力的分析过程和结果往往存在较大的不确定性。例如，政策变化和新技术的诞生可能使得企业原有的资源和能力优势不复存在，甚至转变为劣势。要应对这种不确定性，战略管理者和相关团队需要及时、充分地了解外部情况变化，并和内部的优势和劣势进行匹配，积极适应变化。

第二，内部要素分析的复杂性。企业所拥有的资源与能力种类繁多，涉及企业经营活动的方方面面，企业难以有效识别和判断其价值。甚至企业可能对自身的优势和劣势，乃至核心竞争力产生错误认知。此外，不同资源和能力之间的关联和相互作用非常复杂，难以准确判断，而企业核心竞争力可能是多方要素共同作用的结果。如何既全面又有针对性地对内部要素进行分析，需要战略管理者具备较高的行业经验、专业知识和洞察力。

第三，企业内部的利益冲突。企业各部门和员工之间是合作关系，但也会在资源分配、人事任免、考核奖励等方面存在一定程度的冲突。企业内部要素分析涉及对企业各个经营管理部门的分析评估，由于其关系到企业的战略决策、方向乃至变革，很可能影响到企业资源分配和人事任免，进而导致各方利益的冲突问题。因此，企业战略管理者可能在企业内部要素分析的过程中受到来自内部各方的压力和干扰。如何保证内部要素分析的客观性和有效性，是战略管理者需要面对的挑战。

第二节 企业资源条件

资源是企业拥有或控制的、用于生产经营过程中的各种要素的集合，通常可以分为三类：有形资源、无形资源和人力资源，如表 4-1 所示。企业资源的价值取决于它们的特点、用途和企业对它们的运用能力。不同类型的资源需要不同的管理方式和资源配置策略，而合理地利用和整合这些资源可以为企业创造巨大的价值和竞争优势。

表 4-1　企业资源分类

资源类型		主要内容
有形资源	实物资源	企业实现生产的基础，如机器设备、厂房建筑、土地、运输工具、办公设备、原材料、产品、库存等
	财务资源	企业可以用于生产、经营和投资的各类资金，包括现金、应收账款、股票、债券等金融资产
无形资源	组织资源	企业的内部组织结构、业务流程和系统，如企业生产和质量控制流程、协调系统、销售采购网络等
	技术资源	企业的技术储备，如技术、专利、版权、数据、资料库等
	企业形象	企业在消费者、合作伙伴、公众等利益相关者心中的形象，包括企业信誉、知名度、口碑、品牌等
	企业文化	企业内部的行为准则、信念和价值观念，包括企业宗旨、核心价值观、企业理念、组织文化等
人力资源	企业领导者	企业的决策者和方向制定者
	职能管理团队	负责生产、财务、市场营销等具体职能部门的管理工作，对部门工作进行计划、组织、协调和控制
	员工	从事生产制造、会计、研究开发等具体职能工作

资料来源：作者整理。

一、有形资源

有形资源指可量化的实体资产以及金融性资产，主要包括实物资源和财务资源。实物资源是企业实现生产的基础，例如企业所拥有的机器设备、厂房建筑、土地、运输工具、办公设备、原材料、产品、库存等。这些资源是企业生产和经营的物质支持，能够帮助企业提高生产效率并降低生产成本。同时，这些资源也需要定期维护和更新，以保证其长期的稳定运作和价值。

财务资源指企业可以用于生产、经营和投资的各类资金，包括现金、应收账款、股票、债券等金融资产。这些资源是企业资金流动的重要组成部分，能够帮助企业进行日常运营和实现长期的战略规划。这些资源的运用需要企业进行有效的资金管理和风险控制，以确保企业的财务稳健和可持续发展。

有形资源由于其可量化的特性，容易被识别和评估，一般可以直接从市场上获得，并在财务报表中反映出来。但由于有形资产可能存在消耗、老化和维护等问题，财务报表往往并不能真正反映其价值。因此，企业在对有形资产的战略价值进行评估时，不能仅依赖财务报表，而需要考虑实际状况和发展潜力。例如，一台昂贵的机器设备的账面价值很高，但其技术可能已经落后，发展潜力和战略价值并不高。

此外，有形资源的价值往往受到较多限制，企业难以从有形资源中获得额外的业务或价值。比如，一辆车的运行时间和驾驶里程都是有限的，如果超负荷运行，则可能导致车辆故障增加，影响正常使用，产生较多的维护费用。不过，也有一些特殊的有形资源具有高价值性和稀缺性，这类资源也有可能成为企业的核心竞争力所在。例如，企业拥有一个非常优越的地理位置，其带来的价值可能难以估量。

二、无形资源

无形资源指难以量化的非实体资产，通常无法用货币度量或从市场上直接获得。这类资源主要包括组织资源、技术资源、企业形象和企业文化。组织资源指企业的内部组织结构、业务流程和系统，如企业生产和质量控制流程、协调系统、销售采购网络等。这类资源涉及协调和配置，帮助企业实现投入产出的转化。例如，华为历时多年打造了以客户为中心的"零缺陷"质量管理体系，该体系覆盖了消费者洞察、技术洞察、技术规划、产品规划、技术与产品开发、验证测试、制造交付、上市销售、服务维护等各个领域，通过严格的业务流程来保证产品的一致性，赢得了客户的认可。

技术资源即企业的技术储备，如技术、专利、版权、数据、资料库等。企业如果拥有某项关键核心技术专利，往往可以建立有力的竞争优势。关键核心技术对企业和国家的战略发展都具有非常重要的意义。2018 年 5 月 28 日，习近平在中国科学院第十九次院士大会、中国工程院第十四次院士大会上强调了实现关键核心技术自主权的重要意义："实践反复告诉我们，关键核心技术是要不来、买不来、讨不来的。""要增强'四个自信'以关键共性技术、前沿引领技术、现代工程技术、颠覆性技术创新为突破口，敢于走前人没走过的路，努力实现关键核心技术自主可控，把创新主动权、发展主动权牢牢掌握在自己手中。"[1]

企业形象是企业在消费者、合作伙伴、公众等利益相关者心中的形象，包括企业信誉、知名度、口碑、品牌等方面。良好的企业形象可以帮助企业实现超额利润，是一种非常重要的无形资源。在企业形象中，品牌的重要性尤其突出，是企业综合实力和竞争力的重要体现。品牌知名度高的企业，往往也是实力很强、盈利水平高的企业。对于产品同质化较强的行业（如饮料行业）中的企业来说，品牌可以说是它们最有价值的资源。

---

[1] 习近平.在中国科学院第十九次院士大会、中国工程院第十四次院士大会上的讲话［N］.人民日报，2018-05-29（2）.

习近平高度重视品牌建设，多次提出殷切期许。2014 年 5 月在河南考察时，习近平提出"推动中国制造向中国创造转变、中国速度向中国质量转变、中国产品向中国品牌转变"重要战略。为大力宣传知名自主品牌，讲好中国品牌故事，提高自主品牌影响力和认知度，自 2017 年起，我国将每年 5 月 10 日定为中国品牌日。世界品牌实验室发布的 2019 年"世界品牌 500 强"显示，华为、长虹、海尔等 40 个中国品牌入选，越来越多的中国品牌正肩负使命，稳步走出国门。中国品牌全球共享，正从愿景走向现实。

企业文化是指企业内部的行为准则、信念和价值观念，是一种基于共同的目标和价值观念所建立的内部文化体系，涵盖了企业宗旨、核心价值观、企业理念、组织文化等方面。企业文化的建立和发展可以帮助企业塑造独特的品牌形象，提升企业核心竞争力，促进企业内部的协作和创新，使企业具备更好的生存和发展能力。例如，华为在创业初期采用狼性文化管理，强调不屈不挠的进取奋斗精神，为华为克服发展过程中的困难挑战起到了至关重要的作用，也为华为成为世界领先企业奠定了基础。需要注意的是，尽管企业文化可能是企业的重要资源，帮助企业更有效地实现战略目标，但不当的企业文化也可能与企业战略产生冲突，因此，企业需要在必要时改变企业文化，使其与战略相协调。

相较于有形资源，无形资源通常是企业在长期经营实践中逐步积累起来的，更难以被竞争对手了解、分析和模仿。因此，无形资源更可能作为企业核心竞争力的基础，在帮助企业建立竞争优势方面更具有价值。例如，腾讯在大数据管理方面拥有丰富经验，这是帮助其建立竞争优势的基础之一。此外，无形资源的充分利用并不会像有形资源一样产生损耗，其创造价值的潜力也往往更高，可能具有更加重要的战略价值。例如，企业内部的有效知识共享可以极大地推动价值创造。

随着企业经营环境日益复杂化和全球化竞争的加剧，无形资源已经成为企业发展的重要组成部分，对企业的价值、竞争力和长期发展具有重要影响。然而，在实践中，由于有形资源可量化、能够被清晰识别、管理操作性强，企业在管理过程中往往更注重有形资源的投入和管理，而比较容易忽视对无形资源的保护、运用和管理。企业需要加强对无形资源的保护和管理，将其纳入企业战略规划和管理范畴，以提高企业综合竞争力。例如，企业可以通过加强知识产权保护、企业文化建设、品牌建设和管理、技术创新和专业知识积累等途径，提高企业的核心竞争力和市场适应性。

三、人力资源

人力资源指企业成员向企业提供的劳动、知识、技能以及决策等，涉及企业领导者、职能管理团队和各部门员工的数量、所受教育、经验、技术、能力、专业资格、交流协作能力和工作完成情况。相比有形资源和无形资源，企业是由人组成的，因此企业的一切活动首先是人的活动。可以说，人力资源在企业中发挥着控制、运用各项资源的主导作用，关系到整个企业系统的有机运行和效能，对企业生产经营的能力和效果起着至关重要的作用。在现代企业管理中，人力资源被认为是企业最重要的资产之一。优秀的管理团队和高素质的员工，可以使企业具备更强的适应能力、竞争力和创新能力。

人力资源可以分为企业领导者、职能管理团队和员工三个层次。企业领导者或高层管理团队掌握企业资源的控制和配置权，是企业决策的主要制定者和执行者。他们的决策和行为不仅影响企业的整体发展方向和战略规划，还会对企业文化、组织结构、员工管理以及激励机制等方面产生影响。例如，华为创始人任正非的思想、性格、领导风格对公司文化的形成和发展有着深远的影响。华为在创业初期强调的"狼性文化"就是任正非一手倡导和推广的。因此，企业领导者需要深入了解企业内部的各种因素，制定出科学合理的决策和规划，以实现企业长期可持续发展。

职能管理团队负责生产、财务、市场营销等具体职能部门的日常管理和运营，对部门工作进行计划、组织、协调和控制。相较于高层管理者，职能管理者需要更多地承担直接管理员工的工作，除了制定工作制度和规范以管理和控制员工外，还需要了解如何通过适当的经济报酬和物质手段来激励员工，督促他们高效地、保质保量地完成工作。为了提高管理的有效性，管理者可以采取多种管理措施，如创造更有意义和挑战性的工作和工作环境，提供内在激励，增加员工自主权等，来促使员工在工作中发挥创造力，实现自身价值。例如，市场部门负责推广某个产品，市场部门管理者需要在了解工作之后，制定计划和目标，分配任务，督促员工完成工作，协调解决工作上的问题，并提供必要的培训和支持。

员工从事生产制造、会计、研究开发等具体职能工作，是企业的基石，也是保证企业战略落地实施的核心力量。高素质、能力强的员工，例如优秀科研人才，可以为企业创造非常宝贵的价值。习近平曾强调："发展是第一要务，人才是第一资源，创新是第一动力。""强起来要靠创新，创新要靠人才。"[1] 而人才类型是多样化，而不是单一的，让人人各尽其能是人才工作的最佳目标。企业需要特别重视对人力资源的开发、管理和利用，在注重引进人才的同时，也需要注意培育提升员工专业素质。此外，企业还需要保障管理体系的有效运作，充分调动员工的积极性和创造性，实现人尽其才。

> **知识链接**
>
> 扫描章后二维码，学习"深入实施新时代人才强国战略
> 加快建设世界重要人才中心和创新高地"

---

[1]　发展是第一要务，人才是第一资源，创新是第一动力［DB/OL］．人民网，2018-03-07.

第三节　企业能力条件

尽管一些企业拥有同样的资源，它们的发展速度和盈利水平也很可能存在差异，这就涉及企业能力的问题——企业能力是指其所拥有的协调、整合和配置资源的力量，这种能力可以使企业发挥其生产和竞争作用，实现目标并获取竞争优势。企业能力由其各个方面的组成部分共同构成，包括组织文化、管理、技术、流程和员工等。这些组成部分相互作用并形成企业的能力。因此，企业能力是企业整体运作的结果，与企业紧密相连，不能和企业分离开来。

企业能力的价值主要体现在对资源的利用。资源通常需要合理的配置和使用才能实现其价值，而企业能力的差异会直接影响资源的利用效果和效率。企业如何利用资源提高绩效和产生竞争优势，取决于企业是否具备把握、掌控和运用资源的能力。因此，企业不仅需要拥有资源，还需要具备相应的能力，以确保这些资源得到合理规划和有效利用，从而实现企业目标和构建竞争优势。

企业如果拥有大量资源，但并没有与之相匹配的能力，无法对资源进行合理规划和有效利用，那么也难以凭借这些资源建立竞争力，甚至可能导致资源的严重浪费。例如，一家企业拥有一项核心技术专利，但缺乏相应的技术开发能力，那么这项技术可能无法得到充分应用，从而无法实现商业价值。同样地，一家企业拥有大量的资金和设备，但缺乏有效的管理和组织能力，那么这些资源可能被浪费或使用不当，最终导致企业的绩效下降。企业资源和能力的运作是相互依赖的，只有将两者有效结合起来才能实现价值最大化和构建竞争优势。因此，企业需要进行资源和能力的分析，以了解自身的资源和能力状况，找出资源利用方面存在的问题和瓶颈。进一步地，企业应针对这些问题和瓶颈进行能力提升和优化，以提高资源利用效率和企业绩效，从而取得更好的经济效益和市场竞争优势。

一、一般能力

一般能力，也称为非核心能力，指企业在常规业务领域内需要具备的能力，是企业运营中不可或缺的重要组成部分。企业需要合理配置和运用一般能力，不断提升组织管理和经营能力，以提高整体运营效率和市场竞争力，实现可持续发展。一般能力包括组织管理能力和经营能力两个方面。

（一）组织管理能力

组织管理能力指企业在管理方面所具备的能力，包括企业的计划能力、组织能力、控制能力等方面。这些能力是企业整体运作的基础，关乎企业的长期发展和成功。优秀的组织管理能力可以提高企业整体效率和执行力，保障产品和服务品质，提升企业效益等。因此，企业应该注重培养和提高自身的组织管理能力，以提高企业的竞争力和持续发展能力。

（1）计划能力是企业为未来做准备的规划管理能力，具体任务包括预测、确定目标、建立战略、制定政策等。企业需要通过分析预测市场需求、行业趋势、竞争状况等因素，确定目标，建立战略，制定合理的经营策略和计划。良好的计划能力可以帮助企业更好地规划资源，提高效率，适应市场变化，明确未来的方向和目标，为企业的长期发展奠定基础。

（2）组织能力是企业确定任务和权力关系的能力，具体任务包括组织结构设计、权限划分、协调、岗位责任设计等。通过组织能力，企业能够合理地组织生产、营销、管理等各方面的活动，更好地实现工作任务的分配，明确岗位职责，优化内部组织架构，提高工作效率和协作效果。良好的组织能力还可以帮助企业有效地管理和协调各项资源，优化资源配置，进而提升生产效率和服务质量，确保企业的运作顺畅。

（3）控制能力是保证实际工作结果与计划预期相一致的管理能力，主要涉及质量控制、财务控制、销售控制、存货控制、支出控制、变量分析、奖惩激励等。通过控制能力，企业能够对生产、营销、管理等方面的活动进行有效的监控，及时发现问题并解决问题，从而确保企业的正常运作和良好的经营状况。良好的控制能力可以帮助企业降低经营风险，提高效率和质量，优化资源配置，增强企业的信誉和声誉，实现经营目标。

（二）经营能力

企业的经营能力指企业在财务、研发、生产制造、营销等各个具体职能领域中所具备的能力。这些职能领域相互关联、相互支持，涵盖了企业经营的各个方面。企业需要综合考虑和全面提高各个方面的经营能力，才能更好地适应市场需求、把握市场机遇，提高市场竞争力和业务盈利能力，在激烈的市场竞争中立于不败之地。

（1）财务能力是企业在获取、使用和管理资金方面的能力，包括企业的财务规划、资金管理、成本控制、风险控制、财务分析等。财务能力涉及企业能否选择合适的融资渠道，合理配置资金，并建立一个能够满足资本需求，同时降低融资成本和财务风险的最佳资本结构，以实现有效成本控制和较高收益比。通过有效的财务管理，企业可以提高经营效率，降低成本，确保经营风险的可控性，从而保证企业财务健康稳定。

（2）研发能力是企业在技术创新、新产品开发以及转化生产等方面的能力，包括研发投入、研发流程、产品设计、知识产权布局等方面。在技术更新换代越来越迅速的环境背景下，高效、可持续的研发能力对企业至关重要，是企业提升技术实力、推动产品升级换代、保持竞争活力的重要保障。企业需要制定研发战略方向，打造高效的研发组织和流程，推进产品更新换代，改进产品质量，提升技术水平，更好地满足消费者的需求。

（3）生产制造能力指企业将资源投入（原材料、资本、劳动、机器设备等）转化为符合需求的产品或服务的能力。它涉及生产流程设计、设备管理、生产计划调度、库存管理、生产人力管理、质量管理等方面，是保证企业生产效率和质量的重要保障。生产活动是企业最基本的活动，企业能否高质量、低成本地生产符合市场需要的产品或服务，对企业创造价值和打造竞争优势至关重要。因此，企业需要通过优化生产工艺、更新设备技术、培养员工技能、强化管理水平等方式不断提高生产制造能力，以实现高效、稳定、高质量的生产，从而提高竞争力和市场地位。

（4）营销能力指企业在市场分析决策、产品和服务设计、定价、分销、宣传和销售方面的能力。这些能力是提高企业市场占有率和增加销售收入的重要保障。市场分析决策是企业通过市场调查等方式对产品或服务相关数据进行收集、整理与分析，并进行相关决策的能力。产品和服务设计涉及企业在确定产品和服务的定位、类型、样式等方面的能力。定价即企业根据成本、市场需求、竞争者情况等各因素制定合理的价格以促进销售、获取利润。分销涉及企业的销售渠道结构和数量、覆盖范围、批发及零售网点布局等。宣传和销售涉及企业在推广产品服务、传播和维护企业形象、提升销售额等方面的能力。企业需要不断提升自身的营销能力，例如掌握最新的营销技能和策略，积极应对市场变化，根据不同的客户需求制定差异化的营销方案，以满足市场需求和提高销售业绩。

二、核心能力

核心能力，也被称为核心竞争力，是使得企业在具有重要竞争意义的经营活动中能够区别于其他竞争对手，获取可持续竞争优势的独特资源和能力。企业凭借核心能力可以为顾客提供独特的价值，提高市场占有率，增加收益，进而在市场竞争中占据优势地位。核心能力可以包括开发创新能力、战略管理能力、组织管理能力、市场营销能力、生产制造能力、人力资源开发与管理能力、企业文化及企业历史等各个方面。这些要素既是企业核心能力的组成部分，也是核心能力的载体和体现。企业需要通过对这些要素的不断发掘、提升和整合，来识别和建立自身的核心能力，以在如今激烈的市场竞争中脱颖而出，并取得可持续竞争优势。

资源基础观提出的 VRIN 模型是一种评估企业拥有的资源和能力是否能够产生可持续竞争优势的经典方法。根据 VRIN 模型，核心能力需要满足以下四个标准：有价值（valuable）、稀缺（rare）、难以模仿（imperfectly imitable），以及不可替代（non-substitutable）。只有当企业拥有的资源和能力满足 VRIN 四个标准时，它们才能作为企业可持续竞争优势的基础。

（1）有价值。核心能力必须能够创造或提供价值，这是最基本的前提。对于顾客来说，核心能力要能以较低的成本提供符合他们需求的产品或服务。对于企业而言，核心能力需要能够提高效率、降低成本、提高产品质量或实现其他战略目标，从而为企业创造价值。因此，核心能力需要能够在企业为顾客创造价值的过程中发挥重要作用，使企业的产品或服务获得市场认可，进而为企业带来利润和增长机会。如果无法实现这一点，该能力就不能成为企业的核心能力。例如，企业生产运作系统设计不合理，导致生产效率很低，这意味着其提供的价值有限。

（2）稀缺。核心能力必须是相对稀缺的，即只有极少数企业拥有该类能力，其他企业难以轻易地通过交易的方式从市场上获取。这种稀缺性可以源自特定的技术专利、专业技能、优秀的人才、稀缺的原材料或特殊的地理位置等。即便一种资源或能力再有价值，如果许多企业都拥有或能够轻易获得，那么它也无法带来竞争优势。相反，如果一种资源或能力相对稀缺，企业可以更好地利用这种资源或能力来区别于竞争对手，并为顾客提供独特的价值，在市场竞争中获得差异化优势。换而言之，企业需要思考的是：有多少竞争对手拥有这种资源或能力？

（3）难以模仿。核心能力必须难以被竞争对手模仿，或需要耗费较长时间和较高成本才能被模仿。如果一种资源或能力有价值且稀缺，但能被竞争对手轻易模仿，那么其带来的竞争优势也难以持续。例如，某品牌的特殊包装形式或许能吸引顾客的关注，但如果竞争对手能够轻松模仿这种包装形式，该品牌的独特性就会被削弱。要实现难以模仿的资源或能力往往需要满足以下条件：

① 需经过长时间的积累才能获得。例如，历史悠久的老字号品牌，往往经过数十年、数百年的发展积累才形成独特的品牌文化和价值观。这种历史积淀不易被其他企业模仿，因为需要耗费大量的时间和资源才能复制。这类资源或能力需要企业长期的投入和坚持。

② 难以判断其形成原因（具有因果含糊性）。例如，企业文化的形成涉及多种因素，如企业历史、企业领导者的价值观、员工的背景和行为等。这些因素相互交织，形成了独特的企业文化，其他企业很难判断其形成原因，并复制这些因素。

③ 具有社会复杂性，是错综复杂的社会现象的产物。例如，企业的人际关系和信任体系可能是错综复杂的社会现象的产物，涉及社会动态和企业内部的各种因素之间的相互作用，其他企业很难进行模仿。

（4）不可替代。核心能力必须是无法被其他资源或能力替代的，即竞争者难以轻易获得其他对等的资源或能力作为替代品。否则，企业很难实现持续竞争优势，保持其在市场中的领先地位。例如，某家电子产品公司可能拥有独特的设计能力，这种能力可以帮助其设计出更具吸引力的产品。但如果竞争对手开发出了新型设计软件，那么这家公司的独特设计能力就会被替代。

综上，只有符合 VRIN 模型的四个标准的能力才能被称为核心能力，成为企业持续竞争优势的基础。除了这四个标准，核心能力通常还应具有可延展性，即该能力应该能够衍生出一系列的新产品或新服务以满足顾客需求，并对企业的一系列产品或服务的竞争力起到促进作用。在这个延展过程中，核心能力的延展性使企业不仅满足顾客当前的需求，还能够满足其潜在的需求。例如，小米基于互联网思维的经营模式打造极简设计、高性价比的产品，不仅在手机市场上取得了成功，还促进了一系列小米产品的诞生。

> **知识链接**
>
> 扫描章后二维码，学习"小米打造竞争优势之路"

核心能力越是有价值、稀缺、难以模仿、不可替代、可延展，企业的竞争优势就越强，持续时间也越长。因此，识别和评估核心能力是企业内部要素分析的重要任务之一。企业需要全面了解自己的商业模式、资源配置、价值链、供应链等，以识别和发掘与其他企业相比自身所具有的价值和优势，并制定相应的战略和决策。此外，企业需要综合考虑内外部环境对核心能力进行评估，识别核心能力的关键因素和发展瓶颈，了解企业在核心能力产生、培育、应用方面存在的缺陷，并及时改进和创新，以保持竞争优势和领先地位，为持续的发展和成功打下坚实的基础。

三、动态能力

在一个不断变化且无法预测的环境中，所有竞争优势都是暂时的。尽管企业的核心能力可以帮助其实现持续竞争优势，但这些能力也有生命周期，会随着时间、竞争对手的发展、市场环境和顾客需求的变化而衰退，甚至会成为企业发展的障碍。例如，诺基亚一开始的核心能力是在移动通信领域的技术研发和生产制造方面，这些能力帮助诺基亚成功地占据了手机市场的主导地位。然而，随着智能手机的兴起，这些固有的核心能力逐渐无法适应市场需求，使得诺基亚难以跟上时代的步伐。此外，诺基亚在应对市场变化和竞争对手挑战方面的动态能力也存在不足，没有及时转型和创新导致其在智能手机市场上失去了先机，最终衰落退场。

因此，企业要在动态的环境中获得持久的竞争优势，需要不断地提升其能力，以应对不断变化的市场和竞争环境，也就是必须具备动态能力。动态能力指企业能够及时感知外部环境的变化，并通过整合、构建、重新配置现有的资源和能力以适应环境变化，从而实现持续的竞争优势。换句话说，动态能力是"改变企业能力的能力"，能够让企业灵活应对外部环境变化，实现长期发展。企业动态能力的重要组成部分包括整合能力、适应能力、学习吸收能力和创新能力。

动态能力的建立需要企业内各个层级和环节之间紧密协作。这种协作往往建立在企业的流程基础上。企业流程是实现业务目标的一系列操作和活动的有机组合，涉及企业内部的各个部门和员工，以及外部的供应商、客户和其他利益相关者，任何一个环节的改变都可能对其他部分产生影响。因此，动态能力具有复杂性和难以复制性，是企业独特的能力。面对动态、复杂和不确定的环境，动态能力可以帮助企业快速整合和重新配置内外部资源，迅速响应市场变化，持续创新，形成一系列新的竞争优势，从而获得动态环境下的可持续竞争优势。

2020 年《财富》公布的世界 500 强企业榜单中，浙吉利控股集团（简称吉利）以 478 亿美元（约 3 308 亿元人民币）营收列第 243 位。这是吉利连续九年上榜，也是中国唯一上榜的民营汽车集团。作为汽车行业的领军企业，吉利在勇于尝试新技术方面率先行动，一直坚持高水平的研发投入，以研发创新驱动科技转型，持续引领着中国品牌汽车技术变革，展现了强劲的动态能力。在行业颠覆性变革的大背景下，吉利持续苦练内功、深化变革，推动中国制造业向价值链中高端挺进，加快向科技型企业的转型。[①]

知识链接

扫描章后二维码，学习"吉利如何构建动态能力"

（一）整合能力

整合能力指企业能够整合和协调内部和外部的资源和能力，以提高企业效率和效益，包括内部整合能力和外部整合能力。内部整合能力即企业综合协调、整合内部资源的能力，可以帮助企业在资源配置、团队协作和流程优化等方面更高效地运作，提高内部协同和创新能力。外部整合能力即企业发挥自身资源与能力优势利用和整合外部资源的能力，可以帮助企业获取更多的外部资源，与供应商、顾客、合作伙伴等建立更紧密的关系，从而提高市场竞争力。

为了提高整合能力，企业需要建立良好的内部和外部沟通机制。内部沟通可以通过团队合作、知识共享、交流学习等方式来实现。外部沟通则需要积极与合作伙伴、顾客、供

---

① 汽车产业数字化：从"制造"到"智造"［DB/OL］. 人民网，2020−08−21.

应商等建立联系，了解市场和行业的动态，获取外部资源和信息。企业还可以通过建立开放式创新机制、共享平台等方式，促进内部和外部的有机整合，不断优化资源配置和协同机制，实现持续创新和增长。

（二）适应能力

适应能力指企业快速反应和适应环境变化的能力。适应能力的核心在于企业能够及时识别市场、顾客、合作伙伴和竞争对手的变化和趋势，并进行分析和理解。为了在动态的环境中生存，企业需要紧密跟踪市场动态和趋势，了解顾客需求和反馈，关注竞争对手的策略和动向，及时识别机会和威胁，做出相应的调整和决策。

适应能力强调企业需要重新配置和调整资源和流程，以匹配内部要素和外部环境。这种能力需要企业充分了解市场、顾客、合作伙伴和竞争对手，及时识别外部环境的关键机会和威胁，并根据市场需求和竞争环境进行资源和流程的优化，保持组织的灵活性和敏捷性，以及时、有效地对外部环境变化做出反应，抓住新的市场机会进行开发，并尽可能降低威胁的负面影响。

对于企业而言，适应能力不仅仅意味着可以及时响应市场变化，还意味着要预测和应对未来的潜在变化。因此，企业需要通过研究行业、市场和技术趋势等因素，预测可能的未来趋势，并采取相应的应对措施。例如，随着数字化和互联网技术的发展，顾客对于在线购物的需求不断增加，因此许多零售企业都在努力将其业务转向线上渠道。而那些预测了这一趋势的企业，可能已经提前在数字化和电子商务方面投入了资源，从而获得了更大的市场份额。

此外，企业还应该通过灵活的组织结构和流程，建立起一种适应性文化，使其能够迅速调整战略，灵活响应市场变化，并及时采取行动以满足顾客的需求。例如，华为凭借聚焦顾客需求建设组织架构、以灵活的职能平台提供支持服务、采取管理层持续轮岗制、构建以变革为核心的企业文化等措施，保持内部高度灵活性，以积极适应市场变化，快速响应顾客变化的需求。

总之，适应能力是企业在快速变化的商业环境中生存和发展的重要保障。只有那些能够适应环境变化的企业才能在竞争激烈的市场上生存下来，并保持领先地位。企业需要紧密关注市场和竞争环境的变化，并及时采取相应的行动。此外，企业可以通过不断试错、学习和调整资源和流程来提高组织和员工的适应能力，从而保持市场竞争力，实现稳健发展。

（三）学习吸收能力

学习吸收能力指企业识别、获取外部新知识和技术，并将其有效吸收、应用的能力。

它包括知识识别、知识获取、知识同化、知识转化和知识开发等多个方面。知识识别指企业识别和发现外部的新知识和技术；知识获取指企业通过内部研发、技术采购、人才引进等方式获取新的知识和技术；知识同化指企业将新的知识和技术有效地融合到组织内部的知识体系中，并与现有的知识体系相互协调和衔接；知识转化指企业将新的知识和技术转化为实际应用，开发出新的产品和服务；知识开发指企业根据新的知识和技术开发新的产品、服务、流程和业务模式等，以满足市场需求。

学习吸收能力是动态能力的核心，在企业内部和外部资源与能力之间起到了桥梁作用。它使得企业能够不断地从外部获取、吸收新的资源和能力，实现自身资源和能力的持续提升，推动组织的创新和发展。高效的学习吸收能力使企业能够更好地将外部知识信息进行开发和利用，提升新产品研发效率，并进一步满足顾客需求，加强竞争优势。例如，吉利在 2010 年收购了沃尔沃 100% 的股权，主要目标之一是获取沃尔沃在安全技术方面的核心知识资产。在收购后，吉利通过打造联合研发体系、共享技术与人力资本等一系列措施，实现了双方的技术融合，并有效地将所获取的知识应用于产品质量提升和新产品研发上，获得了市场的高度认可。

> **知识链接**
>
> 扫描章后二维码，学习"吉利并购沃尔沃"

企业需要加强知识管理、技术研发和人才引进等方面的能力建设，以提高学习吸收能力，从而保持持续的市场竞争优势。在内部，企业可以引进核心技术和高层次人才，建立知识管理系统，注重组织学习和员工发展等，以促进企业内部的知识共享和能力提升。在外部，企业可以采取开放创新的方式，积极与竞争者、上下游企业、高校、政府、科研机构等不同组织开展产学研合作、联合研发和技术交流等，获取高质量的外部知识和技术，从而提高企业的学习吸收能力。

（四）创新能力

创新能力指企业将知识和想法转化为新产品、新服务、新技术、新流程、新系统等各种形式的创新，以获取竞争优势的能力。在复杂多变的动态环境中，创新能力对企业的生存和发展至关重要。除了加大研发投入力度和提升技术开发能力外，企业还可以通过构建创新文化和创新生态系统等方式来增强创新能力。一个良好的创新文化可以提升员工的积极性和创造力，让员工有更多的自由和动力去探索新的想法。而企业通过构建创新生态系统，可以与合作伙伴共同开发新产品或服务，整合外部创新资源，加速新技术的落地和推广。

习近平多次强调了企业乃至国家创新的重要性。自主创新不仅是企业生存发展的基石，也是引领发展的第一动力，谋创新就是谋未来。当今世界面临百年未有之大变局，创新是应对挑战、取得优势、赢得未来的关键。例如，微信通过对用户需求的深入理解和对细节的高度关注，不断进行微创新，持续对聊天界面、朋友圈、支付等方面进行优化和改进，逐步提升用户体验，增强平台竞争力，最终实现了颠覆性的创新和价值创造。微信不仅是一款聊天工具，更发展成为支撑移动互联网时代第三方服务的平台级产品，为数亿用户提供了便利和价值。

知识链接

扫描章后二维码，学习"微信通过微创新创造价值"

第四节　价值链分析

一、价值链和价值系统

（一）价值链

企业的生产经营活动可以看作一个动态的价值创造过程，从原材料采购、产品设计、生产、销售再到售后服务，每一个环节都为最终产品或服务提供了一定的价值，构成了一个完整的价值链。迈克尔·波特认为，企业与企业的竞争，不只是某个环节的竞争，而是整条价值链的竞争，整条价值链的综合竞争力决定了企业的竞争力。因此，企业不仅需要关注自身的内部运作，也需要对整条价值链进行分析，以了解自身在行业中的竞争优势和劣势，从而制定更有效的营销和生产策略，并通过优化价值链提高效率和降低成本，提升整体竞争力。迈克尔·波特从创造顾客价值和管理操作的角度，把企业的生产经营活动环节分为基本活动和支持活动。

基本活动指直接与产品或服务的生产、转移、销售、供应等相关的各种实质性活动，是企业的基本增值活动，包括以下五类活动：

（1）内部物流。也被称为进货物流，指与产品或服务的各项生产要素相关的接收、储存和配送等各种活动，如原材料运输、仓储、库存控制等。

（2）生产运营。将生产要素转化为最终产品或服务的各种活动，如生产加工、制造、组装、包装、检测、设备维护等。

（3）外部物流。又称出货物流，指收集、储存及发送最终产品给顾客的各种活动，如最终产品的仓储、订单处理、打包、搬运、发货等。

（4）市场营销。指促进、引导顾客购买产品或服务的各种活动，如市场调研、市场分析、产品策划、定价、渠道管理、广告、促销、销售管理等。

（5）支持服务。指围绕产品提供的、与保持或提高产品或服务价值有关的活动，如安装、维修、技术支持、售后等。

支持活动也称辅助活动，指支持基本活动以提高效果或效率的活动，主要包括以下四类活动：

（1）基础设施。指用来支撑整个价值链的运行、对基本活动的业绩表现具有重要作用的活动，包括一般管理、计划、财务、会计、信息系统等。

（2）采购。指与购买企业各种基本活动所需要的各类投入品相关的活动，包括购买原材料、零部件、生产设备等。

（3）技术开发。指企业对产品、服务、运营流程等进行改进、创新的活动，包括基础研究、产品研发、流程研发、业务方案改进等。

（4）人力资源管理。指企业与人力资源相关的各项管理活动，包括企业各级员工的招聘、培训、管理、薪酬激励等。

这些活动共同构成了企业的价值链。价值链的构成如图 4-2 所示。

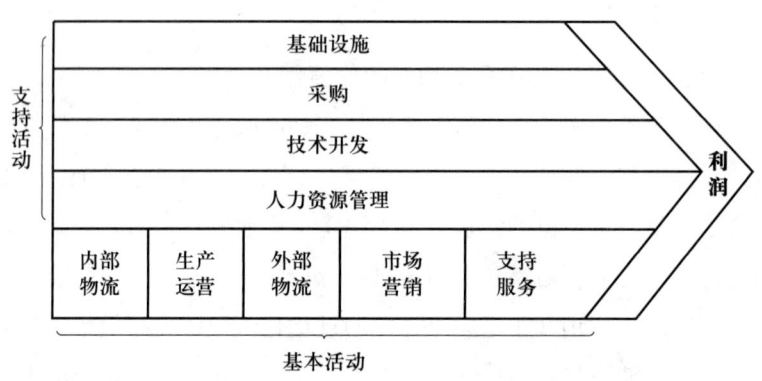

图 4-2　价值链的构成

（二）价值系统

企业的价值链不是一系列独立价值活动的集合，而是一个有机系统，其中各个环节相互关联、相互依存。随着专业分工不断发展，现实中很少有企业能够独立承担价值链上所有的活动，通常一家企业只承担一个或几个环节中的角色，例如技术开发、生产加工、市场营销等。比如，一家企业的价值链包括研发、设计、制造、营销和售后服务等环节，其中某些活动由该企业自己承担，而某些活动则由第三方供应商或合作伙伴来完成，如生产加工由第三方工厂承担。此外，企业的产品还需要通过零售商、在线商店等渠道销售给顾客，顾客使用产品后还需要接受售后服务和支持。

因此，企业价值链通常是产业价值链的一部分，而产业价值链则涵盖了所有参与方（如供应商、渠道商和顾客）在产品或服务的开发、制造、销售和服务等方面的活动。如图 4-3 所示，企业价值链与供应商、渠道商和顾客的价值链相互交织，共同构成了整个产业的价值系统。整个价值系统中的相关价值链相互影响、相互作用，共同创造价值。例如，供应商提供的零部件质量会影响企业产品的制造过程，渠道商的推广会影响企业产品的销售，顾客需求的变化会影响企业的研发活动。

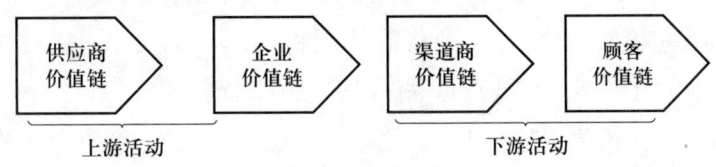

图 4-3 价值系统

在价值系统中，企业需要与供应商、渠道商和顾客紧密合作，协同完成产品的开发、制造、销售和服务等各个环节，从而更好地满足顾客需求并创造更多价值。例如，企业可以与供应商加强合作关系，通过加强质量控制、提高供应链透明度、提供技术支持和培训等，帮助供应商提高产品质量和生产效率，以确保获得高质量的零部件；企业可以与渠道商紧密合作，通过提供培训、销售支持、促销和广告支持、市场信息共享、分享销售收益等方式，实现企业产品或服务的更好推广；企业需要与顾客建立紧密的关系，通过建立顾客服务中心、提供顾客培训和支持、收集和分析顾客反馈、提供高质量售后服务等方式了解顾客需求和反馈，提高顾客满意度和忠诚度，增加销售收入和市场份额。

二、价值链分析的步骤

价值链分析是对企业价值链上的各个活动环节进行分解，分析每个环节的价值创造能力、成本结构以及与供应商、渠道商和顾客等外部环节的联系与协作。价值链分析是企业内部要素分析、判断企业核心竞争力、构建企业竞争优势的重要工具。企业的竞争优势来源于其在整条价值链中所创造的独特价值。如果企业能够在某个环节创造更高的价值，或者以更低的成本提供同样的价值，那么它就可以在市场上获得竞争优势。

例如，在产品设计环节，企业可以提供更具创意的产品设计和更符合市场需求的产品功能；在生产制造环节，企业可以采用更先进的生产技术或流程，或者同供应商紧密合作，以有效提高生产效率和产品质量，降低生产成本；在销售和顾客服务环节，企业能够提供更好的售前、售后服务，比如提供更及时的技术支持、更高效的物流配送等。价值链分析主要包括以下几个步骤：

（一）识别和界定价值活动

为了更清晰地了解企业活动如何创造价值和竞争优势的来源，并且找到增强竞争优势的有效方法，企业需要进一步细化和分解其价值链活动的不同环节。例如，企业可以将营销活动分解为市场调研、市场分析、产品策划、定价、渠道管理、广告和促销等活动。没有两家企业的价值链是完全相同的，价值链的异质性体现在各项活动的具体特性差异、创造价值和产生成本的差异、价值链的结构差异乃至和价值系统内其余价值链的关系差异。因此，在识别和界定价值活动时，需要将不同属性的活动分解开来，注意分解的程度不应太过笼统，也不能过于详细，需要重点关注以下三个方面：

（1）对企业有重要价值贡献的活动。这些活动与企业的核心竞争力和市场地位直接相关，对企业的成功至关重要。例如，对于互联网零售商来说，线上销售和营销活动是对企业最重要的价值活动之一。

（2）占成本比重较大的活动。这些活动通常是企业运营中的重要组成部分，与生产和物流等环节有关，占据了较大的成本比重。对这些活动的细致分析和优化，可以帮助企业有效节约成本，提高效率和竞争力。例如，在制造业中，生产线上的生产工艺、原材料的采购和仓储等环节都是占据较大成本比重的活动。

（3）和价值链上其余活动乃至价值系统内各价值链有密切联系的活动。这些活动在企业内部或企业与外部环境之间发挥了重要的联系作用，如果忽视它们的重要性，可能影响企业的整体运营和发展。例如，一家企业的仓储管理活动直接涉及货物存储、管理和分配，对整条供应链的顺畅度和效率有很大的影响。如果仓储管理不善，可能导致货物滞留、拥堵、损坏或丢失，进而影响物流配送的速度和准确性，甚至对企业的声誉和客户关系产生负面影响。因此，企业需要关注和优化仓储管理活动，以确保供应链的高效运转。

（二）确认每项活动的价值贡献和成本

在识别界定了价值活动后，企业需要对每项价值活动的价值贡献和成本进行确认和分析，并与竞争对手对应活动的价值贡献和成本进行比较，以识别自身的竞争优势和劣势。这一过程有助于企业确定哪些活动可以为企业实现高价值增长，相对于竞争对手具有优势；哪些活动成本过高、不能创造价值甚至是产生负价值，相对于竞争对手具有劣势。通过逐一分析各项价值活动，企业可以确定战略关键环节和劣势薄弱环节，进而对相关活动进行重点关注。对于战略关键环节，企业需要考虑如何维护并进一步改造以提高其价值；对于劣势薄弱环节，企业需要思考如何控制和压缩成本，乃至将其从内部价值链中去除。

例如，企业发现其生产和采购活动的成本相对于竞争对手而言过高，这可能是由供应商价格不合理或供应链管理不足所导致。在这种情况下，企业可以通过优化供应链、寻找更具竞争力的供应商等方式来控制和压缩成本。如果这些活动成本仍然过高，企业可能需要考虑将其外包给第三方专业机构以控制成本，但同时也需要确保产品的质量和可靠性不受影响。

（三）明确价值链结构性因素

明确价值链结构性因素，主要是明确企业价值链内部各项活动之间以及价值系统内部各价值链（供应商价值链、渠道商价值链、顾客价值链）之间的联系，并分析企业在优势和劣势活动方面和竞争者产生差异的原因。企业的价值最终需要多个价值链环节的有效整合才能实现。因此，单独某个环节也许并没有为企业产生收益，但是，当这个环节与其他环节产生了非常紧密的协同整合效应时，就对企业具有重要战略价值。因此，企业在进行价值链优化时，需要清晰了解企业内部价值链各项环节之间的联系以及价值链与上下游相关活动的联系，以认清可以对哪些环节进行调整，以及调整可能对其余环节产生的影响，从而使战略方案更具可操作性。

例如，在汽车制造价值链中，汽车制造商需要与零部件供应商在设计、开发、生产等方面保持紧密合作，以确保零部件符合设计要求、适合生产、易于安装和维护，并能够按时、保质保量地供应。这些合作关系和协同效应可以帮助制造商和供应商降低成本、提高生产效率和产品质量，乃至对整个汽车制造业的生产和经营效率都产生重要影响。

三、价值链优化重组

通过分析企业价值链和价值系统，企业可以清晰识别其价值链上的优势环节，以及其所处的价值系统中每个环节上的盈利主体和价值增值，从而进行价值链优化重组，即对企业价值链流程中的活动安排重新梳理，以改善整个价值链的效率。例如，在对奈雪的茶进行价值链分析时，可以发现相较行业平均水平，该企业价值链更加复杂，存在更多减值环节，包括进料后勤、加工生产以及发货后勤，仅在最终的营销与销售环节中，奈雪的茶才能进行价值增值。这导致了奈雪的茶相对较高的经营成本。因此，奈雪的茶需要通过价值链优化重组来提升盈利能力。

> **知识链接**
>
> 扫描章后二维码，学习"奈雪的茶战略执行之问"

价值链优化重组的具体措施包括简化流程、优化生产线、采用新技术、员工培训、优化供应链管理等。这些改变可以帮助企业提高生产效率、降低生产成本、提高产品质量和增加利润，从而提升其价值链的价值创造能力，保持竞争优势。价值链优化重组主要包括以下几种类型：

（一）具体环节的优化

通过价值链分析，企业管理者可以识别并了解自身的战略关键环节和劣势薄弱环节，进而针对具体环节进行优化和改进。例如，如果企业的产品交付速度相比竞争对手较慢，就会导致竞争劣势。因此，企业应对其内部生产加工、仓储管理、运输等各个环节进行分析，找到影响产品交付速度的关键环节，并进行优化。在实际操作中，企业可能发现，生产加工和运输环节的速度很快，但仓储环节存在库存管理不当、仓库空间不足或布局不合理等问题。因此，企业应针对仓储环节采取一系列优化措施，如改进仓库布局、优化库存管理、减少仓库操作时间等，从而有效提高产品交付速度，增强企业的竞争力。

（二）价值链衔接关系的优化

企业的竞争优势不仅取决于其各个活动环节的单项表现，更取决于这些环节之间的协调和衔接关系。虽然企业难以在价值链的每个活动环节上都比竞争对手具备明显优势，但如果各环节之间的衔接关系合理，可以产生较好的协同效应，那么企业也可以实现独特的优势。这是因为，价值链各环节之间的衔接和结构通常难以被简单模仿。因此，企业可以通过加强协调各个活动环节之间的联系来实现价值链优化。

例如，为了解决产品交付速度较慢的问题，企业进行了价值链衔接关系的优化，通过建立内部沟通机制、制定统一生产计划等方式，加强协调内部生产加工、仓储管理、运输等各个环节之间的联系。比如，生产计划需要考虑仓储和运输的能力，以避免产品堆积在仓库里，造成交付延误。通过采取有效措施优化价值链的衔接关系，企业实现了协同效应，有效提升了产品交付速度，改变了原有的劣势。

（三）外包

当一些活动环节无法为企业创造价值，或者与竞争对手相比存在明显劣势时，企业可以考虑将这些活动环节外包出去。外包指企业将某些非核心业务或非战略性活动委托给在该领域具有竞争优势的专业服务机构或企业处理。例如，自建物流通常要求企业拥有雄厚的资金实力、强有力的管理能力和较大的业务规模以实现低成本和高效率，如果企业难以满足这些要求，就可以将物流业务外包给专业物流公司。通过有效的外包，企业可以专注于自身具有竞争优势、能够创造高价值的核心业务，提高企业灵活性，减少资本投资规模，实现降低成本、提高效率、缩短周期、降低风险等目的。

但外包也需要注意几个问题：① 该活动是否和价值链上的其余活动环节密切相关，外包是否会对其余活动环节产生负面影响？② 过度依赖外包是否会限制企业的长期发展？③ 外包公司是否可靠，能否提供符合企业要求的产品和服务？如果该活动环节对企业具有重要意义，企业实力较强且重视长期发展，那么企业可以考虑和外部供应商建立战略联盟，或者直接采用并购的方式，以降低外包带来的风险。

> **知识链接**
>
> 扫描章后二维码，学习"X集团汽车制造如何进行研发外包"

第五节　内部要素分析方法

一、内部因素评价矩阵

内部因素评价矩阵，简称 IFE 矩阵，是一种广泛使用的企业内部要素分析方法。通过对企业内部的各职能领域进行评估，IFE 矩阵帮助企业更清楚地了解自身在内部因素中的主要优势与劣势，并识别和评价职能领域之间的关系，为企业的战略制定和调整提供参考。IFE 矩阵的主要制作步骤如下：

（1）识别企业的关键内部因素。这些内部因素可能包括人力资源、生产技术、研发能力等，是对企业业绩产生重要影响的关键因素，数量以 10~20 个为宜，包括优势和劣势两方面。

（2）为每个关键因素赋予一个权重，反映其对企业战略的相对重要程度。权重取值范围从 0（不重要）到 1（非常重要），所有因素权重之和必须为 1。

（3）对每个关键因素进行评分，以反映企业在该因素上的表现。评分通常采用 1~4 的四级评分法进行评估，评分 1、2、3、4 分分别代表该因素对企业战略而言是主要劣势、一般劣势、一般优势、主要优势，即优势的评分必须为 3~4 分，劣势的评分必须为 1~2 分。评分可由多名相关人员进行，之后取分数平均值。

（4）将每个因素的权重和对应评分相乘，得到每个因素的加权得分。然后将所有因素的加权得分加总，即得到企业的总加权得分，该得分反映了企业在内部因素方面的整体竞争力水平。

无论 IFE 矩阵包含多少因素，总加权得分都在 1.0~4.0 分，平均值为 2.5 分。一般来说，总加权得分在 2.5 分以下意味着企业内部竞争力较弱，需要针对内部因素进行改进和优化；总加权得分在 2.5 分以上则意味着企业内部竞争力较强，应该注意保持，同时也要警惕外部环境的变化。

表 4-2 为某企业内部因素评价矩阵的分析情况。可以看到，产品质量对某企业战略最为重要，权重在所有因素中最高，为 0.205；该企业的主要优势是生产能力，评分为 4 分，主要劣势为地理位置和管理团队，评分为 1.2 分和 1.1 分；该企业的总加权得分为 2.485 分，说明该企业内部因素情况处于行业平均水平（2.5 分）之下，需要加以重视。

需要注意的是，IFE 矩阵存在一些固有的局限。首先，IFE 矩阵只是对企业内部因素的评估，企业还需要结合外部环境的分析和评估来制定战略和决策。不同行业和市场环境下，企业面临的内部竞争压力和优劣势状况也会不同，IFE 矩阵无法全面反映这些影响。其次，IFE 矩阵的权重和评分往往基于评估者的经验和判断，这可能包含一定的主观性和偏见。因此，IFE 矩阵的结果只是一个相对的评价，而非绝对的结论。最后，IFE 矩阵只能反映当前的内部环境状况，无法预测未来的变化。企业内部环境随时可能发生变化，IFE 矩阵不能预测这些变化，也就无法提供相应的应对策略。

表 4-2 某企业内部因素评价矩阵

关键内部因素		权重	评分	加权得分
优势	产品质量	0.205	2.8	0.574
	财务状况	0.125	3.1	0.388
	生产能力	0.057	4.0	0.228
	品牌形象	0.065	3.2	0.208
	企业文化	0.089	3.0	0.267
劣势	设计水平	0.115	2.2	0.253
	研发能力	0.124	2.1	0.260
	地理位置	0.098	1.2	0.118
	供应商关系	0.045	2.3	0.104
	管理团队	0.077	1.1	0.085
总加权得分		1.0	—	2.485

资料来源：作者整理。

因此，IFE 矩阵的评价只能反映企业在内部环境中的竞争力，而不能对企业的实际绩效和市场地位进行准确的评价。IFE 矩阵只是企业战略分析的工具之一，需要和其他战略工具和分析方法结合使用，才能更全面、深入地评估企业的战略和业绩。

二、SWOT 分析

战略研究的是一个企业未来"做什么"和"如何做"的问题，企业在明确未来做什么之前，需要对其内部要素和外部环境进行全面深入的了解，确定自身的优劣势和所面临的机会和威胁，这样才能在制定战略时充分考虑自身实力和环境的影响，制定出合理、可行的战略。此外，企业在制定战略时，还需要考虑内部要素和外部环境之间的关系和相互作用，以便在发展过程中及时调整战略，保持企业竞争优势。

因此，企业有必要将内部要素和外部环境相结合，进行系统化的分析和评估。SWOT分析是一种常用的内外部分析工具，它通过对企业内部优势和劣势、外部机会和威胁进行识别、评估和综合考虑，制定相应的战略和决策。如图 4-4 所示，SWOT 分析需要对企业具有的优势和劣势，以及企业在外部环境中面临的机会与威胁进行思考。

	内部要素	
	优势(strength) 可以帮助企业实现其目标的 内在资源和能力	**劣势(weakness)** 可能阻碍企业实现其 目标的内在限制
机会(opportunity) 外部环境中可以帮助企业实现目标的有利因素	**SO战略：优势+机会** 利用优势，抓住机会	**WO战略：劣势+机会** 利用机会，回避或弥补弱点
威胁(threat) 外部环境中可能阻碍企业实现目标的不利因素	**ST战略：优势+威胁** 发挥优势，克服威胁	**WT战略：劣势+威胁** 面对威胁，避免弱点被利用

图 4-4　SWOT 分析

优势（strength，S），即企业所具备的、可以帮助企业实现目标的内在资源或能力，如卓越的产品质量、优秀的品牌形象、技术优势、成本优势等。在评估企业的优势时，企业需要自问：我们擅长哪些方面？相较于竞争对手，在哪些方面表现更好？我们有哪些独特的资源？我们的产品有哪些独特的卖点？等等。

劣势（weakness，W），即可能阻碍企业实现其目标的内在限制，如资金短缺、经验不足、技术落后、产品质量不佳、人力资源不足等。企业需要自我审视：我们在哪些方面做得不够好？竞争对手在哪些方面表现更出色？我们缺乏哪些资源？是什么原因导致客户不选择我们？等等。

机会（opportunity，O），即外部环境中可以帮助企业实现目标的有利因素，如市场增长、政策利好、竞争者较少等。企业需要自问：市场上有哪些机会？行业正在发生哪些有利于我们的改变？我们的产品可以扩展到哪些新市场？我们可以与哪些企业合作来扩大我们的市场份额？等等。

威胁（threat，T），即外部环境中可能阻碍企业实现目标的不利因素，如竞争加剧、政策变化、经济衰退、技术变革等。企业需要自问：市场上有哪些潜在威胁？行业正在发生哪些不利于我们的改变？我们的竞争对手有哪些优势？政策和法规对我们的业务有什么影响？经济衰退对我们的业务有什么影响？有哪些新兴技术正在替代我们产品？等等。

在对企业优势和劣势以及外部环境面临的机会与威胁进行分析后，企业可以将内部要素和外部环境进行匹配，以进一步分析，提出四种战略：SO 战略、ST 战略、WO 战略、WT 战略。企业应通过综合分析，慎重选择最适合其目标和现实情况的战略。

SO 战略（优势＋机会）：增长型战略，强调企业应充分利用自身优势，以抓住外部环境中的机会。这种战略适合于内部优势与外部机会相吻合的情况。当企业拥有明显的优势并且外部环境中存在可以利用的机会时，采用 SO 战略可以帮助企业实现快速发展。SO战略可用于进一步推广企业品牌、开拓新市场、提高产品质量等。例如，一家企业拥有高品质的产品，同时市场上该产品的潜在客户群体正在迅速增长，那么该企业可以采用 SO战略，充分利用自身优势，抓住市场中的机会，比如开拓新的市场渠道，进一步推广产品等。

ST 战略（优势＋威胁）：突破型战略，强调在企业面临外部威胁时，利用其内部的优势来克服威胁。这种战略可以帮助企业应对外部环境的挑战。当企业具备优势并面临外部威胁时，ST 战略可以帮助企业稳固地位、优化资源配置、提高效率等。采用 ST 战略需要充分发挥企业的内部优势，并将其转化为应对外部威胁的有效策略。例如，一家企业面临着竞争对手的压力和成本上涨的威胁，可以利用自身的品牌、服务和质量优势来提高客户忠诚度，减少客户流失。

WO 战略（劣势＋机会）：扭转型战略，强调企业需要利用外部环境中的机会来回避或弥补企业的劣势。面对外部机会，WO 战略促使企业积极采取措施来改善劣势，以利用外部机会促进企业发展。例如，一家企业在市场份额上占据劣势，但市场对该企业的产品或服务需求不断增长，那么该企业可以采取 WO 战略来扭转不利局面。通过增加广告和营销推广、加强产品的研发和创新等方式更好地满足市场需求，提升市场份额。

WT 战略（劣势＋威胁）：防御型战略，在企业既面临外部威胁又存在内部劣势时，企业需要通过减少劣势和避免威胁来保持竞争力。WT 战略通常是最不利的情况，意味着企业面临着严峻挑战，需要尽可能避免弱点被外部环境利用。例如，一家制药企业销售的产品生产成本较高，同时市场上出现了同类替代品，此时企业需要采取 WT 战略，通过压缩成本、提高生产效率、调整业务结构等方式减少劣势、避免威胁，以期在市场上保持竞争力。

通过绘制 SWOT 矩阵图，企业可以将其内部优势和劣势与外部机会和威胁相互匹配，发现内部要素和外部环境之间的关系，以便制定出更为全面和合理的战略。图 4-5 展示了对小米的 SWOT 分析。

	内部要素	
	优势 1.小米拥有强大的创始团队 2.小米客户的忠诚度高 3.独特的商业模式 4.突出的创新能力 5.战略伙伴众多	**劣势** 1.线下渠道布局还不完善,阻碍产品推广应用 2.客户更换智能家居成本较大 3.小米智能家居部分产品品类较单一 4.小米智能家居毛利率较低,阻碍其提供最佳品质的产品
机会 1.我国经济迅速发展,消费者的消费能力提升,市场规模逐年扩大 2.政府不断推出相关政策推动智能家居行业快速发展 3.物联网、人工智能不断成熟为智能家居产品未来发展提供更加成熟的技术支持 4.行业中智能家居产品大多价格昂贵,消费者对价格敏感度高	**SO战略** 1.抓住智能家居产业当前大好的发展形势,积极进入市场 2.利用供应链优势,用高性价比的产品刺激消费者的购买欲,以快速提高市场占有率 3.将小米物联网平台收集到的数据进行分析与加工,可用于小米智能家居产品的营销策略当中	**WO战略** 1.吸引自身庞大的客户资源转化为小米智能家居产品的客户 2.高度重视并积极发展企业自身的科技创新
威胁 1.智能家居行业市场竞争将更加激烈 2.目前智能家居的标准体系正处于发展阶段,缺少行业统一的标准 3.消费者的真正需求和痛点还未发掘	**ST战略** 1.利用小米生态链资源,挖掘并满足消费者的核心需求 2.通过与行业内智能家居企业进行战略联盟,实现互利共赢,提高自身的竞争力 3.继续大力发展小米物联网平台,在智能家居行业的标准之战中,为自身打造优势	**WT战略** 1.继续稳步地进行线下渠道的扩展,同时注重线下门店的质量与人员素质的提升 2.加强售后监管,对维修、服务人员的筛选制定严格的要求和标准

（外部环境）

图 4-5 小米的 SWOT 分析 [①]

知识链接

扫描章后二维码,学习"小米智能家居的战略征程"

本章小结

企业的外部环境决定了企业应该采取什么行动,而企业的内部要素则决定了企业有能力采取什么行动。企业应该对自身内部的资源和能力进行分析,以充分了解自身的优势和劣势,并将其与外部环境分析相结合,以强化优势、克服劣势,合理利用和整合资源,发掘企业核心能力,从而实现竞争优势。企业需要对自身的价值链和价值系统进行分析,以

[①] 金柯含,武子筠,何紫萍,等.内外兼修走天下:小米智能家居的战略征程［DB/OL］.中国管理案例共享中心,2021-05-21.

确定在价值链上的关键环节和薄弱环节，以及所处的价值系统中每个环节上的盈利主体和价值增值，进而进行价值链的优化和重组，以实现价值链创造价值的最大化。此外，企业可以采用内部因素评价（IFE）矩阵、SWOT 分析等工具对企业内外部因素进行系统化的分析和评估，综合考虑自身的优势和劣势，结合外部环境的机会和威胁，选择适合的战略来推进企业的发展。值得注意的是，企业应该不断评估和调整战略，以适应不断变化的市场环境和消费者需求，在激烈的市场竞争中保持竞争优势。

思考题

1. 企业的资源和能力是如何相互关联的？对于一家企业，如何找到并利用自己的核心能力，实现长期的竞争优势？

2. 人力资源是企业重要的资源之一，如何在人力资源管理中发掘和培养企业的核心能力？

3. 企业如何识别和培养动态能力？如何确保这些能力与企业的战略方向相一致，并在未来的竞争中保持持续的竞争优势？

4. 价值链分析是如何帮助企业发现其在价值链中的优势和劣势，从而优化其业务流程和提升竞争力的？

5. IFE 矩阵和 SWOT 分析的区别和联系是什么？选择一家代表性企业，采用 IFE 矩阵和 SWOT 分析对其进行分析。

| 即评即测 | 常用术语 | 知识链接 | 参考文献 |

第二篇

战略演化和发展

第五章

创业期战略

学习目标

★ 了解创业期企业的特征，包括机会特征、环境特征和行为特征。

★ 理解用户需求对创业期企业用户战略的影响。

★ 学习如何制定创业期企业的产品战略。

★ 理解创业者和创始团队对企业组织战略的影响。

★ 学习在混沌市场中制定企业市场战略的方法。

开篇案例：口述创业史——为何是王宁？为何是泡泡玛特？ [①]

2008 年年初，还是大学生的王宁和团队伙伴发现了格子店这种新兴的零售业态，"小格子"能够汇聚各式各样的商品，以创意商品为主，真正诠释了何为琳琅满目，堪称一个迷你的百货商场型创意市集。格子店模式虽然商品种类丰富，顾客愿意在这里长时间停留以"淘宝"，但分租模式带来了商品品质难以把控、陈列混乱、毛利低、产品风格千差万别等一系列问题。所以，王宁一直想在格子店的基础上，做一种统一采购、统一品控、产品丰富的零售模式。

---

① 张一弛，王小龙.口述创业史：为何是王宁？为何是泡泡玛特？［DB/OL］.北京大学管理案例研究中心，2020-10-16.

在 2010 年前后，与其说中国零售业态中没有类似的店铺，不如说中国零售市场在供给侧缺少"创意商品"这个大品类。没有供给，自然也鲜有"浮在水面"的需求。但 2010 年，中国 GDP 同比增长 10.4%，首次超越日本，成为世界第二大经济体，人们正在不断酝酿着对美好生活的向往。王宁从杂乱、热闹、喧嚣但也充满热情的格子店中感知到了这股"暗流"，他尝试拨开迷雾，将这一需求挖掘出来。

2010 年 11 月，泡泡玛特（Pop Mart）第一家店在北京中关村欧美汇购物中心正式开张。流行（pop）、超市（mart），正好可以表达王宁和团队在当时想做的事情——做潮流创意的零售平台。然而，泡泡玛特开业后，压力随之而来。"格子街"时代，王宁面对的竞争对手无非是一些个体从业者，而泡泡玛特开在高档购物中心，被诸多品牌专卖店包围，开业当天，王宁就感到泡泡玛特是整个购物中心里运营管理和产品最差的门店。

"2012 年，我们前前后后见了十几家风险投资机构，都得到了否定的答案。本来我们都已经放弃了，但是意外的是那年 8 月的一天，国内著名的天使投资人麦刚突然自己找上门来。他进来就说，'我对淘货网不感兴趣，但是对泡泡玛特很感兴趣，我们可以谈一谈'。"最终王宁和麦刚 3 天谈了 3 次，200 万元投资敲定。对于彼时的王宁而言，这笔投资金额绝不算小，而且是一笔"救命钱"。

时代也开始向王宁伸出了橄榄枝——消费者对潮流百货的需求开始崛起，相关产品的供应链不断完善，购物中心开始逐渐向生活体验场所转变，人、货、场这个零售三元素的组合开始迅速发生变化。2012—2015 年，泡泡玛特在年轻人市场迅速崛起，很多机构的投资纷至沓来，其中包括零售行业的产业投资者，这对完善泡泡玛特的零售体系带来了很大帮助。在各种合力之下，泡泡玛特从初期几个人的创业团队，发展为规范化企业，有了不同的职能部门，再到各个部门都有了具体分工和绩效管理，门店的管理也越来越规范。

2015 年，王宁感知行业开始发生变化。线下零售门店销量下降、毛利下降，整体经营环境越来越趋于恶化。"在我们迷茫的时候，有一款商品像是引路人一样帮我们开启了一扇窗。"王宁表示，"这款名叫 Sonny Angel 的商品是日本的一款玩具娃娃，它是高度只有 8 厘米左右的手办摆件，拥有几百个款式。"本来这款商品只是泡泡玛特经营的一个很普通的 SKU（store keeping unit，库存单位），没想到 2015 年下半年开始，这款商品迅速爆红，其销售量从一个月几千个，飙升至一个月 6 万多个，很多限量款往往一到货就被抢购一空，门店甚至出现来排队抢购的疯狂粉丝。

Sonny Angel 给泡泡玛特开启了一扇窗，王宁突然发现了一个巨大的市场：收藏类玩具市场。其实收藏类玩具市场并非新大陆。根据各类知名漫画、动画、游戏、影视作品角色形象所生产的手办模型一直在国内有着非常多的拥趸，但由于这部分知识产权（IP）绝大多数源自海外，同时长年以来中国社会环境对游戏和动漫并不友好，也没有形成相关产业链及知识产权保护氛围，这一市场一直"沉在水面之下"，在暗中积聚能量。

"随后我们做了几件事，将公司从一个单纯的零售公司，转型成为集艺术家经济、IP孵化、零售、潮流文化推广于一体的全产业链平台型企业。"第一，大规模整合国内外优秀的玩具艺术家。第二，帮助艺术家整合供应链。第三，组建专业的工业开发团队。第四，推出了玩具社区应用程序"葩趣"。泡泡玛特随后从潮流杂物渠道商开始全面转型为"经营潮流玩具的零售商"甚至"IP品牌运营商"，先后推出的多款IP、多款系列产品大放异彩，引爆了一个全新的市场。

案例思考题

1. 王宁在创业初期识别了怎样的创业机会？他是如何发现和创造机会的？

2. 泡泡玛特的诞生受到哪些环境因素的影响？为了适应外部环境的变化，泡泡玛特的战略又进行了怎样的转变？

3. 泡泡玛特的核心资源和竞争力是什么？如果你是王宁，会如何利用这些资源？

第一节　创业期的企业特征

一、创业期企业的战略机会

（一）创业机会的来源

创业机会是通过发现或创造新的"目的－手段"关系来实现价值创造的。对创业者而言，目的是指我们需要解决的问题是什么、谁会关心这个问题、市场在哪里；手段是指如何解决问题、为什么用户会选择我们、我们能提供的好处是什么。创业的起点就是在问题（目的）与解决方案（手段）之间建立链接，通过为目标用户解决问题而创造价值并获取利润。

创业机会的来源多种多样。创业机会先于创业者的意识存在于客观环境，由慧眼独具的创业者发现，创业者发现创业机会并能填补市场的空缺，达到市场的均衡。也有学者认为，创业机会并非客观存在，也非先于创业者的意识存在，而是被创业者构建出来的。尽管某些客观的环境条件（例如，技术进步、政治或监管环境以及人口转变）影响创业机会，但创业机会最终取决于创业者的创造性想象以及社会化技能等内在因素，而不仅仅依赖外在环境因素。

从认识论角度，对创业机会的识别有"印迹"和"众迹"两种观点。印迹强调对客观因素的机会识别，众迹则强调创造机会过程中主观因素（如情绪）的重要作用。相应地，印迹要求创业者拥有对客观环境的注意力或警觉性以及发现机会的能力。而众迹则需要创业者主观地感知环境并在内心世界进行相应的解释，更重要的是发挥创造性的想象力，迭代思考如何打破环境束缚，达成更优的创业要素组合。

从过程论角度，对创业机会的识别有"聚焦"和"发散"两种观点。"聚焦"的观点认为，创业者发现创业机会是通过聚焦关键事件逐步深入分析事件特征，探索、聚类与筛选相关因素的结果，而这些结果将随着时间对创业者的创业实践形成明显的影响。"发散"的观点认为，创业者通过发散的途径对众多因素逐步深入分析因素特征，最终形成一种多因素组合的模式，因此，创业是不断迭代和无止境的，迭代的目的是逼近所需目标或结果，创业者与环境不断调整并适应彼此之间的关系。

从创业者角度，对创业机会的识别有"大众"（发现）和"精英"（构建）两种观点。在发现创业机会视角下，创业对创业者的要求主要体现在机会的识别、发现能力，不确定性的应对与把控能力以及团队的领导力等。而相对于发现创业机会，构建创业机会对于创业者的要求更为苛刻。大众创业从创业开始到创业目标实现，整个过程相对来说具有比较混沌的特征，创业是否成功也比较多地取决于创业者的敏感与警觉性的杰出程度与创业者是否走运，而机会构建则由具有创业精神和社会化技能的创业精英主导更容易取得成功。

从制度论角度，对创业机会的识别有"制度"先行和"行动"先行两种观点。"制度"先行观点认为制度变革引领了创业大潮。改革开放的成功从创业机会的角度来看，是制度先行创造的巨大政策红利，推动了创业者发现并利用创业机会。"行动"先行观点认为成功的机会构建需要创业者调动资源、发现顾客的潜在需求，解除环境中的束缚条件等，这也就是制度创业行为。

如何评价创业机会？杰弗里·蒂蒙斯提出了一个系统性评估创业机会的模型，包括八大类共53小项的指标，大类包括行业与市场、经济因素、收获条件、竞争优势、管理团队、致命缺陷、企业家的个人标准、理想和现实的战略性差异。这些量化指标充分体现了创业者、创业机会和创业资源的匹配的重要性，能够帮助创业者判断创业机会是否有足够的吸引力。

> **知识链接**
>
> 扫描章后二维码，学习"蒂蒙斯创业机会评价模型"

（二）创业动机的类型

全球创业观察（Global Entrepreneurship Monitor，GEM）对不同国家或地区成年人口的创业动机进行了系统的调查，并把创业动机划分为四类：改变世界、赚大钱、延续家族传统、讨生活。[①]

2021年发布的调查结果显示，在参与调查的43个国家或地区中，有9个国家或地区超过60%的被调查者表示，"改变世界"是他们创业的重要动机，这些国家和地区既包括了发达经济体（如美国、加拿大），也包括中等发达和欠发达经济体（如印度、哥伦比亚、巴西、危地马拉、巴拿马、安哥拉）。同时，有8个国家或地区少于30%的被调查者表示，"改变世界"是他们创业的重要动机，这些国家或地区中有4个来自欧洲（波兰、俄罗斯、意大利和希腊），还有4个分别来自亚洲（韩国和塔吉克斯坦）和非洲（摩洛哥和布基纳法索）。有11个国家或地区超过75%的被调查者表示，"赚大钱"是他们创业的重要动机，其中有8个来自中东和非洲地区。只有6个国家或地区少于40%的被调查者表示，"赚大钱"不是他们的主要动机，这些国家或地区主要来自北美和欧洲，其中挪威的比例最低。

虽然"改变世界"和"赚大钱"的动机听起来很美，但大多数创业者还是非常现实的。在参与调查的43个国家或地区中，有34个国家或地区超过50%的被调查者表示，"讨生活"是他们创业的主要动机。在把"讨生活"作为创业主要动机的国家中，比例较高的是印度、安哥拉、危地马拉等国家。而没有把"讨生活"作为创业主要动机的国家，主要是北欧国家（如瑞典和挪威）。

全球创业观察还对我国成年人口的创业动机进行了调查，2020年发布的报告显示，有39.7%的中国被调查者表示"改变世界"是他们创业的主要动机，在参与调查的50个国家或地区中排在第36位；48.4%的中国被调查者将"赚大钱"视为创业的主要动机，在50个国家或地区中排在第33位；40.6%的中国被调查者认为"延续家族传统"是他们创业的主要动机，在50个国家或地区中排在第15位；将"讨生活"视为创业动机的中国被调查者占比最高，达到了65.8%，列50个国家或地区中的第23位。[②]可见，中国仍有

[①] Global Entrepreneurship Monitor（GEM）. Global Entrepreneurship Monitor 2020/2021 Global Report［R］. London：Global Entrepreneurship Research Association，2021.

[②] Global Entrepreneurship Monitor（GEM）. Global Entrepreneurship Monitor 2019/2020 Global Report［R］. London：Global Entrepreneurship Research Association，2020.

大量创业者是为自己的生存和发展谋求出路而选择创业，生存型创业的占比较高。

通过上述报告的数据分析，我们可以看到，创业动机多种多样。真格基金创始合伙人徐小平在一个节目中回答"创业创什么"问题时曾说，"创业创个'求'：人生欲求、职场诉求、市场供求"。我们可以把徐小平的回答分为两个维度："为谁创业"和"为何创业"。一个人可能为自己或他人创业，也可能为现实和梦想创业。创业的不同原因决定了创业的不同内容，即为谁创业和为何创业，如图 5-1 所示。

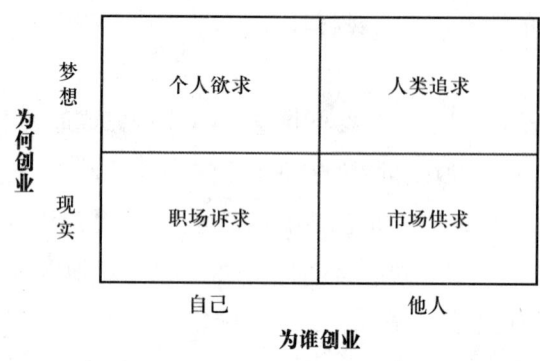

图 5-1　创业就是创个"求"

资料来源：路江涌（2018）。

为解决自己面临的现实问题而创业是"职场诉求"，这类动机类似于"讨生活"。例如，俞敏洪当年创立英语辅导班的初衷是解决收入低的问题，随后他在此基础上创办了新东方。

为实现自己的梦想而创业是"个人欲求"，这类动机类似于"延续家族传统"。例如，周庄古镇很多客栈都是当地居民经营的，他们在古镇统一改造后选择留下来，继续留在家族世代生活的地方，延续当地的传统文化。

为解决他人面临的现实问题而创业是"市场供求"，这类动机类似于"赚大钱"。例如，新东方最初也没有想到留学咨询业务后来能成为独角兽级别的产业，当时，新东方开始做留学咨询只是因为很多人学了英语，考了托福，却办不下来签证，市场需求大。徐小平还为此提供了一个金句："利己主义者觉得，别人的需求是负担；利他主义者觉得，他人有需求需要被解决，是好的创业机会。"

如果在徐小平说的三个"求"之外再加一个，就是为实现他人（甚至是全人类）梦想而创业，这类动机类似于"改变世界"。例如，特斯拉创始人埃隆·马斯克就是一位梦想创业家。他在清华大学的一次分享中提到，在读大学的时候，他决定参与能够促进人类向前发展的事业，有五个备选方向：互联网、可持续能源、太空移民、生物学、人工智能。马斯克迄今为止创办的 X.com（PayPal 的前身）、特斯拉和 SpaceX 就是他在互联网、可持续能源、太空移民三个可能帮助人类实现更大梦想领域的创业。

知识链接

扫描章后二维码，学习"全球创业观察数据分析"

二、创业期企业的战略环境

（一）创业的经济环境

在我国的创业热潮中，一个突出现象就是创业活动地理分布的不均衡。为什么有的城市创业活动多，有的城市创业活动少？什么样的经济环境更有利于创业呢？就本质而言，经济区域是一个企业和劳动力高度集中的地方，因此，区域集聚经济是解释新企业生成和发展的重要切入点。

区域集聚经济包括专业化集聚效应和多样化集聚效应。专业化集聚效应是指同一行业企业的集聚能够带来专业化劳动力市场共享、专业化中间投入品市场和知识溢出的外部性，如中国的景德镇、顺德、义乌等产业聚集区域；多样化集聚效应是指不同行业企业的集聚有助于企业获得不同专业背景的劳动力、享用低廉的公用基础设施，以及跨行业的知识溢出，如深圳、上海、北京等大城市。这两种集聚经济影响着新企业所需投入品、劳动力以及思想的流向与可获得性，影响着创业机会与资源，进而影响人们的创业与新企业的诞生。

专业化集聚效应主要通过专业化劳动力池、行业内专业化分工、行业内知识溢出等机制对创业产生促进效应。首先，劳动力是每个新企业最重要的投入要素，创业者需要找到合适的管理人才来组建管理团队，经营新企业，新企业需要找到合适的专业技能工人来生产，具有较大劳动力池的地区更能满足初创企业对上述人选的需要。其次，同一行业企业的集聚除了能够带来专业化劳动力市场共享外，还能形成专业化分工生产体系，形成小而专、专而联的发展格局，在实现规模经济的同时提高资源配置的有效性和合理性，使小规模投资也能形成大批量生产能力，有利于新企业的进入。最后，创业需要新的想法和点子，但新想法和点子并非无中生有，而是来自新知识与老知识之间的融会贯通，因此能够传递老知识、创造新想法的城市无疑会成为创业的核心地带。

多样化集聚效应主要通过行业间劳动力共享、上下游市场接近、行业间知识溢出等机制对创业产生促进作用。首先，雇用本行业劳动力有助于满足初创企业对专业技能人才的需求，而雇用其他行业的劳动力则有助于初创企业获得不同专业背景的劳动力，给企业带来新的想法与经验。其次，不同行业在一个城市的集聚有助于初创企业进入各种不同细分差异化的消费需求市场，掌握和了解什么样的产品是有效的、是市场所需要的等一系列信息，激发本行业的创新与发展，增加创业的机会。最后，对于多样化的城市而言，行业间的知识溢出影响着思想的流向与可获得性，为创业者提供好的想法和点子。

> **知识链接**
>
> 扫描章后二维码，学习"中国区域创新创业指数"

（二）创业的技术环境

创业的技术环境可以从创新驱动的概念入手分析。创新驱动（innovation-driven）一词最早由迈克尔·波特提出，他将创新驱动视为国家竞争力发展的四个阶段之一。当今世界，科学技术日益成为经济社会发展的主要驱动力，科学技术迅猛发展，新的科技革命正在孕育和兴起，科技创新和产业发展相互结合。为此，党的十八大提出实施创新驱动发展战略，要求进一步提高自主创新能力，进一步深化科技体制改革，进一步优化创新环境，进一步扩大科技开放合作。

从国际背景来看，全球新一轮科技革命、产业变革加速演进，以智能、绿色为特征的技术革命引发国际产业分工重大调整，正在重塑世界竞争格局、改变国家力量对比，创新驱动成为许多国家谋求竞争优势的核心战略。从国内背景来看，一方面我国传统依靠物质资源的高投入、高消耗和廉价劳动力发展起来的粗放、劳动密集型产业发展模式，越来越受到能源、环境等约束而难以为继；另一方面，建立在高积累、低消费基础上的投资驱动发展模式不可持续。大量投资集中于传统制造业、房地产、基础设施等领域，只有少数投向自主创新及技术的改造、升级，因此产业结构升级缓慢，产业链低端环节形成生产过剩的问题。综上，经济发展动力亟须从原有的要素驱动、投资驱动向创新驱动转变。

新一轮科技革命的到来，特别是数字技术的涌现，给个人、企业、国家乃至人类社会带来系统性的变革，全球已经步入数字经济时代。在全球创新背景下，形成了创新驱动创业实践。数字经济下创新驱动创业实践具有以下三方面的特点。首先，创业情境发生了变化。数字技术的出现使得情境变得高度不确定和不可预测并重塑传统的创业战略、模式和过程。其次，创业主体和对象发生了变化。创业主体从原来集中于单一企业或组织，转变为创业者、投资者、孵化器、服务提供商和研究机构等多个主体，主体间不断互动并且身份和角色发生变化。同时，创业对象也不断增加，以软件系统、应用程序和算法为代表的"数字实体、智能机器人、智能系统"等新对象不容忽视。最后，创业视角发生了变化。创新驱动创业实践从简单的线性视角向复杂的非线性时空视角转变。数字经济不断发展，大数据、云计算、人工智能等技术不断发挥作用，使得创新驱动创业实践可以跨越时间和空间来进行。

（三）创业的制度环境

制度环境对创业活动的影响毋庸置疑。一方面，稳定的制度通过合法性机制影响创业，即制度影响创业者和创业企业对于"恰当"的判断，从而对创业产生影响；另一方面，制度变革通过变革产生新的制度环境，进而产生与创业相关的合法性、机会和资源等，最终对创业产生影响。

稳定的制度影响着创业决策、过程和绩效。制度理论认为，创业决策是社会产物，个体对于创业是否"恰当"的判断，导致他们的创业决策存在明显的时间、空间和群体差异。从过程来看，创业企业合法性较低。为了生存，这些企业需要向榜样企业学习，其中常见的做法是模仿榜样企业的行为以获得合法性。从绩效来看，创业企业在经营过程中，遵从交易制度模式和关系，有助于创业企业的生存和成长。

制度并非始终保持稳定，而是处在变革之中。与稳定的制度通过合法性机制影响创业不同，制度变革影响创业，则是通过变革产生新的制度环境，进而产生与创业相关的合法性、机会和资源等，影响创业者和创业企业的决策、过程和绩效。制度变革可以赋予某些经济活动合法性，鼓励对新制度抱有同理心的潜在创业者通过创立新组织、生产新产品等方式来实现他们的价值观。例如，中国1999年修改宪法，明确非公有制经济是社会主义市场经济的重要组成部分，这一制度变革减少了私营企业的成长障碍，赋予创业企业更高的合法性，从而促进了个体创业。

除了通过赋予创业活动合法性，制度变革还可以通过产生创业机会来影响创业决策。制度变革能够激发人们对当前制度的重新审视，加速对新制度的搜索过程，从而提供更多的创业机会。同时，制度变革还能为创业活动提供人力、资金和知识等资源。例如，风险投资是创业企业重要的资金来源，是在新兴经济体中支持创业企业融资的正式制度还不够完善的背景下产生的，补充了正式制度的不足，这一制度环境的变化促进了创业企业的发展。

创业者嵌入特定的制度情境中，受到制度的约束。但一部分创业者试图通过建立新的制度来打破这种约束，由此产生了制度创业和制度创业者。制度创业者是具有足够资源的有组织行动者，当制度创业者看到他们高度重视的获利机会时，就会引入新的制度。制度创业的本质是改变现有的制度逻辑，即通过引入新的制度来改变当前关于目标及目标实现方式的共识。与成熟经济体相比，新兴经济体的制度不够完善，创业者在创业和经营过程中面临更多的制度障碍，更有可能出现制度创业。

知识链接

扫描章后二维码，学习"网约车的合法化"

三、创业期企业的战略行为

（一）创业期企业战略选择的原则

与成长和扩张期的企业相比，处于创业期的企业规模较小、资源有限，面临着较大的经营风险和竞争风险，同时具有较高的灵活性，组织结构相对简单，决策也更为高效。对于创业期企业而言，明确自身的发展战略至关重要，有助于企业成功向后续发展阶段过渡，避免偏离发展主线。但在制定战略时需要兼顾灵活性，避免因过早确定战略而约束自身的发展。具体而言，创业期企业在战略选择时需要遵循以下原则。

第一，扬长避短，制定基于比较优势的战略。受到先天资源条件的约束，创业期企业往往很难在市场竞争中建立绝对优势，因此，在制定经营战略时，一个重要的原则就是扬长避短，在分析自身资源优劣势的前提下，制定能充分发挥比较优势的战略，捕捉市场机遇。

第二，单点突破，制定基于市场缝隙的战略。在激烈的市场竞争中，企业没有明确的市场定位很难发展壮大，尤其是对于创业期企业而言，其受限于资金、技术、人才等方面的劣势，很难与成熟期企业直接抗衡，因此必须将有限的资源集中投入最具有比较优势的市场中，开发市场缝隙。

第三，另辟蹊径，制定基于商业模式创新的战略。商业模式是企业创造价值的核心逻辑。处于创业期的企业需要设计具有新颖性的商业模式，在发展过程中通过商业模式创新不断构建自身的竞争优势，避免在短期内被模仿甚至超越，进而获取市场价值。

考虑到创业期企业的特征，其常见的战略行为有以下三种：创业即兴（entrepreneurial improvisation）、创业拼凑（entrepreneurial bricolage）和创业的效果推理（effectuation）。

（二）创业即兴

创业即兴是创业团队为应对复杂多变环境而快速地重新配置、整合和利用周边资源，自发性地处理突发事件，以及不断变革来维持企业竞争力的知行高度融合的行为模式。即兴（improvisation）概念源自爵士乐和戏剧表演领域。在爵士乐领域中，乐手的演奏很大程度上依靠与听众互动过程中即兴的激情发挥。即兴戏剧就是演员在没有剧本、没有准备的情况下共同演出。除了戏剧、音乐和舞蹈艺术外，即兴广泛地应用在其他领域，例如用于咨询、教育、训练技术、团队培训、设计创造、社会创作，乃至心理治疗。

创业即兴行为的诱发因素主要来自三个层面：个体层面、团队层面和组织层面。个体层面即兴行为受到个体特质、人力资本和社会资本以及环境因素的影响。面对新情境和不确定性环境，即兴行动者需要能够忍受未知和模糊状态并保持开放态度和对风险的承担意愿。在遇见突发状况或者危机时，个体的情绪反应、思维模式以及自我效能感也在一定程度上与即兴行为相关。与即兴表演者必须"在当下"强烈关注并采取行动以高度适应自身周围的所有信息相类似，管理者对外部环境信息的及时感知与理解能够提升即兴行为的有效性，及时解决问题。

团队层面即兴行为的诱因主要来源于团队属性、团队行为和团队认知等方面。研究表明，行动整合度高的团队往往能带来更多的即兴行为。同时，应对时间压力，团队成员越快整合企业内外部信息，越能更好地满足团队即兴的需要。在团队属性方面，团队凝聚力、团队和谐激情和团队效能感是团队即兴的主要影响因素。由于即兴行为的自发性，在突发事件下，团队成员之间互相了解、互相信任、具有团队凝聚力是团队在时间压力下自发采取集体行动的前提。

组织层面即兴行为的诱因主要包括资源因素、组织行为、文化因素、组织结构和组织战略等方面。首先，资源即时可得是创业企业即兴发挥的重要基础。其次，创业者的变革领导力有助于促进组织内部门与部门之间的合作与资源共享，授权员工在有创新性想法时或在突发状况下能够自我决策。拥有强大创业导向的企业往往更加积极进入新产品市场并承担更大的风险，因而可以产生采取即兴行动的需求。组织内较简单的结构使组织能够使用即兴行动来应对更多不同的机会，相反，更复杂的结构会限制即兴行动，迫使更多基于规则的行动。

即兴行为越来越被认为是企业有效应对突发事件的关键策略，在不确定性环境下，即兴发挥有助于新创企业的生存和发展。特别是在动荡的环境中，新创企业会面临更多的不确定性、更多的意外，在动荡环境中的企业比在更稳定的环境中的企业更容易即兴发挥和试验。

（三）创业拼凑

拼凑（bricolage）概念源于人类学研究，核心是"利用手边一切资源做事"。拼凑概念已广泛应用在多个研究领域，如认知科学、创业创新、信息技术、组织理论等。拼凑概念有三个重要维度：资源清单、拼凑方式以及拼凑结果。资源清单是拼凑者可以动用的资源；拼凑方式是对资源的组装活动，包括组装、排列组合、资源替换；拼凑结果是资源清单的重新排列组合，但资源清单中的资源本身并没有发生变化。换言之，拼凑的过程是，通过对原有的资源清单重新组装和排列，达到新的资源组合。

拼凑和即兴是两个不同但又有关联的概念。即兴发挥强调计划和执行同步进行，组织没有时间寻找外部资源，而只能利用已有资源解决问题，从这个角度看，即兴发挥往往引起拼凑行为，但是拼凑也可能发生在有计划的情况下。

　　企业在创立之初往往都会面临资源极度匮乏的困境。创业拼凑是指创业者整合手边的现有资源、加入新元素或是替换旧元素、不断循序渐进和迭代完善，最终提供出独特服务和价值的过程。换言之，创业拼凑就是凑合着组合手边资源以应对新问题或者新机会的即刻行为。这个定义强调了三个维度：一是凑合着用，这里的"凑合"并非意味着"有明显缺陷的解决方案"，而是体现了组织积极克服资源限制和应对新问题的态度；二是手边资源，指能够免费获得或者以较低成本获得的资源；三是为新目标进行资源组合，如重新组合资源和旧资源的新用途等。

　　近年来的环境剧变极大减少了企业获取资源的渠道。对于创业企业而言，只能通过重新组合已有资源来缓解环境剧变带来的资源限制，例如运用网络拼凑或者从外部拼凑，如利用领导者的社会资本、客户资源、供应商和战略联盟伙伴，来获得新的市场机遇；或者重新组合资源基础，如通过裁员、取消难做的产品线、退出绩效不好的市场，以优化资源序列提高企业内部效率，缓解外部资源限制。

> **知识链接**
>
> 　　扫描章后二维码，学习"喜茶的创业拼凑"

（四）创业的效果推理

　　为了应对环境的不确定性，学者提出了四个理论视角：计划、适应、愿景和转化。

　　第一个视角是计划。它是决策理论的起点，核心思想是根据过去预测未来，通过预测进行控制。该视角认为环境和未来是客观的，强调理性、全面的决策模型，其根本思想是找寻最优方法，尽可能地计划并理性决策。

　　第二个视角是适应，包含渐进发展的逻辑和浮现战略的思路。该视角认为预测动态环境存在困难，因此需要根据环境变化迅速调整适应，保持与环境变化同步。它同样认同环境和未来的客观性，但强调环境动荡导致决策者无法有效获取信息、制定相关方案，因此最优目标是建立路径、流程和文化，使得企业能够根据环境变化迅速调整适应。

　　第三个视角是愿景。该视角认为环境和未来是共创的，企业活动由环境所塑造，同时反作用于环境。因此，预测与控制相伴相生。其决策过程由愿景驱动，而愿景最终通过系列行动予以实现。

　　以上三种视角对未来行动的构想均以理性预测为基础，而高度不确定性的环境意味着预测不可行，预测思维的束缚必将使决策者陷入决策困境。效果推理理论属于转化视角，由萨阿斯·萨阿斯瓦斯提出。萨阿斯瓦斯认为，在环境稳定和可预测的情况下，传统的预测式理性作用明显，而在环境动荡且无法预测的情况下，效果推理所代表的非预测式理性则行之有效。

为此，萨阿斯瓦斯提出了效果推理理论，具体包含五个基本原则：飞行员原则、手中鸟原则、可承受损失原则、疯狂被子原则和柠檬水原则。

第一，飞行员原则指的是在面对不确定性时拒绝相信预测，决策者将自己置身于事件中与他人互动，从而掌控未来的发展。通过行动进行控制是该原则的核心，而可控制是效果推理理论的核心。

第二，手中鸟原则强调决策的起点是既有的资源和手段，包括"我是谁""我知道什么""我认识谁"。其中，"我是谁"包括个体特征和能力，"我知道什么"包括受过的教育、经验、专长，"我认识谁"代表社会网络。该原则聚焦于决策的过程，认为既有的资源和手段才是创业决策过程最重要的输入。

第三，可承受损失原则意味着决策者在项目初期并不关注对投资回报的预测，而是考虑项目出现最坏的情况时可以承受多大的损失。在决策过程中，创业者首先考量的是可接受的风险程度，而不是在既定目标及预期收益前提下最大化潜在收益。由于效果推理关注可承受的损失范围，因此该理论强调在有限的资源和手段条件下尽可能多地尝试。

第四，疯狂被子原则源自印度被单纺织的不可预测、不同寻常的非对称式被单制作工艺。不同人群带来的不同原材料在不同的情况下被逐步添加至被单中，从而形成一个独特的原材料组合。该原则指决策者将重心放在合作关系的构建上，自主选择利益相关者建立战略联盟，而不是进行系统的竞争分析。

第五，柠檬水原则强调直面权变因素和意外而不是试图规避，将权变因素和意外当作机会加以利用。该原则指出要充分利用未知和权变以创造新鲜事物，并将其转化为有利可图的机会，进而获取期望之外的结果，而不是试图实现既定目标。

效果推理理论近年来在创业研究、教学和实践当中得到广泛关注和应用。效果推理从不确定性情境的创业者个体决策出发，由小及大、由点及面，提供了鼓励创业者参与创造的、开放创新的创业路线图，有助于创业者把握和驾驭创业行动的动态进程，不断推动创业活动向前进。

知识链接

扫描章后二维码，学习"手机 App 新创企业创业过程中的效果推理"

第二节　创业期的用户战略 ▞▞▞

一、识别天使用户

（一）创新者和早期采用者

创业企业的发展总是要依靠新产品的市场增长，特别是在市场初期被用户接受的程度，但由于新产品的不确定性，以及消费者惯性和对风险偏好的差异性，新产品往往不会像传统产品那样容易被市场接受。此时，创业企业往往会做出决策：要么认为产品不符合市场需求而放弃投入，要么就实施一整套不适用这类产品的市场推广策略，造成投入极大而收效甚微。事实上，新产品只有先通过在早期市场中的用户采用，被少数用户认同、接纳，才能逐渐被人们熟悉从而最终被大众市场接受。否则不仅会丧失撬动大众市场爆发的机会，还给企业造成资源的极大浪费。

当企业推出不为人所熟悉的新产品时，最初会受到少数创新者及早期采用者欢迎，此时新产品接受速度会缓慢提高；当产品逐渐被人们熟悉且被大众市场接受时，用户迅速增加，最后达到饱和状态，用户的增长速度又减慢了。市场上的所有用户可以被分为五类：创新者、早期采用者、早期大众、晚期大众、落后者。

第一阶段用户称为创新者，他们人数很少（占总人数 2.5% 左右），具有强烈的好奇心，对于感兴趣范围内任何创新都具有一定的接受能力，这种好奇心能促使他们超越原有的交际圈子，在其他地域或行业发展更为广泛的社交关系。另外，创新者通常都拥有足够的购买力和一定的技术知识。相对于其他实用主义者来说，他们对新产品有更迫切的需求。从人口特征来看，创新者一般年纪较轻，收入丰厚，教育背景良好。从心理特征来看，创新者是风险承担者，具有广泛的社会参与性；他们凭借自己的意志，受到好奇心的驱使，立刻就对新兴技术产品感兴趣。他们甚至在产品上市前就已经使用了开发中的样品，成为技术开发的参与者。

第二阶段用户称为早期采用者，他们人数较多（占总人数 13.5% 左右），通常伴随新产品的早期发展而出现，他们的出现足以加快扩散过程，改变市场发展轨迹，因此，他们也往往希望自己能够获得优于其他用户的利益。从人口特征来看，早期采用者同创新者有一定的相似性，一般多是年轻、高收入和受教育程度高的用户，但与创新者从事各种各样的职业不同，早期采用者往往存在于和某项新兴技术高度相关的地域或行业中。从心理特征来看，早期采用者同样是风险偏好者，在他们的领域内有广泛的社交圈子，他们依赖于自己的价值观和判断，受到未来机会驱使，并积极接受新兴技术产品本身带来的高性能或新功能。

创新者和早期采用者对于创业企业而言是宝贵的天使用户，他们的参与对创业企业的早期发展至关重要。顾客参与的根源在于生产与消费不可分离，顾客不仅参与服务的生产和交付，而且服务的履行和质量离不开顾客的贡献，服务结果在相当程度上依赖于顾客的参与和合作。特别是，随着互联网技术的发展，以微博、微信为代表的自媒体大量涌现，消费者能够通过社交网络更广泛地分享其品牌体验，这为顾客参与品牌价值创造提供了重要平台。大量研究从不同维度和视角证实了顾客参与价值共创对品牌成长的正向影响。

知识链接

扫描章后二维码，学习"小米早期用户价值共创"

（二）领先用户

创业企业的天使用户之所以重要，不仅在于他们在早期就参与到企业产品发展中来，还在于他们在多个方面都领先其他用户。领先用户的特性由两个维度组成：领先市场趋势和高期望收益。领先市场趋势是指领先用户处在某一市场发展趋势的领先位置，与用户突破现有功能提出更加新颖用途的创意密切相关。高期望收益是指领先用户能够从创新的解决方案中获得高收益，与用户参与创新的动力密切相关。

领先用户处于市场前沿地位，经常对制造商的常规产品感到不满意，会通过各种渠道表达自己的想法，制造商可以通过吸收领先用户的独特想法促进新产品开发。企业通过与领先用户合作可以降低新产品开发的成本，增加新产品种类，提升新产品的开发速度等。领先用户经常以制造商发现潜在商业利益的方式改进产品，制造商通过吸收领先用户创意来加快新产品的开发速度。另外，领先用户拥有技能和知识，能够帮助企业进行产品评估并为制造商提供解决产品问题的方案，降低新产品的开发成本，提升组织的创新能力。

知识链接

扫描章后二维码，学习"如何快速挖掘种子客户"

二、抓住痛点需求

（一）痛点的特征

痛点反映的是消费者对产品或服务的期望和现实的产品或服务对比所产生的心理落

差。从心理学和管理学的角度进行分析，痛点具有以下特征。

第一，痛点是一种主观体验。痛点是需求未满足、不能满足带来的一种负面主观体验，会影响人的动机和行为。相比于其他的主观体验，痛点对动机和行为的影响更加明显。

第二，痛点是一种客观现象。痛点产生于客观存在的事实，这种事实体现在产品、服务、消费能力、技术等领域，通常体现为质量差、价格高、服务差、功能不全、资金短缺等各方面，是痛点存在的客观条件和物质基础。

第三，痛点是理想与现实之差。痛点的存在源于主体对理想状态的假定和现实状态的认知。当现实状态与理想状态存在差距时，主体会在心理上形成一种落差，这种落差在意识中形成的不良影响就是痛点存在的根源。

第四，痛点是普遍存在的。从生产生活的角度而言，痛点蕴藏着创新的机遇。每个主体都有痛点，每个主体的痛点不止一个，痛点的多少、强度、主次遵循人的具体生产生活及心理规律发生变化，受到各类因素的影响，甄别和利用痛点有利于发现新的商机。

第五，痛点与需求息息相关。痛点是需求未完全满足时在主体心理上的体现，其基本特性与需求相同，有浅层和深层之分，有短暂和长久之别，同时具有直观性、情绪性等特征。需求是痛点的基础，解决痛点可以更好地满足需求。

第六，痛点有不同的分类。按照对主体的影响程度，可分为主要痛点和次要痛点；按照强度可以分为强痛点和弱痛点；按照客观条件是否允许痛点行为发生分为可转化痛点和不可转化痛点；按照痛点的来源可以分为自然（内源）痛点和社会（外源）痛点等。

（二）痛点的机会

针对消费者痛点，创业企业可以采取如下战略措施。

第一，以痛点为依据细分和选择目标市场。企业在进行消费者目标群体选择时，应当选择具备共同痛点的群体，这些群体应满足以下特征：在经济上具备产品消费能力；在数量上应当有满足盈利目标的市场规模；在分布上应当较为集中或可通过网络实现集中；在消费痛点方面，应当具备强烈的、共同的、可转化的特征；可以引导其产生消费行为。

第二，改变消费者的理想状态。消费者的理想状态会随着环境因素的变化发生改变，其中包括企业的影响。企业可以将产品和服务所传达的价值主张与消费者的理想状态联系起来，促进消费者进行消费。企业也可以通过宣传和营销使消费者构建新的理想状态，接受一种新的消费理念或生产生活方式等，以促使消费者采取购买行为。

第三，放大消费者痛点级别。放大消费者痛点级别是使消费者从企业产品和服务的角度重新认识产品和服务所能带来的改变。一种新产品或新理念的出现会改变消费者对原有现实的认知，原有的产品或生产生活状态在消费者看来会变得不够简便、时尚、功能齐全等。企业可以利用这一点，针对现有产品和其他产品的不同及现有产品能够带来的正面影响推而广之，使消费者感受到的痛点级别上升，从而购买企业的产品或服务。

第四，降低消费门槛。在消费者达成消费的过程中，存在很多限制性的因素，如消费习惯、购买力等，企业可以通过营销推广等手段，采用降低这类消费门槛的策略来引导消费者消费，如人际关系营销推广、零首付、以物易物等，具体的措施应当具有针对性，能够解决消费者在消费过程中的限制性痛点，以促成交易。

> **知识链接**
>
> 扫描章后二维码，学习"钉钉解决用户痛点案例"

三、创造竞品差异

为了吸引目标用户，创业企业需要考虑产品与竞品的差异性和类似性之间的平衡。创业企业面临"求同"与"存异"的平衡问题，不仅需要满足合法性，差异化竞争优势也是企业成功的关键因素，由此带来了创业企业如何实现"最优区分"（optimal distinctiveness）的问题。

最优区分起源于社会心理学的归属悖论。该理论指出个体会寻求与群体的联系，使得个体能够在群体归属感与个体独特性之间保持最佳平衡。同样的悖论也发生在企业战略管理和组织理论中，一方面，制度理论和资源依赖理论认为企业需要与同行企业保持一致，以获取合法性，并避免与现有规范、期望和实践发生偏差而遭受合法性质疑；另一方面，竞争战略理论则指出战略相似性较高的企业将面临较大的竞争压力，因此企业需要通过建立有价值的、稀有且独特的资源，并确定独特的战略定位或采取差异化战略，与其他在位企业相区别，以构建竞争优势。

创业企业具有新生弱性（liability of newness），其合法性标准会随企业发展及外部利益相关者期望的变化而变化，早期获取的合法性并不一定能长期维持，因此创业企业需要依据所处的情境进行合法性管理，以确保能够持续获取外部资源。当创业企业在面临合法性与差异化双重挑战时，情境因素是"求同"与"存异"最优匹配过程中的重要影响因素。

> **知识链接**
>
> 扫描章后二维码，学习"知识付费平台的最优区分战略"

第三节 创业期的产品战略

一、最简可行产品

（一）精益创业

精益创业方法颠覆了"先通过调查找到市场空缺，然后依据设计者对用户的理解策划出相对完整产品形态"的工业思维和逻辑，而是依据多元和快速变化的外部环境及用户需求迅速迭代产品或服务，使其更好满足动态发展的用户需要。精益创业的核心理念可以归纳为"开发—测量—学习"馈环，即先提出商业模式假设，根据假设在最短的时间内构建最简可行产品（minimum viable product，MVP），然后对其进行测量，根据测量的数据进行"验证性学习"，从而做出坚持、转向或终止的决策。如需进行转向，基于"验证性学习"获得的认知再提出新的假说，如此往复。精益创业方法在产品开发阶段利用客户反馈迭代开发产品可以消除由认知偏差等造成的浪费，从而降低创新风险。

精益创业的核心思想可以由图 5-2 表示。精益创业的旅程开始于创业项目的"价值假设"和"增长假设"，即创业项目可以为用户创造价值，且创业项目可以实现增长。一旦有了这两个假设，第一步要做的就是开发一个最简可行产品。开发这个最简可行产品的目的不是投入市场，而是测量数据以检验假设。获得测量数据的目的是学习和完善产品开发的相关概念。开发、测量和学习是精益创业循环的核心动作，这些动作的对象是产品、数据和概念。实际操作中，也可以反向思考循环的顺序，即为了学习概念，创业者测量数据，为得到数据，创业者开发最简可行产品。

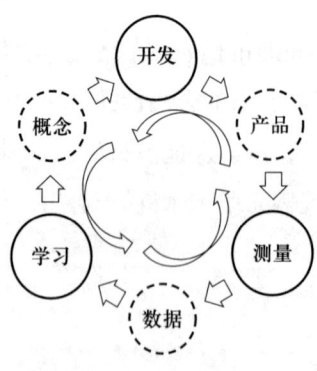

图 5-2 精益创业的"开发—测量—学习"循环

精益创业是符合敏捷思想的产品迭代开发方法。该方法首先着眼于用户的基本需求，快速构建一个可满足用户需求的初步产品原型。部署之后，通过用户反馈，逐步修正产品设计和实现，最终实现完全满足用户需求。而最关键的是，在各个迭代过程中，做出来的产品始终是可为用户所用的产品，而不是只有一部分功能却不能使用的产品。

精益创业适用于初创企业在市场不确定的情况下，通过设计实验来快速检验产品或方向是否可行。如果相关假设得到了验证，再投入资源大规模进入市场；如果没有通过，那么这就是一次快速试错，尽快调整方向。创业企业可以通过做出最简可行产品，精简到不能再精简，发布之后收集市场反应，逐步调整产品战略，调整里程碑，尽快达成短期目标。

（二）产品与用户匹配

产品与用户匹配是决定创业企业生存和发展的关键问题。在创业管理理论中，精益创业方法遵循"定义价值假设→构建最简可行产品→用户验证"的逻辑，提供了产品与用户匹配的方法与工具，其意义在于减少做出与用户需求不匹配的产品而产生高昂成本的风险。

关于产品与用户匹配的研究主要有两个视角：一是单边匹配视角；二是双边匹配视角。单边匹配是指市场的一方完全是被动的，在可靠的商品评级系统中，买者不需要知道卖者是谁。符合标准商品假设的产品与用户匹配研究大多是在单边匹配视角下进行。然而，很多情况下，商品是私人所有、不可分和异质的，不符合标准商品假设，如婚恋市场、熟练劳动力市场，这些特质产品或服务必须经过合适的配对才可能达成交易，即双边匹配。

在双边匹配视角下，精益创业方法提供了寻求产品与用户匹配的工具。在数字技术快速发展的背景下，精益创业思想和产品与用户匹配方法的应用快速普及。在数字技术赋能下，通过与外部利益相关者的信息和资源互动，创业主体可以从周围环境和不同社交网络上的讨论中获取对最简可行产品的关键反馈，深入分析用户偏好，与利益相关者之间共享资源，以便在正式产品推出之前实现更精准的决策和控制，减少迭代次数和成本。

> **知识链接**
>
> 扫描章后二维码，学习"中国传统文创产品与用户匹配"

二、利用口碑营销

（一）口碑营销的作用

近年来，随着互联网技术的应用发展，越来越多的消费者将自己的看法评论发表于互联网上，口碑（word-of-mouth）突破了传统的口头传播的形式，成为影响力更大的网络口碑。网络口碑利用互联网低成本、双向沟通的特点，克服了传统口碑只能在有限的社会边界进行传播，并容易随着时间和距离的增长而迅速消失的约束，再加上互联网可以将信息同时提供给多人的特点，网络口碑传递的影响范围和规模成倍扩大。

在新产品扩散的巴斯（Bass）模型中，产品消费群体可以分为潜在群体和购买群体两个部分，前者是受该产品属性和功能影响形成的消费需求最大值，而后者是实际产生购买该产品行为的消费者数量。巴斯模型认为，潜在群体向购买群体转换的过程，受到两方面影响，即创新效应和模仿效应。其中，创新效应主要是潜在群体受广告、营销、价格等外部因素影响而形成的自发购买，与实际购买独立；模仿效应主要是潜在群体受到已经购买群体口碑等因素的影响而形成的跟随行为。持正面口碑的购买群体，通过正面口碑模仿效应影响购买决策概率，同时吸引更多潜在群体成为该产品的意向群体；反之，持负面口碑的购买群体，则通过负面口碑模仿效应导致意向群体的流失。

对于创业企业而言，口碑营销至关重要。创业企业的新产品扩散是在一定时间内，在大众传媒和口碑传播影响下，由率先采用的少数消费者逐渐扩展为更多消费者的动态过程。体验经济时代，消费者从注重产品或服务本身转变为注重整个消费过程的体验，而口碑是消费者在消费体验之后对产品效能的综合评价。创业企业注重挖掘口碑对新产品扩散的影响，目的是充分利用口碑数据提升产品扩散预测绩效。

（二）口碑形成的过程

安迪·赛诺维兹认为，口碑的疯狂传播离不开五个"T"要素：谈论者（talkers）、话题（topics）、推动工具（tools）、参与（taking part）、跟踪了解（tracking）。

第一，谈论者是指那些向别人谈论产品或品牌的人。他们可能是企业产品的发烧友，也可能是初来乍到的新顾客。口碑传播的推手就是这群规模不等、身份不同的人。

第二，话题是指人们谈论的具体内容。任何口碑都源于一个有讨论价值的信息。这个信息可能是产品的性价比或者奇妙创意，也可能是服务上的不足等。该信息能引发大家的讨论兴趣，而且能在众人的脑海中产生比较容易记住的印象。

第三，推动工具是指营销者用来推动口碑传播的各种媒体、平台和技术手段等。发达的互联网让口碑传播的时间越来越短，传播范围越来越广，话题影响力越来越大。传统媒体和新媒体都是口碑传播的推动工具。

第四，参与是指营销者加入谈论活动当中。口碑营销的一大特征就是频繁地参与和互动，营销者主动参与消费者的讨论，与之进行深入交流。这不仅是为了让口碑交谈话题能延续下去，也是拉近企业与消费者关系的必要之举。

第五，跟踪了解的对象是那些正在谈论产品或品牌的人，目标是弄清楚他们在谈论什么内容。这是企业收集消费者反馈意见、评估口碑传播效果的必备工作。通过这项工作，营销者可以根据实际情况调整原先的策略。

知识链接

扫描章后二维码，学习"大疆的一体化网络口碑传播"

三、力争单点突破

（一）专精特新

2021 年 7 月 30 日，中共中央政治局召开会议，强调"开展补链强链专项行动，加快解决'卡脖子'难题，发展专精特新中小企业"。2021 年 9 月，北京证券交易所宣布设立，核心服务对象就是"专精特新中小企业"。专精特新中小企业，是指具备专业化、精细化、特色化、新颖化优势的中小企业。

创业企业的产品开发应以"专精特新"为战略。在这里，"专"是指专有技术或采用专有技术、专门工艺研制生产的且专用性强、专业特点明显的专门产品。主要特征是产品用途的专门性、生产工艺的专业性和技术的专有性。"精"是指采用先进适用技术或工艺，精心设计、精心制造，按照精益求精的理念完成生产过程的产品。主要特征是工艺技术的精深性、精巧性，产品的精致性、精细性、精确性和精美性。"特"是指用人无我有的独特的工艺、技术、配方或特殊原料研制生产的，具有地域特点和企业特色的产品。主要特征是产品具有独特性、独有性、独家生产经营性，具有区别于其他同类产品的独立属性。"新"是指依靠自主创新、集成创新或引进消化吸收再创新方式开发的、有别于传统意义上的升级换代的全新产品。其主要特征是产品（技术）的创新性、先进性和功能的新颖性，相较传统产品而言，具有更高的技术含量、更大的附加值、更好的经济效益和更加显著的社会效益。

（二）精一战略

创业企业要想成为专精特新企业，应采取"精一战略"。"精一"一词源自《尚书·大禹谟》中的"人心惟危，道心惟微，惟精惟一，允执厥中"，意思是人心浮躁、道心微弱，唯有坚守"精一"，方为解决之道。"精一"存在于不同层面，小到个人治学，大到国家治理，均需要"精"的精神，可以说，精一是探寻事物本质的唯一方法与手段。

精一即为专注与精益求精。无论是制造业还是服务业，采取精一战略获得创业成功的例子比比皆是。例如，华为始终坚持在信息和通信技术领域深耕最终成为 5G 通信的领导者，福耀专注于汽车玻璃技术的探索终成世界级汽车玻璃供应商，大疆创新瞄准无人机领域并成功抢占了全球最大的无人机市场份额。

对于创业企业而言，精一战略主要体现在产品专业化、市场专一化和机会资源一体化。产品专业化是在同一产品基础上持续的技术创新和产品（服务）创新，基于客户需求不断创新产品（服务），推广企业价值，树立产品领先地位；市场专一化是在国内和国际细分市场不断扩张，利用企业资源（人力资源、技术资源和资金）和产品领先地位，开创全资子公司，构建利基市场，实现市场领导；机会资源一体化即通过机会资源一体化创业过程实现持续的产品（服务）机会开发和国际市场机会开发，推动企业可持续发展。

隐形冠军是指在国际市场占有率极高但知名度较低的中小型企业，它们专注于细分市场开发，通过技术创新和产品迭代来实现专业化发展。隐形冠军的概念是由赫尔曼·西蒙提出的。他发现德国的众多中小企业，尤其是在国际市场上处于领先地位的中小企业在出口贸易过程中贡献了重要力量，他将这些中小企业定义为隐形冠军。根据西蒙的研究，全球够得上隐形冠军的企业大概有 2 700 家，其中德国约有 1 300 家，美国约有 360 家，日本约有 220 家。

隐形冠军的精一创业能力是在创业能力基础上发展起来的，可分为三个维度：一是专业技术能力，精一创业能力中的"精"代表的是专精的技术能力。与其他企业不同，隐形冠军长期专注于某一特定技术领域，具有高专业化特性。专业技术能力是隐形冠军的动力源泉，不断提升的专业技术能力是维持企业在细分行业的领先地位的有力保障。

二是细分市场能力，精一创业能力中的"一"代表的是细分市场能力。隐形冠军在整个生命周期中始终专注于特定"唯一"的细分市场，时刻关注市场潜在机会和用户信息反馈，通过整合和配置相关资源将识别到的新机会转变为创业项目，在完成创业项目的同时实现细分市场机会的开发。细分市场能力包含机会开发能力、网络构建能力等方面。

三是系统运营能力，指的是隐形冠军的经营能力，包括组织管理能力、市场营销能力等。绝大多数隐形冠军属于中小型企业，企业具有资源约束，因而需要通过提升系统运营能力来进行有限资源的合理配置。

知识链接

扫描章后二维码，学习"精一战略要义"

第四节　创业期的组织战略 ▧▧▧

一、成为创业者

成为创业者需要具备哪些素质和能力？按照素质的生理和心理两方面构成来看，创业者素质包括创业者身体素质和心理素质。其中创业者心理素质是关键，又包括智能素质（知识、智力、技能和才能等）、品德素质（思想品质、创新意识和道德品质等）、文化素质（文化广度、深度和社会工作经验等）和心理健康素质等。

按照美国著名心理学家麦克利兰提出的素质冰山模型，创业者素质包括"水面上"的显性的创业基础知识和技能和"水面下"的隐性的创业者心理素质。创业基础知识是为了顺利地完成创业所需要知道的事实型与经验型信息，如企业运作和市场开发知识、商业基础知识、创业行业背景、专业技术基础知识、法律基础知识和对国家政策和经济形势认识等。创业技能是为了实现创业目标，有效地利用自己掌握的知识而需要的创业能力，如机会识别能力、学习和开拓创新能力、社交与资源整合利用能力、组织经营与战略管理能力、风险决策能力等，创业者需要使这几种能力平衡发展，形成有机的能力聚合体，才能领导创业团队，逐步走向成功。

成为创业者，除了要有学习与创新能力外，还要有风险承担能力。图 5–3 用"重大风险承担倾向"与"持续学习与创新能力"两个维度把人分为四类。在整个人群中，重大风险承担倾向和持续学习与创新能力两个维度都低的占大多数，这些人的职业多是普通职员。那些持续学习与创新能力低但重大风险承担倾向高的人，可以被称为"赌徒"。他们可能偶尔成功，但这种倾向只是成功的独立概率而不是条件概率。

图 5–3　谁是创业者

资料来源：路江涌（2018）。

很多科技工作者的持续学习与创新能力很高，但因为不喜欢承担重大风险而倾向于做稳定的科技创新工作。与普通的科技工作者不同，有一些具有较高风险承担倾向的科技工作者会选择成为创业者或企业家。当然，更多的创业者和企业家本身并不是科技工作者，但他们同样有持续学习与创新能力。创业圈里有这样一句话："创业者的认知边界就是创业企业的边界。"于是，在中国的创业大潮中涌现出各式各样的"创业营"和"创业大学"，帮助创业者提升持续学习与创新能力。

二、组成创业团队

（一）创业团队的人员组成

创业团队是指由两个或两个以上具有一定利益关系的、彼此间通过分享认知和合作行动以共同承担创建新企业责任的、处在创业企业高层主管位置的人共同组建形成的有效工作群体。创业团队成员往往为了共同的目标走到一起，他们的相互依存性远高于一般企业的高管团队。同时，创业团队成员之间也存在明显的异质性，体现在团队成员人口统计特征（年龄、性别、种族等）以及技能、经验、认知观念、价值观等方面。

创业团队的异质性通过影响团队行为/过程（包括团队决策、团队成员互动和潜在外部投资者的决策）对创业企业的融资、创新和成长等方面产生影响。首先，在企业融资方面，风险投资公司往往非常注意创业团队的构成和质量，团队是否具有丰富业务经验且平衡是投资者关心的问题，创业团队成员的专业知识结构异质性通常有助于企业获取风险投资。其次，在企业创新方面，异质性团队中拥有不同意见和想法的成员更可能在互动中激发出更强的创造力、创新性，从而促进企业创新成功。最后，在企业成长方面，根据信息决策理论，异质性团队能够提供更为全面的信息和观点，有助于做出科学的决策，从而促进企业业绩的增长；而根据社会分类理论，异质性团队会造成成员间冲突、影响团队凝聚力，进而对企业成长性产生不利影响。

此外，创业团队成员的异质性有利于团队分工。创业团队成员的角色可以分为组织角色、动议角色、监督角色、执行角色及设计角色五类。其中，组织角色负责组织团队各类活动，协调团队行为，防止团队成员产生冲突，维护创业团队一致性的目标，是帮助增强团队凝聚力、提高团队士气的指挥者；动议角色是团队中创新意识较强的成员，能提出创新性建议，并为了争取团队的支持与认可做出许多努力；监督角色思想较为保守，具有较高的风险意识并能全面理性地考虑团队面临的风险与机遇，通常会监督团队成员行为，劝阻过分冒险而得不偿失的创业行为；执行角色即创业团队中负责实施团队决议的成员，该类人性格较踏实，会努力将团队做出的决策付诸实践，并随时准备对可能面临的风险做补救工作；设计角色即运用自己的专业知识提出许多建设性建议或意见，供其他成员参考。

（二）创业团队的动态过程

从创业过程的视角来看，创业团队本身具有一定的动态性。在企业正式注册成立前，创业团队表现为非正式团队，团队处于动态形成阶段。企业正式注册成立后，创业团队由非正式团队转变为正式团队。创业团队形成后随即进入发展阶段，随着时间的推移进入创业团队退出阶段。

在创业团队的动态形成阶段，有两种主要的人员选择策略：基于人际关系的相似吸引策略和基于接触机会的资源寻求策略。基于人际关系的相似吸引策略表明，创业团队形成遵循"物以类聚"的原则，人们会被有相似信仰和爱好的人吸引，个体之间的相似性使他们更容易产生人际吸引、信任和理解。基于接触机会的资源寻求策略，从成员手段的专业化和互补性来解释创业团队的形成，确保团队成员的专业能力、管理技能、决策风格和经验方面得到很好的平衡。

创业团队一旦形成，即进入发展阶段，创业团队的发展涉及协调与专业化这两个过程。协调过程中有认知协调和情感协调。认知协调包括成员价值观和愿景的一致性、创业过程中的有效沟通及成员知识和观点的顺利协调；情感协调包括团队成员在亲密关系网络内形成的凝聚力、激情和相互信任。专业化过程包括团队本身的学习过程及从大型团队知识库中吸收和应用深层知识的过程。成员专业知识的深度和广度能够促进团队的专业化过程，促使他们更全面地处理信息，但是可能引发更多的任务冲突和情感冲突，从而影响创业团队的协调过程。

创业团队成员的危机与错配可能导致一些成员在团队组建后退出，初始创业团队会评估其手段与结果，以确定是否需要重新导入搜索策略，此时创业团队进入演变阶段。创业团队的演变可以通过诸如迭代的频率、强度和持续时间来刻画，其受到演变过程中诸多因素及其相互关系的影响。首先，创业团队内部因素影响团队新成员的加入。企业的战略方向发生重大调整，可能导致团队主导联盟的重新配置，进而促进新的创业团队成员加入。其次，创业团队内部因素影响团队成员的退出。例如，创业经历丰富的成员会更早以募股的方式退出创业团队，创业团队的内部情感也可能对成员退出起到关键作用。再次，创业团队的外部因素影响团队新成员的加入。例如，公司在不稳定的环境中运营的方式之一就是改变团队以适应环境，创业团队更有可能在技术发展或变化、潜在竞争对手的破坏性事件或类似事件期间或之后立即增加成员。最后，创业团队的外部因素影响团队成员的退出。创业团队所处的产业环境、宏观政策等均会影响团队成员的退出。

知识链接

扫描章后二维码，学习"小米的创业团队分析"

三、打造扁平化组织

组织结构设计和调整是创业企业由小变大的过程中必须经历的一个环节。科学的组织结构设计能够切实提升创业企业的发展水平，优化创业企业的经济效益，同时也能够优化创业企业的人力资源配置，更好地推动创业企业的发展。

职能型组织结构是企业在实践过程中"最简单"的组织形式。从总体而言，职能型组织更加侧重于聚焦现有具有统治地位的核心业务。在创业企业的发展初期，这种组织结构能够快速集中创业企业的优势资源，推动创业企业快速发展。随着创业企业的发展速度越来越快，创业企业的业务类型越来越多样化，这种组织结构的劣势逐步凸显出来，特别是产品、市场和客户的差异性越来越大以及组织多元化发展的进程中，这种组织结构会在很大程度上制约创业企业的发展。若持续使用这种组织结构，创业企业组织容易变得松散化。

在创业企业组织结构设计过程中，应该注重以下方面的问题。首先，组织结构设计不宜过分精细化。创业企业在发展初期，提升自身的发展实力，壮大自身的发展规模才是关键，若执拗于组织结构设计，那么势必会影响创业企业的发展和绩效。很多创业企业在发展过程中，往往持有"一步到位"的不良心态，自认为没有详细的组织结构设计，创业企业的发展会受到影响。在这种观念的引导下，创业企业开始追求组织结构设计精细化，尽可能逐层逐项落实权限和责任，这不利于创业企业大刀阔斧的变革，严重影响创业企业的运作效率和协调发展。

其次，组织结构设计应扁平化，但不宜过分扁平化。在创业企业管理实践中，小团队管理是一种比较科学的管理方式，它能够切实提升企业管理的效率，但过分扁平化则容易造成管理层控制能力不足，一旦市场环境发生变化，需要企业快速调整发展方向时，过分扁平化的组织结构便显得有些拖沓。因此，创业企业应该结合企业当前的发展特点和面临的市场环境，科学统筹，全面整合，提升管理效率，提高管理的针对性。

最后，组织结构设计要权责清晰。在创业企业的管理实践中，很多企业并没有真正做到权责利统一科学，要么有权力却没有进行同步责任追究，要么有责任却没有相应的权力辅助，要么就是权力与责任并不对等。之所以会出现这种问题，主要在于创业企业的发展基础薄弱，各项制度并不健全，甚至人才配置也不科学，若直接套用成熟的组织结构设计，反倒不利于创业企业的发展。因此，创业企业在进行组织结构设计的过程中，应该要做到权责清晰准确，同时还应该付之于完善的责任追究机制，综合性优化创业企业的管理。

知识链接

扫描章后二维码，学习"格雷·斯隆医院的扁平化组织"

第五节 创业期的市场战略

一、利用技术创新

（一）创业期的技术创新战略

创新能力是创业企业能力的核心组成部分，而研发是企业技术创新的来源。对于创业企业而言，技术创新对企业绩效有着复杂的影响，主要是考虑到两类门槛效应。

第一，研发强度的门槛效应。当研发投入达到一定的水平后，研发投入继续增加，对企业绩效的促进作用逐渐递减，甚至会抑制企业绩效。这种门槛效应的出现主要是因为研发投入可以分为两类：① 基础性或探索性研发投入，其成果存在较大不确定性且商业化的前景较低，只能费用化处理后计入当期损益；② 可以资本化的研发投入，这类研发所取得的成果可以形成专利技术等无形资产，商业化后能够带来生产率的提升，对企业绩效起到促进作用。但研发成果商业化的过程涉及一系列复杂的程序，成功进入市场最终被市场认可还需要靠产品销售环节来实现。

第二，企业规模的门槛效应。在这方面存在两类观点：一类观点认为大规模企业能从研发投入中获得更高收益，此类观点关注的主要是基础性和通用性研发投入；另一类观点则认为大规模企业很难通过加大创新投入来实现规模经济，中小规模企业进行研发支出的价值效应要优于大规模企业，此类观点关注的主要是应用性和专门性研发投入。

为此，创业企业的技术创新战略需要注意以下两点。第一，要权衡短期风险与长期利益。创业企业重视持续的研发投入，以期获取长久的市场竞争力，但研发活动具有较高不确定性，并且会挤占企业当前的资源，过高的研发强度甚至会阻碍当期企业绩效的提升。因此，创业企业应结合自身实际情况，将研发强度控制在最优区间。第二，创业企业要积极扩大产出规模与市场份额。研发投入的效益与企业规模是相辅相成的，大企业更能从研发中获利。创业企业规模普遍较小，研发投入的效益仍有很大提升空间。因此，创业企业应努力使企业规模达到最优水平，从而进一步提升研发投入对企业绩效的促进作用，形成一个良性循环。

（二）数字技术对创业企业的影响

数字经济背景下，数字技术对创业企业战略选择和绩效的影响尤为突出。数字技术的可重组性和开放性特征使得创业过程不再是以某一创业者或团队为核心，而是变得更加开放且没有固定的边界。新企业的创建以及产品或服务的开发过程不再是线性过程，企业客户的积累极为快速地规模化。与传统技术创业不同，数字技术新企业的产品或服务进行迭代创新更为快捷，从事创业活动的门槛降低并减少了创业的成本和学习代价。综合而言，数字技术对新企业创建及发展过程的影响可以概括为三个方面。

首先，数字技术改变了新企业创立时存在的不确定性。数字技术具有的社会性、开放性的特征，使得每一个个体都能参与。例如，客户通过参与可为组织提供免费的劳动力（如写作代码、信息反馈），成为企业的智力资本而被利用，从而降低技术的不确定性。再如，产品或服务未正式推出之前就积累了大量的客户，通过大数据分析来构建、对冲和监控市场机会，降低新企业创建和发展过程中的不确定性。

其次，数字技术导致了无边界性的创业活动。数字技术背景下，企业推出产品的过程不再是简单的设计生产和销售过程，而是由市场不同主体参与创业过程，使得产品规模和范围不断拓展。例如，小米利用数字技术进入竞争激烈的家电行业。

最后，数字技术改变了新企业的创建和发展进程。一些新兴企业，例如无人机领域的大疆、智能硬件领域的小米在短短几年内快速发展成为"独角兽"。这是因为基于数字技术的嵌入性和连接性，数字功能可以作为操作资源嵌入产品之中，产品由此创建新的功能，为数字技术企业的快速成长奠定基础。

知识链接

　　扫描章后二维码，学习"ChatGPT 万亿美元商业化狂想"

二、投入初始资源

（一）创业者初始资源的作用

资源基础观认为，企业是一组资源与能力的集合。对创业企业而言，人力资源、财务资源、客户资源、技术资源和合法性资源是构成初始资源的关键维度。创业者初始资源组合往往不会囊括上述全部资源，而是其中的一种或几种。

从静态角度来看，作为初始条件重要构成的创业者初始资源禀赋在很大程度上制约着创业者的行动效率，在新企业生成过程中扮演着重要的角色。初始资源禀赋意味着更多的选择，使得创业者拥有实施行动的能力，有助于提升行动速度。同时，初始资源能够激发其对机会的信心，通过增强对机会合理性的认知和提升创业自我效能来提高创业行动的效率。

从动态角度来看，创业者的社会资本也会影响其行动效率。在新企业创建过程中，具有高社会资本的创业者往往能够为创业行动快速、高效地积累资源，为新企业创建构筑充裕的资源基础。同时，网络中的强关系能够为创业者带来资源、信息与情感支持，加之创业者在与强关系联系人的信息交流与互动中强化信任，能够吸收行动所需的资源，将其转化为自身的行动优势。

（二）创业企业股权的动态分配

创业企业股权分配是贯穿创业企业发展始终的核心问题，涉及核心成员的利益分配和激励。通过合理的股权分配设计，创业企业能够提高核心成员对企业的心理所有权，团结团队核心成员以吸引高质素职业经理人，提高内部核心员工的能动性。

从心理所有权角度，创业企业股权分配设计可以分为两种类型：基于个人的股权分配设计和基于团队的股权分配设计。采用基于个人的股权分配设计的创业企业考虑的是创业团队各个成员的资源投入以及预期绩效，根据个体的贡献差异区别设计相应的对于个体的股权激励手段，而采用基于团队的股权分配设计的创业企业将创业团队视为一个密不可分的整体，聚焦于团队成员间的相互影响与相互关系来对成员进行激励。

创业企业股权分配是一个动态调整的过程。以技术创业企业为例，该过程大致可划分为以下四个阶段。第一阶段，企业创立初期，企业潜力仍待开发，技术产品差异性并未显现，存在很强的风险，创业团队难以通过资本市场进行外部融资，股权配置稳定维持在初始状态。第二阶段，随着企业产品步入市场检验中试阶段，可以产出小规模的剩余收益，产品差异性逐渐显现。此阶段，创业企业股权配置表现出原始出资人持股比例缓慢下降、技术创业团队持股比例缓慢上升趋势。第三阶段，随着企业步入发展初期，技术产品被市场认可，企业发展前景可预估，外部融资约束和资金风险降低，技术创业团队持股比例快速上升，原始出资人持股比例快速下降。第四阶段，企业进入快速发展期，企业发展潜力已被市场充分了解，融资约束随之弱化。此阶段，技术创业团队持股比例持续增长，原始出资人持股比例持续降低，技术创业团队持股比例可能超越原始出资人，拥有技术创业企业控制股权。

三、适应混沌市场

创业是资源匮乏前提下的机会驱动过程，同时也是蕴含大量不确定性因素的动态行为过程。创业企业的成长过程受到大量随机因素的作用，因此企业发展存在不确定性和不连续性。当市场环境既面临高度不确定性，又面临高度不连续性，则处于混沌状态。混沌理论认为，系统的运行状态对初始条件特别敏感，这一点和创业企业的成长特质非常相像，很多偶然性因素会对创业企业的未来产生巨大影响。由于所处环境的高度复杂性和不确定性，创业企业初始的战略方针、行为以及资源配置等都会影响到企业的成功与否。

创业企业的发展过程是非线性且不可预测性的，从它们的过去难以预测出它们的未来。创业企业对初始条件具有敏感依赖性，在走向成熟的过程中会面临一系列的成长里程碑。例如，寻找并确定合适的办公地点、招聘相关人员和建立销售渠道等，其中每一个里程碑的失败都可能对创业企业造成严重伤害。创业企业所拥有的巨大不确定性、对初始条件的敏感依赖性，以及核心创新能力的混沌特性表明，创业企业的成长具有较明显的混沌特性。

创业过程中呈现出的混沌特性与一般意义上的管理混乱与无序有着本质区别。管理混乱是由管理无效导致的绝对无序。创业企业加强管理能力，使企业的变化达到一定程度的临界值时，企业的发展将进入混沌状态。混沌状态意味着企业面临诸多发展道路可以选择，不同的管理决策和管理力度将把企业推向不同的发展轨道和前进方向，可能表现为震荡和分岔。处于混沌状态下的创业企业经营风险很大，任何一种决策的微小失误都有可能给企业带来致命的失败。

知识链接

扫描章后二维码，学习"元宇宙混沌市场"

本章小结

本章聚焦企业发展的创业阶段，关注创业阶段企业的特征，从用户、组织、产品和市场四个维度，分析创业者特征、创业机会来源、创业产品迭代、创业环境变化等方面。创业者通常面临复杂的创业环境，创业项目发展方向不确定、发展路径不连续。为了推进创业项目的发展，创业者往往组建互信的创业团队，打造与竞品有明显差异的产品，通过最简可行产品迭代的方式找到市场中的单点突破机会，并把握技术创新趋势，在混沌中找到一定的确定性和连续性。创业阶段是企业发展的最初阶段，其用户、组织、产品和市场等特征将在后续发展阶段中持续共同演化。

思考题

1. 请结合身边的创业企业案例，思考新冠疫情之后，企业面临的外部环境发生了怎样的变化，以及这些变化带来了哪些创业机会。

2. 从你所了解或感兴趣的行业中选择 1~2 家独角兽企业或失败企业，分析其在创业期的用户、产品、组织、市场战略方面存在哪些优势或哪些问题，导致了企业的成功或失败。

3. 回顾自己的成长经历，总结自己取得成绩背后的素质和能力，将其与创业者所需的素质和能力进行对比，找到应当发扬或改善之处。

即评即测	常用术语	知识链接	参考文献

第六章

成长期战略

 学习目标

★ 了解成长期企业的整体特征。

★ 理解成长期企业用户战略中"跨越鸿沟"的内涵。

★ 掌握成长期企业产品打造和营销的方法。

★ 理解企业家个人、团队和组织在企业成长期的作用。

★ 熟悉成长期企业市场战略的主要类型。

开篇案例：小米成长之路①

　　小米科技有限责任公司（简称小米）是一家以手机、智能硬件和物联网平台为核心的企业，成立于 2010 年 3 月，仅用 8 年时间就成为世界 500 强，成长速度超越了阿里巴巴和腾讯。2013 年，小米开始快速布局物联网，通过"投资＋孵化"模式快速抢占家居物联网领域的主动权，构建小米之家线下店面网络，打通线上线下融合的新零售渠道。2018 年，小米在香港主板上市，市值超 520 亿美元，成为全球最大的智能硬件物联网平台。小米目前的成长过程可以分为 3 个阶段：初创期、成长期与扩张期。

----

① 周依芳，王昶，周文辉. 高成长企业主导逻辑与价值共创适配演化：小米纵向案例研究［J］. 科技进步与对策，2023，40（3）：63-72.

初创期（2010—2013 年）

小米在技术窗口和生存压力的驱动下，遵循极致性价比的爆品主导逻辑，与用户实现交互式价值共创。① 驱动因素：技术窗口和生存压力。第一，技术窗口。2010 年，移动互联网的普及推动功能手机向智能手机转变，3G 技术升级促使小米决定避开处于红海市场的传统手机，专注蓝海市场的智能手机。第二，生存压力。在智能手机领域，各大国外知名厂商已占据优势地位，如何突围抢占国内市场，并最大限度地降低企业运营成本，进而形成差异化品牌形象成为小米初创时面临的主要问题。② 主导逻辑：市场认知和价值引流。该阶段，小米主要围绕市场痛点，集中核心资源实现智能手机单点突破，突出高性价比和参与感。③ 价值共创：设计交互和用户资源。基于爆品主导逻辑，小米采取互联网思维积极吸引用户，满足用户需求，并以极低的成本实现产品创新迭代与病毒式传播。

成长期（2013—2015 年）

小米在制度窗口和增长压力的驱动下，遵循跨界网络效应的平台主导逻辑，与生态链实现赋能式价值共创。① 驱动因素：制度窗口和增长压力。第一，制度窗口。2013 年年初，《国务院关于推进物联网有序健康发展的指导意见》发布，物联网成为战略性新兴产业的重要组成内容，物联网红利和智能化消费开始出现。第二，增长压力。此阶段，前期单点突破战略带来业务发展的局限性，小米必须寻找新的增长点。② 主导逻辑：合作认知和价值分配。此阶段，小米尝试以手机为基础，通过盘活已有用户资源，构建连接用户和物联网的新创企业网络平台。③ 价值共创：经营赋能和创业者资源。小米基于前期积累的爆品先锋势能，通过赋能新创企业并帮助其制造爆品，构建小米"护城河"。

通过平台主导逻辑和赋能式价值共创匹配，小米扶持新创企业，盘活自身冗余资源，通过投资而不控股的方式让新创企业拥有更多自主权，共享技术构架、用户数据和零售渠道，产生规模化复制粘贴效应，实现飞跃式成长。

扩张期（2016 年至今）

小米在市场窗口和利润压力的驱动下，遵循互利共生的生态主导逻辑，与合作伙伴实现开放式价值共创。① 驱动因素：市场窗口和利润压力。第一，市场窗口：中国手机消费市场从生存型消费市场转变为品质型消费市场，企业开始运用数据分析预测和挖掘用户需求，通过搭建线上线下网络，为用户提供极致的消费体验。第二，利润压力：供货品质问题和线下渠道竟使小米产品销量出现大幅萎缩，相关增值服务也未见成效，而推广、研发和投资等投入不断增加。② 主导逻辑：共生认知和价值挖掘。此阶段，小米围绕智能硬件通过大数据平台连接价值链上下游企业与合作伙伴，构成相互依赖的利益相关者共生网络。③ **价值共创：生态开放和大数据资源**。在生态逻辑的背景下，小米与生态链企业、合作伙伴建立起基于产品、供应链、数据的依赖关系，通过资源共享促进多方共创价值增长，进而带动整个小米生态圈快速发展。

通过生态主导逻辑和开放式价值共创匹配，小米借助合作伙伴拓展线下渠道，摆脱对原有线上资源和生态链企业的依赖，建立小米智能硬件物联网共生生态系统，并利用人与物、人与人、物与物频繁交互产生的大数据和解决方案反哺整个生态系统。

案例思考题

1. 分析小米公司成长过程中的用户战略。
2. 分析小米公司成长过程中的产品战略。
3. 分析小米公司成长过程中的组织战略。
4. 分析小米公司成长过程中的市场战略。

第一节　成长期的企业特征

一、成长期企业的战略目标

（一）提升资源利用水平

企业成长的研究可追溯到古典经济学诞生早期。亚当·斯密认为市场规模与分工程度决定企业成长。马歇尔则认为，企业成长取决于市场空间和良好管理带来的行业超额效益。新制度经济学认为，企业成长以降低市场交易成本为基础。企业内部成长理论的开创者彭罗斯认为，企业内部未利用的资源是企业成长的动机，企业内部拥有的资源状况是决定企业能力的基础，企业能力决定企业成长的速度、方式和界限。彭罗斯提出，企业能否成长主要取决于能否更为有效地利用现有资源。资源禀赋是企业成长的内在基础，决定着企业成长的方向，也会制约企业的成长速度。

作为"企业家才能"的人力资源载体，管理者在企业的成长过程中起着主导作用。管理者的创新动机，为企业成长提供强大的内部驱动力，并引领企业未来的发展方向。管理者为推动企业成长制定的决策，与机会资源和信息资源密不可分。企业所处的制度环境及其拥有的社会网络，决定企业成长的商机选择和盈利空间，构成企业成长的外部动力。

对于尚处于创业期和成长初期的企业，资源禀赋以无形资产和人力资源为主，具有不确定性的鲜明特征，企业资源和能力在应对不确定性中不断变化。不确定性既为企业成长提供了"套利"机会，也带来侵蚀成长动力的风险。由于不确定性的存在，企业成长过程的投入往往不能产生必然的产出。因此，需要努力提升资源利用水平。

（二）提升企业运营效率

技术进步是经济持续增长和企业竞争力提高的关键源泉，而全要素生产率（total factor productivity，TFP）是衡量经济实际增长水平和长期增长潜力的重要指标。整个社会全要素生产率的增长有两个主要来源：① 企业的进入和退出；② 存续企业的成长。一方面，随着高生产率企业的进入低生产率企业自动被迫退出市场，企业更替将提高整体经济效率；另一方面，存续企业的持续成长在规模经济和范围经济等规律的作用下，也将推动整体经济效率的提升。

长期以来，由于预算软约束、地方保护和投资冲动等原因，大量企业在某一阶段浪潮般地涌向同一领域的现象在中国市场屡见不鲜，其中相当一部分企业的技术水平和生产率都比较低，导致低水平重复建设问题严重。一项利用中国企业数据的研究表明，企业成长效应是1998—2007年中国制造业生产率提升的主因，尤其存活企业自身生产率进步的作用更为突出，而企业进入与退出对制造业生产率增长的净贡献较小。基于欧美发达国家制造业企业的研究结果也表明，企业进入和退出并非生产率增长的主要来源。例如，美国制造业只有25%左右的生产率增长是由企业进入和退出带动的，剩余的75%则是由企业自身效率提高和企业间要素配置提高引起的。

在"大众创业、万众创新"的时代，创业和创新都是推动社会进步的重要力量。然而，低水平重复性创业对社会资源产生巨大浪费，创新性不足的创业可能对社会经济效益的增长没有明显的贡献。在未来的社会发展中，应大力提倡创新驱动的创业，提倡创新驱动的企业成长，并以此推动社会全要素生产率的持续提高。

> **知识链接**
>
> 扫描章后二维码，学习"抖音增长战略"

二、成长期企业的战略环境

（一）宏观环境与企业成长

改革开放以来，我国民营经济得到了快速发展和不断壮大，这一进程充分体现了国家对民营经济的鼓励和支持。自改革开放初期，国家便采取了开放的态度，为小规模创业活动提供了成长的土壤。1988 年，《中华人民共和国宪法修正案》明确规定："国家保护私营经济的合法的权利和利益，对私营经济实行引导、监督和管理。"这标志着民营经济在我国制度环境中的地位得到了明确和巩固。同年，《中华人民共和国私营企业暂行条例》的颁布，进一步为民营企业的登记和注册提供了便利，极大地激发了民营经济的活力和创新能力。

1992 年后，随着市场经济体制的不断完善和市场范围的扩大，民营经济的地位和作用日益显著，成为推动经济增长、创新和就业的重要力量。国家通过制定一系列政策措施，积极推动市场对资源的有效配置，从而为民营经济提供了更广阔的发展空间。在政府的大力支持和市场机制的积极作用下，民营经济不仅在数量上迅速增长，而且在质量和效率上也不断提升，为我国经济的高质量发展做出了重要贡献。同时，随着创业环境的不断优化和政策支持力度的加大，越来越多的创业者得以利用自身的管理能力和社会网络，成功获取资源，推动企业快速成长。

近年来，国家对于创新和创业的重视程度不断提高，通过完善政策环境、提供财政支持和优化服务，进一步激发了民营经济的创新活力和发展潜力。这些措施不仅加强了民营企业的市场竞争力，也促进了整个经济体系的创新和升级。我国民营经济在改革开放和市场经济体制建设过程中取得了显著成就，不仅成为推动经济社会发展的重要力量，也展现了国家在促进经济多元化发展、增强国家经济活力方面的决心和智慧。

（二）组织印记与企业成长

从组织生态学的理论视角来看，企业成长的实质是处在环境中的企业从一种状态向另一种状态的变化，而企业成长的过程就是企业在环境中选择的过程，或者说是环境对企业的"自然选择"过程。新创企业在成长早期往往缺乏各种资源和能力，在市场机会识别、管理技能及资源获取利用等方面都处于劣势，如制度视角认为合法性低是阻碍新创企业成长的重要因素。

企业成长受其自身的组织印记和成长环境的生态特点等因素影响。组织印记是企业成立之初或发展过程中特定阶段的环境条件和组织创立者对企业特征的塑造，进而对企业施加的持久影响。组织印记的主要来源有两个：环境条件和组织创立者。对于新创企业而言，环境条件是指在创建过程中对新企业产生影响的各种外部因素，包括一般的产业、制度、经济和生态状况等。

成立之初的企业面对众多不确定性和风险，更易受到环境条件的影响，具有显著的"敏感期"特性。这些环境条件通过塑造企业最初或特定的战略、结构与运行特征，进而对企业未来的结构、发展轨迹和生存等产生影响。对企业早期成长阶段而言，只有识别初始条件对企业的印记效应才能更好理解企业成长的动因。同时，还需考虑企业成长路径上的生存竞争。企业成长路径在很大程度上取决于其组织形式（如经营方式、行为惯例等因素）是否与环境相适应。

知识链接

　　扫描章后二维码，学习"新时代推动民营企业高质量发展"

三、成长期企业的战略行为

（一）先动还是后动

中小企业具有行动快的特征，而这种特征在管理领域里被称为先动性（proactiveness）。一部分学者认为，先动性与企业成长绩效具有密切的关系，因为先动性高的公司可能获得先动优势（first-mover advantage），从而具有较好的成长绩效。然而，制度理论的研究者认为先动性高的公司可能面临更多的合法性（legitimacy）约束。比如，最先进入市场的企业可能面临顾客等利益相关者较低的认可度，而遭遇认知合法性约束。因此，先动性高的企业未必会获得先动优势。现实中，在将创新产品引入市场的过程中，大量的先动企业都有失败的经历。

为此，企业成长需要同时考虑先动优势和合法性约束。为获得较高的成长绩效，创业者不仅要以快速的行动进入市场，也要采取合法化的行为克服合法性障碍，才能获得有保障的快速成长绩效。先动性和合法性共有四种组合：先动性和合法性均高、先动性高但合法性低、先动性低但合法性高、先动性和合法性均低。

先动性与合法性均高的企业将获得最高的成长绩效。先动者率先进入市场，面临更广阔的市场机会与先动优势潜力。如果先动者可以向顾客等利益相关者传递企业产品、服务或行为具有可靠性的信息，消除顾客不确定性顾虑，就能将先动性产品转换为先动优势，获得更高的成长绩效。

先动性高但合法性低的企业成长绩效不确定。先动者率先进入市场，在一段时间内有可能获得成长机会、先动优势和垄断利润。如果先动者所在行业是一个卖方市场，则先动性往往就意味着更好成长，比如改革开放早期的创业者。但是在买方市场中，以及从长期来看，先动者如若一直欠缺合法性，则依赖先动性带来的成长将难以长久维持。比如，一些曾经处于风口的本土企业缺乏被社会高度认可的品牌，很难在与同类知名品牌竞争中存活下来。

先动性低但合法性高的企业成长绩效不确定。合法性高的企业可以依赖对现有产品、服务或过程的合理化开发维持生存或成长。但是这种成长的持续性是难以维持的。从长期来看，企业可能因为缺乏先动性，而使企业绩效停留在较低的水平，并面临被先动者替代的风险。

先动性与合法性均低的企业成长绩效低。跟随者往往可能面临市场的竞争日趋激烈，获得垄断利润可能性较小，企业的成长空间缩小。在这种情况下，如果企业也不注重提高合法性，则意味着企业既有产品或服务的接受度也将下降，甚至可能被先动者的产品完全替代。

> **知识链接**
>
> 扫描章后二维码，学习"传音先动战略和华为后动战略"

（二）探索还是利用

创新对于成长期企业至关重要。然而，面对有限的资源，企业需要回答一个问题："补短板"还是"强长板"？在相关理论中，"补短板"对应"探索式技术创新"，而"强长板"对应"利用式技术创新"。探索式技术创新是依靠当前知识或者脱离既有知识来进行新产品设计或开发新市场，从而形成新的知识基础；利用式技术创新则是在现有知识基础上提升组织的既有技能、过程和结构。

探索式技术创新包括了寻找新的机会、发现新的市场、搜寻新的知识的活动，寻找新的"蓝海"，从而可以为组织提供新的发展机会，并使组织在为顾客创造独特价值中形成与众不同的竞争优势。因此，探索活动能带来市场份额的扩大和现金流的增加，由此提升组织的绩效。但是，过多的探索也会对组织绩效带来负向影响。其一是会耗费组织大量的资源；其二是探索中失败概率高，收益不确定性高。组织如果将有限资源过多地集中于探索式技术创新中，会陷入"创新陷阱"，形成"探索—失败—无回报变革"的恶性循环。

利用式技术创新以提炼、复制、推广和实施为特点，它的目标是满足已有的顾客或市场需求。这种技术创新表现为对已有知识或技能的扩展。通过利用式技术创新，组织把已形成的知识复制或应用于相关的经营领域，通过对已有知识的提炼和利用来改善组织运行的稳定性并提高效率。然而，过多的利用式技术创新会对组织绩效产生消极影响。根据路径依赖理论，由于规模经济、学习效应、协调效应以及适应性预期等因素的存在，组织的利用式技术创新行为将沿着既定的方向不断得以自我强化。如果没有路径突破，原有行为可能因惯性的力量而顺着原来的路径一直延续下去，从而将组织锁定在无效或低效的状态而不能自拔。

企业在动态变化环境中，一方面需要不断探索新的知识以适应新的环境，另一方面需要充分利用已有的知识以确保盈利。这两种不同的行为相互竞争组织内部有限的资源，从而形成了一种张力。过多的探索式和利用式技术创新都会导致企业财务绩效降低。为了保持盈利能力的稳定，企业在资源分配上不能"走极端"，不能将所有的资源和精力都投入一种类型的技术创新活动中。过度偏执于探索式技术创新会使企业无法获得当前业务运营所需的现金流而可能夭折，而过度投入于利用式技术创新活动，则会导致企业难以适应市场环境的变化和顾客需求的变迁，从而失去长期的竞争力。

知识链接

扫描章后二维码，学习"从一元企业到二元企业"

第二节　成长期的用户战略

一、吸引大众用户

（一）大众用户

新产品扩散理论中的早期大众和晚期大众人数众多，各占全部潜在用户 34% 左右。在基本的巴斯模型中，早期大众处于 S 曲线的快速上升阶段，斜率最大，是直接决定创新产品市场份额、扩散速度和利润空间的关键。晚期大众处于 S 曲线的平缓上升阶段，持续时间长，是决定创新产品能否在潜在用户中普及的关键。早期大众和晚期大众对舆论领袖的消费行为有较强的模仿心理，易受企业营销努力的影响。此外，与创新者和早期采用者相比，早期大众和晚期大众态度谨慎、决策时间较长，需要企业主动引导。

理解早期大众和晚期大众的行为，可以借用计划行为理论。计划行为理论认为，大众用户的购买行为可以从工具性态度和情感性态度两个维度分析。工具性态度是用户对购买产品的有用性、价值性的一个最基本的判断，是用户决定其是否采用此产品的一个理性判断依据；早期大众所持的情感性态度是判断采取某种购买行为是否会对愉悦、唤起等心理状态产生影响。

（二）从众心理

从众心理是指在团体或媒体的压力下，个体放弃自己的意见而采取与大多数人一致的行为。个体有时并没有自己的意见，跟着大多数人走。即便个体有自己的看法，但与大多数人或其他所有人的看法都不同，在群体压力下，也可能放弃原有的意见，转变立场。个体有时只采取了与众人一致的行为，但并没有改变态度，内心仍然坚持自己的意见。这些情形都可归纳为从众。

影响从众行为的因素包括群体因素、个体因素和情境因素等。群体因素包括个体对群体的信任度、对群体压力的心理承受程度、群体意见的一致性程度、群体的规模和内聚力等方面。对群体越信任，就越容易改变自己的行为而从众。群体的压力越大，超过了自己的心理承受力，个体就会对偏离群体的行为感到不安，就越易产生从众行为。若个体对群体压力有较强的心理承受力，则不一定会产生从众行为。如果群体成员的意见分散，群体压力就会减小；如果群体意见的一致性程度很高，群体的压力就增大，使个体不得不与群体保持一致。群体规模越大，内聚力越高，个体就越容易从众。

二、满足普遍需求

处于成长期的企业，已经有了一定的产品和用户基础，在用户管理方面的一项重要任务是对原有的产品或服务进行完善，进一步挖掘和分析用户的普遍需求，并且选择性地予以满足。提炼用户的普遍需求需要从人性的角度出发，了解人性需求的本质。马斯洛在其经典著作《人类动机理论》中指出，需求源自人的动机。他将人类的需求分成五种基本类型：生理需求、安全需求、社交需求、尊重需求和自我实现需求。

最低一个层次是生理需求，简单地说就是衣、食、住、行，是人类生存的基础。所以，很多行业强调"用户刚需"，所谓刚需，就是人类最基本的生理需求。

往上一层是安全需求，是人们对生活有所保障，避免受外界伤害的一种需求。一般来说，我们的社会基础设施，比如公共交通设施、电网公司等所提供的产品或者服务，就是为了满足人们的安全需求。

第三个层次是社交需求，是在前两个需求得以满足之后所产生的一种生理情感。各类社交软件即是基于对社交需求的满足而开发设计的。

第四个层次是尊重需求，即得到认可和赞赏，希望获得声望、地位和名誉等。这种需求可以以不同的形式得到满足。比如，为什么很多人会为奢侈品买单？一个重要的原因是持有这个品牌以及品牌所提供的一些贵宾服务，使消费者得到了受尊重的感觉，进而映射到社会地位受到的尊重。

最高一个层次的需求是自我实现，这是一种非常高层次的需求。一些游戏开发者针对自我实现需求开发产品，比如模拟人生、元宇宙等，使人在虚拟情境下实现现实中难以获得的满足感。

知识链接

扫描章后二维码，学习"微信的用户增长"

三、跨越需求鸿沟

（一）需求鸿沟

企业的产品首次进入市场时，最初可能在一个由创新者和早期采用者组成的早期市场中受到热烈欢迎，但在推向大众市场时，由于该市场的主流用户与前两类用户有着完全不同的选择标准，销售必然会遇到困难，增长速度下降，导致产品在早期市场和大众市场之间出现的明显的缝隙，即需求鸿沟。

需求鸿沟主要是由早期采用者与大众用户迥然不同的心理特征所致：① 早期采用者不重视参考意见，大众用户非常重视他人的意见；② 早期采用者只对技术本身所带来的机遇感兴趣，大众用户只关注现实；③ 早期采用者只关注产品的创新性，大众用户只关注产品对基础需求的满足；④ 早期采用者试图打破现有规则，大众用户则试图维持现有规则。

当企业在早期采用者市场取得成功而忽视及时改变策略时，可能导致企业不能适应大众市场，从而面临挑战或遭受失败。企业要想跨越需求鸿沟，就必须从以往关注如何利用早期采用者影响大众用户，转向研究如何开发大众市场，根据大众用户自身的心理特征，找到影响他们购买行为的因素，设计具有针对性的市场开拓方法及产品。

企业要想跨越需求鸿沟，必须在早期大众市场中选取特定细分市场，并针对其特点提供产品，争当市场领导者，从而促进该细分市场同类人群的购买行为，实现占领单一细分市场的目标，然后利用在细分市场中积累起来的口碑和相应的消费者心理特征，影响更多周边细分市场中消费者的购买行为，完成融合细分市场的目的。

（二）AARRR 模型

成长期企业获取大众用户常使用的 AARRR 模型是一个用户转换的漏斗模型，包括用户获取（acquisition）、用户激活（activation）、用户留存（retention）、用户变现（revenue）和用户推荐（referral），分别对应用户决策心理地图中的不同增长阶段。

用户获取就是拉新，让用户首次接触产品，进而获取更多的用户流量。获取新用户需要遵循用户终身价值（customer lifetime value）高于用户获取成本（customer acquisition cost）这一前提，即当用户终身价值高于用户获取成本时获取新用户才是有意义的。

用户激活可以理解为对用户流量的转化，是指在获取新用户以后，通过产品组合和活动策划指导用户发现产品价值、强化用户消费体验。在新用户获取和老用户参与之间是市场部门和产品部门的"两不管"地带，这就是新用户激活的必要性。

用户留存不只是狭义的次日留存，而是在交易后仍然能够通过某些机制与用户保持长期互动。在开展一系列市场活动并经过一段时间以后，仍然留下来并经常回访的用户才是真正留存的用户群。用户回访的周期可以是一天、一周、一个月甚至更长，留存的时间越长，所带来的现金流和利润就越高。

用户变现，广义上来说就是将非现金的资产转化为现金，狭义上来说就是通过产品向用户收费的过程。盈利的关键指标是平均用户收入和生命周期价值，用户即流量，流量即金钱。除了向用户收费外，企业还可以通过广告、增值服务和业务分成等方式获益。

用户推荐与用户获取和盈利相互交织，是企业使用系统性的方式鼓励老用户向其他人传播产品和服务的计划。用户不仅愿意与企业产生持续的交易关系，并且会向身边的人推荐，由此形成新的流量渠道。用户推荐是持续性最强、成本极低的推广方式，会带来惊人的用户循环增长。

第三节 成长期的产品战略

一、打造爆款产品

（一）成长品

在数字经济时代，用户需求呈现出高度 VUCA（不稳定性、不确定性、复杂性、模糊性）的特征，传统聚焦成品的产品创新思维和模式越来越难以应对这一挑战，迫使企业亟须变革。成长期的企业需要持续根据用户需求迭代产品，用产品的成长推动企业的成长。为此，学者提出"成长品"的概念。成长品是能够根据用户需求动态变化，在功能或形态上进行即时调整，不断匹配用户需求的产品。因此，从成长性视角看，产品可以分为成品与成长品。成品是在研发、生产后形态和功能无法再发生改变的产品，成长品则是能够根据用户需求变化而即时调整和适应的产品。

在产品特性上，成品与成长品在研发方向、信息反馈和产品改进三个维度上均存在显著差异。首先，对于成长品而言，研发方向呈现出难以预测的特征，这主要源于用户需求与产品变化的联动性，需求的动态性和不确定性导致产品的变化方向难以被预判。其次，在成长品的创新中，用户的反馈信息均可被实时获取，企业可以低成本、高效率地获得用户的实时数据，实现对每种广告方案效果的即时分析，实现对用户需求的精准匹配。最后，成长品的创新呈现出即时反馈的特征。基于智能算法对用户反馈数据的实时获取和分析，成长品可基于数据模型实现快速的自我更新。

成长品的成长呈现三阶段的特征。第一阶段是要素解构与重组。在该阶段，企业通过要素拆分实现对要素的分层分类数据化管理，然后通过重组不同要素，形成可以匹配不同需求的多样化组合方案。第二阶段是成长性验证。在该阶段，企业利用智能算法实时获取并分析用户的反馈数据，验证成长品与用户需求的匹配性，追踪每个要素的有效性和持续性。第三阶段是多样化匹配。在该阶段，智能算法基于对用户数据的实时效果分析，从更新要素和优化要素组合两个方面对成长品进行即时调整，使其能够通过不断优化，在功能或形态上匹配用户动态的个性化需求。

（二）爆款产品

爆款产品，是指某一单品或者某一类产品，通过羊群效应获取超高流量或人气，其知名度、销量在短时期内剧增，产生巨额销售金额和利润，获取极大的市场份额，成为明星产品。爆款产品之所以受消费者欢迎，是因为产品本身具备一定的特性：价格敏感度高、通用性强、使用体验好等。

爆款产品的打造，有三个法则。第一，痛点驱动。痛点是用户在使用各类产品过程中发现某些问题但是又苦于自己无法解决，所以在内心充满的一种对更加完美产品的追求和希冀心理，希望市场上早日出现这么一款产品能够解决自己的问题。解决用户痛点的本质就是解决用户期盼解决的问题。比如王老吉抓住了消费者容易上火需败火的痛点。

第二，零环节营销传播。大数据时代的到来为我们实现精准营销传播提供了可能，基于用户个性化生活和使用场景的数据收集、分析、使用，使营销传播更精准。尤其是智能穿戴设备等物联网重要节端的逐步完善，满足用户多种需求的、解决用户痛点的产品打造新模式及新方法、新手段的引入，使得营销传播更高效。

第三，助推消费升级。随着生活水平的提高，人们的消费升级越来越频繁。消费升级在很大程度上是消费者想象力的升级。给消费者无限想象力的产品才是一款好产品，若能让他们有进一步了解的欲望，有兴趣走近这个新奇的产品，则促成交易的概率就会大大增加。

二、做好广告营销

高速成长企业的一个共同特征是为顾客创造了优于竞争对手的更大价值，这个更大价值是顾客对营销要素组合表现的直接感受的结果。顾客价值是顾客购买某一项产品和服务所带来的利益，与其购买和消费该项产品和服务花费的总成本的比较。顾客利益，包括产品利益、服务利益、人员利益和形象利益等；顾客成本，包括货币成本、时间成本、体力成本和精力成本。要实现物有所值的目标，只有两种方法：增加顾客获得的利益，或是减少顾客支出的成本。无论采取哪一种方法，都是产品（包括服务）、价格、分销和沟通四个营销要素的组合。

高速成长企业的营销战略有几个共同特点：聚焦的目标顾客、精准的市场定位、灵活的营销要素组合策略、清晰的关键流程。首先，高速成长企业大多对目标顾客进行了再细分，以实施不同的营销定位和相应的要素组合，对目标顾客精耕细作进而达到增加销售的目的。其次，高速成长企业大多有明确而精准的市场定位，如国美的"成就品质生活"，蒙牛的"只为优质生活"，李宁的"一切皆有可能"等。再次，高速成长企业大多有主题突出且灵活的营销要素组合策略，如上海振华重工在提供港口装卸的系统解决方案时，为保证高质量的产品和服务，制定高于竞争对手的价格（保证有资金提供优质服务），送港口机械上门，负责安装、调试、维修等。最后，高速成长企业大多有比较清晰的关键流程，如招商银行的定位是提供存取款和理财的解决方案，建立了一个从客户发现、客户关系建立到客户关系发展和深化的一整套服务流程等。

三、形成规模经济

（一）规模与效率

马歇尔在《经济学原理》中把任何产品的生产规模的扩大所产生的经济效应划分为两类：第一类取决于产业的一般发展，称为外部经济；第二类取决于从事工商业的单个企业的资源、它们的组织以及它们的管理效率，称为内部经济。

企业内部经济来自两个方面：一是企业内部包含的生产环节的数量，即内部一体化程度的高低（企业的纵向规模）；二是企业重复生产同种产品的数量大小（企业的横向规模）。决定企业纵向规模的一个重要因素是交易成本。按照科斯的观点，企业的存在是出于降低交易成本的考虑。企业边界大小，即某一生产环节是否应保留在企业内部，取决于交易成本的相对大小。如果扩张边界所降低的交易成本与因此增加的企业内部组织成本相当，企业边界就稳定下来了。决定企业横向规模的一个重要因素是专业分工。如果市场需求量增大，就会有企业在产业链条的某一环节上运用专门技术，使用专用生产工具来实现大规模专门化生产，以降低成本。反过来，分工深化又会增加市场对这一生产环节的需求量。

企业的纵向规模和横向规模可以组合出四种不同类型：生产规模大且内部一体化程度高的（大而全）企业、生产规模小但内部一体化程度高的（小而全）企业、生产规模大但内部一体化程度低的（大而专）企业和生产规模小且内部一体化程度低的（小而专）企业。从企业成长过程看，创业期企业通常是小而专的，成长期企业通常是大而专的，扩张期和转型期企业通常是大而全的，小而全的企业通常比较少见。

随着企业规模由小到大，会经历规模报酬递增、不变和递减三个阶段，即企业规模与生产率之间呈现出倒 U 形关系，当企业规模达到一定程度时，规模增长不再发挥对生产率的促进作用。基于中国企业数据的研究表明，生产率最大时企业规模临界值在不同行业有明显差别。纺织企业的临界值为 41.9 亿元，医药制造企业和交通运输设备制造企业分别为 52.3 亿元和 152.7 亿元。统计结果表明，大于规模临界值的企业非常有限，不足样本数的 1%。这说明对大多数企业而言，企业规模的增长对生产率的提升还是具有促进作用的。

（二）隐形冠军

专精特新企业经过一段时间发展，有可能成为隐形冠军。隐形冠军虽然在公众视野中不如行业巨头显眼，但在自己选择的细分市场内却拥有压倒性的领导地位。隐形冠军之所以能够成功，不仅仅是因为它们在特定领域的专业化程度高，更因为它们采取了一系列创新的战略和管理实践，从而确保了自己在激烈的市场竞争中保持领先。

隐形冠军通常选择一个相对较小但具有增长潜力的细分市场进行深耕，这种策略使得它们能够更加精准地了解市场需求和客户偏好。通过不断优化和调整产品或服务，能够为客户提供高度定制化的解决方案，从而建立起强大的客户忠诚度。这种深度的市场聚焦也使得隐形冠军能够有效地避开与大型综合性企业的正面竞争，通过专注于特定领域的深耕细作，实现差异化竞争。

隐形冠军在追求技术创新的过程中，不会满足于当前的技术状态，而是不断地寻求突破，通过技术进步来实现生产成本的降低和生产效率的提升。这种持续的技术革新能力，使得隐形冠军在成本控制方面具有明显的优势。除了通过技术革新降低成本外，隐形冠军还能够通过规模经济和学习曲线效应进一步压缩成本，从而在价格上对竞争对手形成压制。

隐形冠军对研发创新的重视程度远超一般企业。它们愿意投入大量的资源用于研发活动，即使这意味着短期内的利润会受到影响。通过持续的研发投入，隐形冠军能够保持其技术的领先地位，不断推出具有创新性的产品或服务。这种对创新的持续追求不仅巩固了它们在现有市场的竞争优势，而且为进入新市场或开发新业务模式提供了可能。

尽管许多隐形冠军起步于较小的市场领域，但它们通常都有着全球化的视野。通过建立全球营销网络和服务体系，这些企业能够将自己的产品和服务推广到全球市场，从而实现规模的快速扩张。全球化运营不仅提高了隐形冠军的品牌知名度，而且使得它们能够更好地捕捉全球市场的机会，利用不同地区市场的差异化需求进一步优化产品和服务。

隐形冠军还特别注重企业文化的建设和团队精神的培养。它们认识到，持续的成功依赖于团队的协作和创新能力。通过培养一种鼓励创新、追求卓越和团队合作的企业文化，隐形冠军能够吸引和保留行业内最优秀的人才，这些人才是企业持续创新和发展的关键。

> **知识链接**
>
> 扫描章后二维码，学习"长荣科技集团隐形冠军"

第四节 成长期的组织战略

一、创业者持续成长

（一）创业者抱负

创业者需要着眼于未来，创业者在建构未来世界的过程中经常需要面对发展方向不确定、发展路径不连续的复杂环境。成就动机、冒险倾向和创新偏好是创业者区别于非创业者的典型特征。创业者往往有远大的抱负，包括强烈的成长愿望、稳定的成长预期和清晰的成长意图。

创业抱负的形成是一个不断缩小目标范围的主动且理性的选择过程。在此过程中，创业者逐渐淘汰并放弃那些不能实现的成长目标，根据自我认知构建一个既可以接受又能够实现的成长目标空间。决定创业抱负的因素从微观到宏观可以分为三类：第一，创业者特征，如性别、年龄、受教育程度、内在动机、积极情绪、获取资源的网络；第二，所创企业属性，如规模、资源；第三，宏观环境，如国家或地区的法律、经济、文化和资源禀赋。

研究发现，创业抱负水平高的人创办企业的可能性高。企业的创建是基于创业期望的"努力—绩效—结果"的动态过程。抱负型创业者具有较高的风险倾向，从而倾向于在不确定性环境中建立企业。此外，创业抱负水平高的创业者创办企业成长快。创业者的短期成长期望对前两年的销售额和雇员人数产生强烈的影响，甚至会对前十年的销售额和雇员人数产生积极影响。

（二）创业团队资本

研究显示，创业企业常常是由一个团队而非个体创立。这种创业团队模式不仅广泛存在，且与之相关的企业成功率普遍高于个人创办的企业。对许多创业者而言，选择合适的创业伙伴类似于寻找婚姻伴侣，关键在于三个基本要素：共同目标、合作意愿以及信息交流。

在创业企业的成长阶段，创业团队资本的构建是核心，涵盖三个主要方面：团队的抱负、决策能力和异质性。抱负反映了对开拓新业务的承诺和决心；决策能力特指在不确定条件下进行高质量决策的能力；而异质性强调了从多元视角审视问题的重要性，不仅能丰富信息资源和技能组合，也能增强社会认知力。

这三个方面的团队资本对创业企业的成长至关重要。团队的高抱负促使企业不断探索市场中的盈利机会并承担相应风险以获取回报；优秀的决策能力使企业能迅速适应环境变化，获得速度优势并降低运营风险；而高度异质的团队更擅长处理复杂和创新问题，从而驱动企业的成长和发展。

综上所述，团队中的共同目标、合作意愿和信息交流是基础，而团队的抱负、决策能力和异质性则是构建创业企业成长的关键资本。

知识链接

扫描章后二维码，学习"俺来也创始人的学习成长"

二、组建专业团队

（一）专业团队生命周期

专业团队作为一种群体，是有生命周期的。专业团队的生命周期可分为组建、冲突和变动三个阶段。关于团队组建，主要有两种模式：一种是以获取资源为目的的工具型组建模式；另一种是团队成员相互吸引或是社会网络驱动下的人际型组建模式。工具型组建模式是以满足新企业需求为目的，通过组建团队来获取创业活动所必需而自身又不具备的资源、技能、经验和知识，以形成资源互补优势，减少创业不确定性，推动企业生存与成长的理性决策过程。人际型组建模式则是以专业团队形成是社会心理需求或社会网络关系驱动下的非理性社会过程为逻辑。按此逻辑，企业家往往倾向于从社交圈子中选择那些与自己具有相似特征的个体作为团队成员，而并不特别在意对方是否真正能为创业带来价值和贡献。

专业团队的形成，只是创业过程的初始条件。随着创业进程的推进，创业情境、资源禀赋、战略选择等要素发生变化，团队成员也会相应调整。专业团队并非静止状态，而是一个动态调整的过程，以适应企业生存和成长的需要。专业团队的演变过程主要包括两方面：冲突和团队互动。由于新企业创建过程的复杂性，专业团队成员间难免产生冲突，而成员间的有效互动能有效化解冲突。团队互动的目的是达成共识。专业团队成员会坦率表达自己的见解，理性分析他人的观点，以此来解决问题，在整合专业团队成员异质性信息的同时，强化成员之间的认同感，进而迸发出有创新性的想法，提高企业绩效。

（二）复合式成长

以中国为代表的新兴市场国家在经济发展上取得了令人瞩目的速度。然而，以传统的资源基础观等战略观点分析，这些国家的企业与国际市场的竞争对手相比，并不拥有显著的竞争优势，缺乏有价值、稀缺、难以模仿和不可替代的核心能力。资源基础观认为，组织的核心能力是其在竞争中获得竞争优势的来源，而竞争优势直接带来了组织的卓越绩效表现。核心能力必须满足有价值、稀缺、难以模仿以及不可替代这四个必要条件。资源基础观强调的是企业的资源或能力是异质的，同时，这些重要的资源或能力是无法流动的。

为了解释新兴市场国家企业复合式成长这一现象，陆亚东教授等提出了复合基础观。复合基础观是指，企业通过对自身拥有或外部可购买的资源与能力进行创新、整合的运用，提供具有复合功能特征的产品或服务，用复合竞争的手段获取、创造出独特的竞争优势或发展路径。复合基础观包括复合式提供、复合式竞争和复合式能力三部分内涵。

复合式提供（compositional offering）是指企业为最大化满足目标客户群的延伸式、复合式需求，而提供的具有更多整合功能、特征的产品服务价值。复合式提供既可以体现为单一产品的更多性能组合，也可以体现为多种产品规格对不同目标市场的全面覆盖，还可以体现为融合多种产品与服务组合的解决方案。"一站式购物""一路式体验""全面解决方案"或"无缝式整体解决方案"实质上都是复合式提供的表现形式。

复合式竞争（compositional competition）是指企业采用组合式的竞争手段并将这些手段有效地整合在价值创造中，实现比竞争者更高的性价比。对国内许多中小企业而言，单从质量、人才、研发、品牌或市场响应等方面分开看，它们不具备优势，甚至存在劣势，而低成本或价格优势又不能持久使用，但将上述手段进行复合式使用，能够为它们带来独特的优势，至少是暂时性竞争优势，高性价比或实惠性的产品或服务就是其典型的代表。

复合式能力（compositional capability）是指企业能够协同整合来自其内部和外部现有有形或无形资源的独特能力。将模仿、创造与创新复合在一起，发展基于复合基础观的竞争优势可以帮助那些单纯依赖低成本的企业循序渐进地发展。模仿，不是单纯地抄袭，而是有选择地将行业领先企业先进的技术、设计、产品功能、服务方式、流程、系统等应用于自身的经营管理，通过对上述要素进行创造性的复合，取得超越对手的竞争优势。

三、形成科层制组织

科层制是为了系统协调许多人的工作以完成大规模行政任务而设计的组织类型。大规模组织的管理产生的种种难题，要求组织走向科层制。经验证据表明，如果没有科层制，大规模的集中行政就很难维持，也就不可能有高效率的大规模组织的存在与发展。科层制是组织发展壮大过程中不可或缺的一个重要组成部分。

科层制组织具有四个基本特征：专业化、规章制度、权力等级和非人格化。一个复杂的协作系统必须通过权力等级体系来实施，这个体系提供了不同层次、不同部门的所有组织成员之间的联络渠道。有效的协作要求所有的组织成员都必须按规定的标准去行动，必须把纪律要求渗透到持续工作之中，规章制度成为有效协作必不可少的一部分。在组织内部，只有不带个人色彩的相互关系保证当事人持有一种不偏不倚的超然态度时，才能保证组织的决定和目标不会受到个人感情的影响和扭曲，才能保证工作的高效率。

进入成长期的企业随着组织规模不断扩大，逐渐显露出力不从心、捉襟见肘的不适应症状，各种问题和危机接踵而至。这些现象背后，是一个共同的问题，即缺少了组织科层制这样一个从小规模组织向大规模组织演变过程中必不可少的步骤和过程。当企业从小规模组织逐渐发展成为大规模组织时，相应的组织结构调整与变化却未能得到及时的实施和贯彻，创业者还是用不规范的、简单的、高度集权的模式来管理大规模的企业。混乱、低效、反应迟缓、决策失误就是不可避免的了，长此以往必将导致企业发展的停滞和衰退。

实施科层制的目的是创造有效率的组织，但这并不意味着科层制组织一定有效率。当人类社会逐渐从工业化社会向知识经济、信息经济社会转变时，管理的理念和模式都在发生巨大的变化。新的组织结构开始出现，科层制受到了前所未有的挑战。但对于成长期的企业而言，主要问题不是科层制的变迁，而是科层制的引入和建立。

知识链接

扫描章后二维码，学习"滴滴成长期的科层制组织"

第五节 成长期的市场战略 ▪ ▪ ▪

一、把握技术风口

技术成熟度，是指技术相对于某个具体系统或项目而言所处的发展状态，它反映了技术对于项目预期目标的满足程度，是技术发展状态与未来发展趋势的重要指标。国际权威的信息技术行业咨询机构 Gartner 提出的技术成熟度曲线是常用的技术生命周期判断方法，将技术生命周期分割为 5 个阶段，分别为：① 科技促进期，即技术在未成熟之前被媒体大肆渲染的阶段；② 过高期望期，即技术因知名度提升而迅速得到公众的高度关注，且吸引大量资金涌入的阶段；③ 泡沫破裂的低谷期，即因技术的不完善、市场需求变化等因素，技术受到的关注度快速下降的阶段；④ 稳步爬升的光明期，即随着技术各方面性能的提升，技术又重新得到公众认可的阶段；⑤ 实质生产的高峰期，即技术逐渐步入正轨，为企业带来可观的收益，市场前景越来越广阔的阶段（图 6-1）。

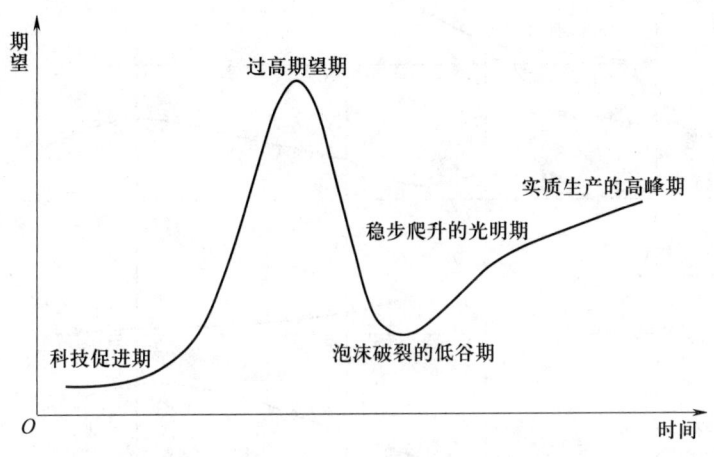

图 6-1　技术成熟度曲线

与技术成熟度曲线不同，发明问题解决理论（theory of inventive problem solving，TRIZ[①]）提出任何一个技术系统都需要经历婴儿期、成长期、成熟期和衰退期四个阶段，并通过性能参数、专利数量、发明等级、获利能力四条特性曲线描述各个阶段的不同之处（见图 6-2）。

在技术系统的婴儿期，性能参数曲线呈现缓慢上升的趋势，这一阶段的技术性能不稳定，创新尝试频繁，导致专利数量曲线出现初步的上升。

随着技术逐渐成熟，技术系统进入成长期，性能参数曲线迎来第一个显著提升的转折点，表明技术性能有了质的飞跃。与此同时，随着技术的进步和市场的接受，专利数量曲线呈现第一个高峰，反映了高强度的创新活动和技术积累。此外，获利能力曲线在此期间也由负转正，标志着技术开始盈利。

当技术系统进入成熟期，性能参数曲线趋于平稳，技术性能的提升速度放缓，表明技术正在达到其潜能的极限。此时，专利数量曲线持续向上发展，这可能是因为企业为了保持竞争力，加大了技术改进和相关创新的投入。然而，这些创新往往是对现有技术的改进，而非突破性的跳跃。

---

① 此理论由苏联科学家提出，TRIZ 为俄文的英语标音缩写。

当技术系统进入衰退期，性能参数曲线开始下降，这意味着技术优势不再，可能是受新兴技术替代或市场需求变化影响。专利数量曲线在这一阶段出现另一个高峰，这可能是因为企业为了延长技术生命周期，尝试通过更多的技术改进来维持市场份额。同时，获利能力曲线也达到峰值，之后便开始下滑，显示出技术的商业价值正在减弱。

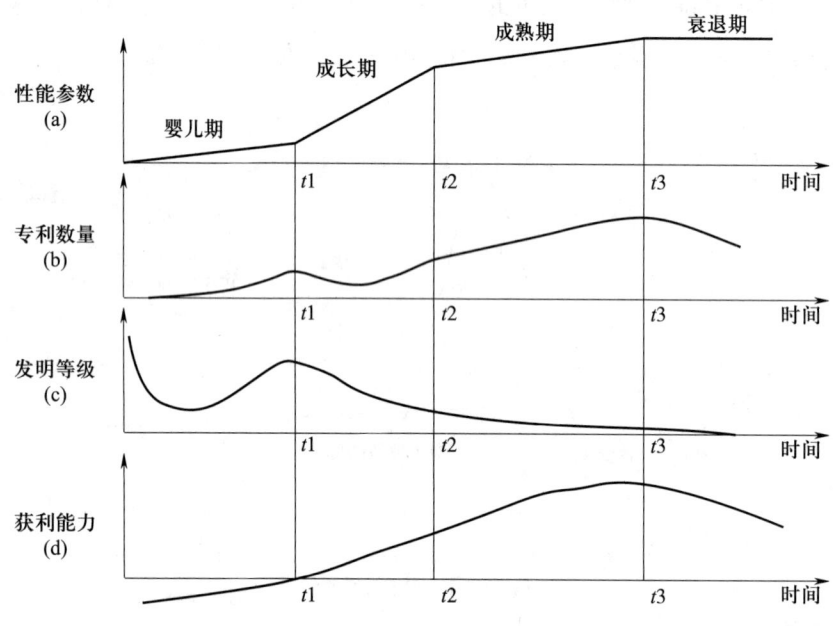

图 6-2　发明问题解决理论（TRIZ）的技术评估曲线

知识链接

扫描章后二维码，学习"基于技术成熟度的科技成果转化"

二、吸引风险投资

创业企业由于面临较高的市场风险，难以通过传统的融资渠道获得足够的发展所需资金。风险投资机构在筛选、识别、监督以及辅导高风险企业方面具有传统融资中介所缺少的知识和技能，是创业企业获得资金和管理知识的重要渠道。过去几十年间，风险投资在全球范围内蓬勃发展。根据美国风险投资协会（NVCA）的统计，2021 年美国风险投资交易总额达到创纪录的 3 300 亿美元，投资总额首次突破 1 000 亿美元，达到 1 283 亿美元的新高。[1] 自 20 世纪 80 年代中期我国出现第一家风险投资机构以来，我国风险投资行业

[1]　National Venture Capital Association（NVCA），2022 Yearbook［R］. Seattle，WA：PitchBook Data Inc.，2022.

迅猛发展，2021 年风险投资交易总额也达到 1 138 亿美元。

寻求风险投资机构为主要融资中介的创业企业，通常规模较小、成立时间较短、具有高度不确定性，与潜在投资者之间存在较大信息不对称。同时，这些企业往往只有很少的有形资产，处于发展极为迅速的行业和市场中，更加重了信息不对称程度。风险投资是这些创业企业生存和成长过程中关键的一环，风险投资机构与创业企业之间的关系对投资的成败和创业企业的长期发展都有着至关重要的影响。风险投资机构主要在投前选择、投后管理、退出策略选择三个阶段与创业企业产生互动，对创业企业的成长和表现形成重要影响，获得不同的投资结果。

风险投资机构对创业企业成长的影响体现在多个方面。例如，风险投资机构参与的创业企业在人力资源政策、股权激励实施以及营销高管的雇用等方面更加专业化，并且能更快地完成由职业经理人取代创始人的转变。风险投资机构还能够利用其信息优势促进企业发展，促进被投资企业间形成战略联盟。研究表明，风险投资机构的经验越丰富，被投资企业成功上市的概率就越高，而且被投资上市企业市场表现越好。此外，风险投资能够促进被投资企业创新，表现为专利申请数量的显著增长。一方面，风险投资有利于被投资企业引入研发人才，扩大研发团队；另一方面，风险投资的进入为被投资企业提供了行业经验与行业资源，从而有利于企业创新能力的提高。

知识链接

扫描章后二维码，学习"启奥科技融资"

三、开拓蓝海市场

蓝海战略是 W. 钱·金和勒妮·莫博涅提出的一个战略制定与实施系统。蓝海战略提出者认为，企业战略分为红海战略和蓝海战略。红海代表已知的饱和市场，利润前景暗淡，恶性竞争此起彼伏；蓝海代表未知的新兴市场，蕴含巨大的利润高速增长的机会。蓝海战略的目标是指引企业回避同质化、低利润的红海，进入差异化、低成本的蓝海。

以波特竞争理论为基础的红海战略假定产业结构是既定的，产业界限与竞争规则已经固化，企业被迫为有限的市场份额展开你死我活的血腥竞争，是典型的零和博弈；而以价值创新理论为基础的蓝海战略，则认为市场边界和产业结构并非既定，企业可以通过重塑产业边界来超越现有需求，大胆改变了原有的市场游戏规则，开辟没有竞争对手的蓝海，是一种全新的多赢模式。

蓝海战略的理论基石是价值创新，即在战略上同时追求差异化和低成本。在传统竞争理论看来，企业要么以高成本向客户提供高价值，要么以低成本提供相应价值，即在差异化和低成本之间进行取舍，而蓝海战略却同时追求差异化和低成本，在降低成本的同时为客户创造价值，从而获得企业价值和客户价值的同步提升。蓝海战略两个核心法则为：规则再造，即发掘传统市场边界之外的潜在需求；价值创新，即创造差异化兼具低成本的有效供给。

红海和蓝海、红海战略和蓝海战略都是相对概念。现实中，有两种可能的情况：一是蓝海战略在短期起主导作用，而长期则是红海战略起主导作用。行业平均利润在短期与企业数量正相关，而在长期，行业平均利润则与企业数量负相关。这意味着新企业的创新形成了短期竞争优势，带来了与之相关联的较高利润，但是由于模仿及随之而来的竞争，企业数量增长的长期效应将减少行业平均利润。二是红海战略在短期起主导作用，而蓝海战略在长期形成。这种情况可能是由于固有的商业化时滞现象的存在，蓝海战略需要时间来享有成果，所以短期内更多的企业在一个现有市场进行竞争，长期来看，采用价值创新的蓝海战略会创造出新市场。因此，企业数量与行业平均利润之间存在正相关关系。

> **知识链接**
>
> 扫描章后二维码，学习"Soul Cycle 蓝海战略"

本章小结

成长期是继创业期之后的企业发展关键时期。企业在创业期积累了一定的天使用户，在成长期需要吸引数量更多的大众用户，并满足用户的普遍需求，以跨越从早期采用者到大众用户的需求鸿沟。创业者在企业成长期，需要不断学习实现自身突破，同时推动创业组织的学习发展，打造规模持续成长的组织。成长期企业的产品开发往往呈现由点到线的特点，其原理是实现规模经济。成长期企业往往身处较好的外部发展环境，能够借助行业的快速发展实现自身的成长。成长期企业的技术环境也往往处于关键技术的应用爆发阶段，企业可以在成长期较为容易地获得资本资源的支持，在蓝海市场中获得快速发展。

思考题

1. 成长期企业如何跨越早期采用者和大众用户间的需求鸿沟？

2. 在资源有限的条件下，企业应该如何处理探索和利用之间的复杂关系？

3. 成长期企业如何实现复合式成长？

4. 科层制为企业成长带来哪些优势和阻碍？

5. 选择一家你熟悉的企业，试用 AARRR 模型分析其用户战略。

| 即评即测 | 常用术语 | 知识链接 | 参考文献 |

第七章

扩张期战略

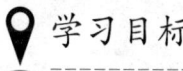 学习目标

★ 理解企业扩张的目的和基本原理。

★ 理解和掌握企业扩张期的用户战略。

★ 理解范围经济的概念和企业产生范围经济的路径。

★ 理解企业扩张期组织结构适配的重要性。

★ 理解行业生命周期、主导设计和企业扩张期市场战略的影响。

开篇案例：迪士尼的扩张之路

迪士尼是人们耳熟能详的一家多元化全球企业，它在 2023 年迎来了 100 周年纪念日。迪士尼从 1923 年由华特·迪士尼（Walt Disney）创立并以其经典的米老鼠和唐老鸭动画形象风靡全球，到 21 世纪成为一家横跨内容制作、主题公园和度假村、媒体网络、消费产品和互动媒体等业务的娱乐帝国，当中经历了多次的扩张、成长和重构。

迪士尼最为著名的是它的"轮次收入"模式。从制作 IP 开始，第一轮收入是迪士尼电影的票房；第二轮收入是 DVD、网络版权等所获得的收入；第三轮收入是主题公园增添的 IP 新角色所吸引游客带来的收入；第四轮收入是特许经营加盟费和品牌授权周边商品的收入。因此，凭借着不断创新的 IP，迪士尼能够撬动整个企业收入和盈利。

迈克尔·艾斯纳（Michael Eisner）在 1984—2005 年任迪士尼的 CEO 和董事长，

挽救迪士尼于危难中，也把迪士尼从一个市值 20 亿美元的公司扩张成为一个市值超过 400 亿美元的多元化娱乐帝国。21 年来，他不断为迪士尼拓展新领域。1995 年，迪士尼以 190 亿美元收购了美国 ABC 电视台，这也是迪士尼历史上极具争议的一次收购。这项收购使得迪士尼拥有了在全球投放其创意内容的发布渠道，但同时，两家大规模企业的合并也不可避免会带来文化冲突，阻碍协同效应的产生。并购后，迪士尼的财务业绩开始恶化，包括 ABC 从全美第一的电视台掉到了全美第三。

这个情形在 2005 年鲍勃·伊格尔（Bob Igor）继任 CEO 后得到了改善。伊格尔在上任时向董事会提出了迪士尼发展的三个战略重点：获得更好的创意、鼓励创新及新科技的运用、发展全球新兴市场。这三大战略贯穿了迪士尼十余年的发展。在伊格尔任上，迪士尼完成了四次大型收购，完善现有业务和开拓新领域。2006 年从乔布斯手上收购皮克斯，重塑迪士尼的动画业务；2009 年收购漫威，抢占成年男性市场；2012 年收购卢卡斯影业，将星球大战这一重要 IP 收入囊中；2019 年收购福克斯，在进一步增加电影市场份额的同时，也成了 Hulu（美国第三大付费流媒体服务平台）的最大股东。2019 年 11 月，迪士尼打造的流媒体"Disney+"正式登陆北美和荷兰。

2020 年，全球新冠疫情暴发，迪士尼的电影和主题公园业务受到重创，而流媒体霸主 Netflix 却业绩喜人但也挤压了有线电视运营商和媒体网络的生存空间。线上流媒体的战役已经打响，迪士尼在上线"Disney+"后，停止向 Netflix 提供迪士尼旗下影片的播放权，所有大型电影都会转到"Disney+"平台上。尽管"Disney+"展现了巨大的客户增长潜力，但 Netflix 具有更深厚的流媒体基础设施、更丰富的运作经验、更广阔的海外市场和更出色的本土化表现。而除了 Netflix 和迪士尼之外，苹果、亚马逊、时代华纳等也都想分一杯羹。鹿死谁手尚未可知。

案例思考题

1. 迪士尼每一次扩张的目的是什么？
2. 迪士尼近一个世纪的扩张和发展，所依赖的核心能力是什么？
3. 在最新的流媒体商业大战中，你认为迪士尼如何才能获得竞争优势？

第一节　扩张期的企业特征 ■ ■ ■

一、扩张期企业的战略目标

我们常常观察到，企业会通过向上下游延伸、多元化，或在不同地域复制成熟的商业模式等方式扩大企业的规模，这些都属于企业扩张的行为。企业为什么要扩张？从本质上看，企业扩张是企业边界的向外延伸，而企业边界的本质是组织与它周围环境之间的界限，具有二重属性。其一是企业规模边界；其二是企业资源能力边界。企业规模边界，体现一个企业生产什么、生产多少的问题，主要取决于土地、劳动、资本等有形资源，围绕劳动（产品）分工而展开。企业资源能力边界，体现一个企业能否生产、如何生产的问题，主要取决于知识等无形资源，围绕知识分工展开。[①] 有形资源、无形资源和组织资源形成企业的异质性，从而决定企业边界。企业扩张的原因从理论上主要有以下三种解释：

首先，企业扩张是为了使内部资源和外部机遇之间达到平衡。资源基础观认为，企业不仅仅是一个管理单位，而且是在一个管理框架组织下的生产性资源集合体，企业成长（如多元化、并购）都应该寻求现有资源的利用与新资源开发之间的平衡。事实上，企业内部资源和外部机遇之间是螺旋上升的，管理者通过企业扩张，不断在日益增长的内部资源和外部机遇之间寻求动态平衡。

其次，企业扩张是为了建立更有效的内部系统以获取范围经济和财务经济。交易成本理论认为，企业扩张体现在企业边界不断外扩。而其中一个理由则是内部协同相比外部交易能产生更大的价值，体现在更大的范围经济和更有效的内部资本市场。由于外部市场交易成本高而且存在不确定性，企业往往通过内部化使用其资产，对那些高专用性的资产尤其如此。其结果是，企业建立用于有效地分配资本的多分部结构的内部资本市场，并建立业务间的关联以获得范围经济。

最后，企业通过扩张可以分散风险。资产组合理论认为，企业多元化投资能够平衡风险和稳定收益，即通常说的"不要把鸡蛋放在同一个篮子里"。通过多元化扩张，只要各业务现金流不完全相关，企业总体的现金流的变动性，即总的风险，就由于多元化而降低。

当然，企业扩张也可能是出于管理者个人利益或是对制度环境的响应。管理者进行多

---

① 曹鑫，欧阳桃花，黄江明．智能互联产品重塑企业边界研究：小米案例［J］．管理世界，2022，38（4）：125−142.

元化也许并不是从资源、市场、政府政策或资产组合等方面出发，而是考虑降低自身就业风险和提高自身报酬水平。同时，制度环境不完善所导致的外部交易成本过高，也是企业扩张的原因之一。制度的缺陷（如法律法规不健全）、政治体制的不稳定、战略要素市场（如资本市场）的不完善，以及企业对政府的资源依赖，都可能导致交易成本的升高，从而促使企业通过扩张边界的行为，规避过高的外部交易成本。

二、扩张期企业的战略环境

企业在扩张期的战略规划中，必须深入分析并适应行业的竞争环境和技术环境所带来的双重挑战。在行业的竞争环境方面，企业通常处于行业生命周期的成长期或成熟期。这两个阶段的典型特点包括市场增长率的急剧上升，甚至可能达到最高点，同时伴随着技术的日益稳定和成熟。在此基础上，行业的基本特性、竞争格局以及用户需求特点变得明确且相对固定，企业为了在市场中获得竞争优势，会努力建立规模经济、提高用户忠诚度，并尝试通过各种手段形成行业壁垒，如技术专利、品牌影响力和市场渠道控制等。在行业标准的形成过程中，企业面临的关键战略问题是：在标准确立之前如何利用先进的技术和市场策略成为行业的引领者，或在标准确立后如何快速适应，从而不失市场地位？

同时，技术环境的不确定性给企业带来了进一步的战略挑战，尤其是在技术锁定的风险上。企业如果在早期阶段没有在某一技术路径上建立足够的研发基础，可能会面临在该技术成为行业标准时被市场边缘化的风险，即被锁定在行业之外。与此同时，如果企业在未来非主流技术路径上过度投入，一旦这些技术未被市场广泛接受，企业便可能会陷入技术刚性的困境，难以转向其他更有前景的技术路径。因此，在技术研发过程中，企业必须审慎权衡，平衡研发资源的配置，以降低转换成本，应对研发过程中的高风险和不确定性。这要求企业不仅要有前瞻性的技术洞察力，还需具备快速响应市场变化的能力，以确保在行业中保持竞争力和技术领先地位。

> **知识链接**
>
> 扫描章后二维码，学习"赢得战略性新兴产业主导设计的三种模式"

三、扩张期企业的战略行为

企业扩张常常有三个方向：横向、纵向和地理范围。基于企业目前所在的行业，企业可向其他行业扩张（多元化）或在本行业内通过并购竞争对手进行扩张（横向一体化）；

基于企业目前所在行业的价值链，企业可向行业上游或下游进行扩张（纵向一体化）；根据地理范围，企业也可向其他地域通过复制商业模式进行地域性扩张。多元化是指通过进入新的相关的或者非相关的业务领域，使企业能够利用更多的资源来创造价值；横向一体化是指为了扩大生产规模、降低成本、巩固企业的市场地位、增强企业竞争优势、增强企业实力而通过资产纽带或契约方式与同行业企业进行联合的一种战略，通常通过兼并收购或联盟实现；纵向一体化是指企业在现有业务的基础上，向现有业务的上游或下游发展，形成供产、产销或供产销一体化，以扩大现有业务范围的企业经营行为。

以上扩张的战略从本质上隶属于三种基本方式：规模扩张战略、复制扩张战略和选择性扩张战略。规模扩张战略是基于原有的产品技术和顾客观念，把扩张的焦点放在具体的产品、技术和顾客细分上。这种扩张方式植根于企业传统的产品技术和顾客观念，从原有的细分市场扩张到新的细分市场甚至新的业务需求。企业扩张最常见的方式——多元化，就是通过不断运用和发展企业原有的核心竞争力，不断向新的业务市场进行扩张。

与规模扩张战略类似，复制扩张战略也是基于固有的产品、技术和顾客细分观念进行扩张。不同的是，复制扩张战略是在新的区域内重复原有经营模式，以地理范围上的扩张为目标，也就是在地理范围上通过复制原有的模式进行扩张，包括我们常说的国际化和连锁经营等。

选择性扩张战略是指在现有业务的基础上，挖掘和选择小的业务单元或利基市场，实现它们的快速扩张。企业的产品线已陷入红海竞争，或外部较难发现有吸引力的市场时，便可以采用选择性扩张战略，挖掘较小的有潜力的业务单元，抓住一个利基市场进行扩张。

知识链接

扫描章后二维码，学习"TCL 的扩张战略"

企业在成长和扩张中，需要对内部的资源进行优化配置，以制定战略对高潜力的业务或产品加大投资，而对衰退的业务进行出售或者剥离。波士顿矩阵（图 7-1 所示），又称四象限分析法，由全球商业战略咨询公司波士顿咨询公司首创，用以分析和规划企业产品组合。其基本原理是将企业所有产品的销售增长率和市场占有率分别作为 X 轴和 Y 轴，以 10% 的销售增长率和 20% 的市场占有率为高低标准分界线，将坐标图划分为四个象限，企业可根据产品类别不同采取不同的经营模式，调整公司发展方向。销售增长率和市场占有率双高的产品为明星类产品，应采取加大投入的战略以在高增长行业获得竞争优势；销售增长率低、市场占有率高的产品为现金牛类产品，可持续投入以保持成熟行业的现有竞争地位；销售增长率高、市场占有率低的产品为问题类产品，需要视具体情况采取不同的战略，使之建立优势从而转变为明星类产品；销售增长率和市场占有率双低的产品为瘦狗类产品，可酌情采取收获或剥离战略。处于某一象限的产品或业务组合可以通过一定的战略转移到另一象限。

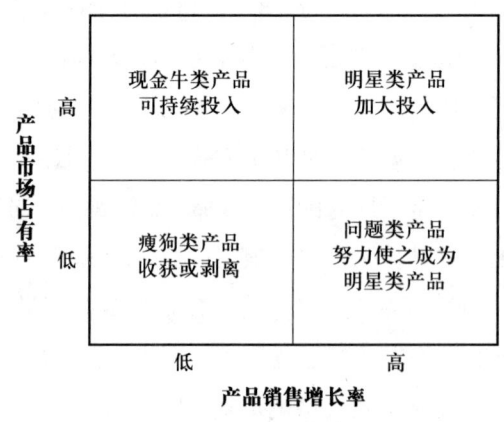

图 7-1　波士顿矩阵

　　例如，美国通用电气在杰克·韦尔奇时代的战略目标是建立"未来工厂"，并实行两项准则：数一数二原则以及"三圆"战略。数一数二原则即针对某项业务，评估"我们是最好的吗？"如果不是，再自问："需要做什么？"然后，确定达到目标所需要的能力和资源。如果经济方面、环境方面和自身的能力决定了此项业务无法达到期望的境界（数一数二），那么，就必须采取勇敢的行动调整其定位（剥离）。"三圆"战略指公司的业务应当属于以下三个领域：核心业务、高科技业务或服务领域。其他业务要么提升后进入"三圆"内，要么被剥离。基于这两项准则，通用电气传统的制造业属于现金牛类业务，通过投入资源并进行技术革新，使之转变为明星类业务，为"未来工厂"打下基础。对于一些问题类业务，要么建立优势转变为明星类业务；如果不能，则进行出售。通用电气在韦尔奇在任期间先后出售了 118 种业务。

第二节　扩张期的用户战略

一、重视累积用户

　　扩张期的企业往往有了一定的用户基础，包括留存用户、活跃用户和忠诚用户。用户需求在经过企业前期培育以后，已经从成长期步入成熟期。此时，运营的目标在于提高用户的复购率和分享率，包括提升用户的单体价值以及延长用户的生命周期，并通过分享进一步扩大用户群。具体而言，企业需要通过核心功能和内容的强化，帮助用户找到更多满足需要的功能；通过用户成长体系和激励（会员、积分、荣誉、奖励、福利等），给予用户一定的帮助指导及利益驱动，帮助用户成长并引导用户分享传播。

大数据环境下用户关系管理的最重要特征是对用户全生命周期的社会互动行为进行管理。全生命周期行为指用户与企业接触的所有环节中的社会互动行为，包含用户在购物前的参与行为、购买行为、购物后的社会互动行为。打造会员体系，通过基本等级规则以及伴随着等级所附带的权益将用户逐步培养成为核心用户，可以提高用户的黏性、活跃度、留存率和贡献度。例如光大银行采取的是生命周期管理忠诚度计划，即将用户生命周期分为引入期、培养期、成熟期、衰退期、流失期，对不同生命周期的用户由不同的部门采取不同的策略进行经营管理。

扩张期的用户战略侧重把新用户变成老用户，即把"头回客"变成"回头客"。"回头客"的口碑影响是深远的，可对其进行梯度开发、持续经营。以旅游产品为例，通过增加和提升服务内容、不断升级迭代，观光游可以催生深度游、精细游、专业游（游客为研究一个知识点、一个领域的疑惑点，必须反复进入同一个景点或景区，如摄影爱好者），实现对成熟用户需求的多元开发；初次游可以带动分享游、聚众游、团队游，提升现有用户的贡献度，并进一步扩大用户群；国内游可以升级为国外游、互动游（通过相同或相近的主题，开发国内外的产品互动，让游客能接触和了解一个系统）、虚拟游（借助虚拟技术，就同一主题，与世界任一地区联动，实现远程观光），实现对用户价值的最大限度的挖掘。

知识链接

扫描章后二维码，学习"永辉超级物种实现客户价值倍增"

二、拓展多元需求

扩张期的用户战略以提高单体消费并让用户分享为主要目的。从本质上讲，企业的产品其实是满足了用户某个类型的需求，当产品作为这个类型的产品之一不能完全满足用户的全部需求时，企业还可以针对这一类型的需求增加 SKU，提升用户的满足率。因此，企业需要对现有用户的隐性需求或多元需求进行深入挖掘，以达到满足用户需求、提升用户黏度和贡献度的效果。

用户的隐性需求一般分为以下几类：第一类是认知能力缺乏型。有该类型隐性需求的用户身处于较低的社会地位之中，或已习惯原有的生活方式，没有机会或没有意识接触较高层次的社会生活，从而形成隐性需求。第二类是需求引导缺乏型。企业需要对有该类型隐性需求的用户进行消费引导，利用一些营销手段进行刺激。第三类是条件限制型。有此类型隐性需求的用户能够充分认识到自身的需求，但由于企业所提供的条件（包括经济条件和使用条件）不足，出现了用户无法购买的情况。第四类是产品购买限制型，即用户有需求但是却无法购买到满足自身需求的产品，从而使需求无法实现，成为隐性需求。

对于隐性需求的挖掘主要有两种途径。第一，企业可以通过社交媒体等大数据识别用户隐性需求，识别的关键在于获得社交媒体的相关数据，如点击率、点赞量、关键词搜索、地理位置分享等。基于数据，企业需要采取关联规则，对用户的反馈以及销售信息的挖掘结果进行分析。例如，销售数据分析表明一些年轻父亲在购买尿布的同时，会顺便购买自己喜欢的啤酒，这说明啤酒是部分尿布购买者的隐性需求。第二，每一种隐性需求背后都存在着一种固定的特殊用户群体。企业需要依据隐性需求进行用户细分，并利用社交媒体的内容营销传递新的消费观念、价值主张等，从而刺激购买。

> **知识链接**
>
> 扫描章后二维码，学习"基于数据识别隐性需求"

三、利用需求互补

扩张期企业满足用户多元和隐性需求的一种方法是识别用户的互补需求，并为之提供互补品。互补品是两种常常被联系在一起的产品或技术。两种产品或技术必须互相配合，才能共同满足用户的同一种需求，如拍立得相机和相纸。通常情况下，互补品之间会存在一种共生关系。只要增加其中一种产品的供应或降低一种产品的价格，人们对于另外一种产品的需求就会上升。一般而言，拍立得相机价格上升，相纸的需求量下降，两者呈现反方向变化。

互补品战略有四种选择：选择一是提供解决方案，即企业从用户的实际需要出发，通过降低用户成本（如时间、金钱、精力等）提高用户从消费中获得的价值；将一组互补性的产品组合起来，为用户提供产品"套餐"，从而达到吸引用户、增加利润的目的。这种"一站式效应"会影响用户购物时间和产品搜寻成本。在综合考虑零售商的深度、广度和便利性的情况下，用户希望通过一站式效应一次满足其所有需求。企业提供的产品组合由于创造了较高的消费收益体验，而被同一类用户购买、消费或使用。因此，当一站式效应作为一种战略，企业提供什么样的产品或服务的组合成为关键问题。

选择二是捆绑式销售，即企业以单一价格将一组不同类型但是互补的产品捆绑在一起出售（仅同时出售这一组产品）。例如，计算机企业在过去的许多年中，曾将计算机硬件、软件和服务支持捆在一起销售经营；微软公司将 Office 软件、IE 浏览器挂在 Windows 操作系统上时，采取的就是一种典型的捆绑式销售策略。

选择三是交叉补贴，即企业有意识地以优惠甚至亏本的价格出售一种产品（称为基础产品），从而促进销售盈利更多的互补品（称为盈利产品或后续产品），以求获得最大限度的利润。"剃须刀与剃须刀片"这种商业模式就用到了互补品战略，将剃须刀以成本价或接近成本价的价格出售，目的是促使用户将来购买更多的、利润更高的替换刀片。

选择四是系统锁定，即企业联合互补品厂商一起锁定用户，并把竞争对手挡在门外，最终达到控制行业标准的最高境界。微软是典型的例子。80%～90%的计算机软件厂商都是基于微软的操作系统设计软件。用户如果想使用大部分的软件，就得购买微软的产品。软件厂商如果想让大部分用户能够使用自己的软件，就得把软件设计得和微软的操作系统相匹配。

知识链接

扫描章后二维码，学习"平安好车主的多元需求协同"

第三节　扩张期的产品战略 ▌▌▌

一、打造关联产品

扩张期的产品开发主要向两个方向延伸：第一个方向是纵向的产品扩张，即向产业上下游延伸。此纵向边界决定了企业的价值链活动范围。例如，比亚迪在创立时主要为新能源汽车生产和供应锂电池。随后，比亚迪以汽车生产制造为核心环节，迅速整合了汽车下游销售产业链，通过向产业下游即整车制造延伸，实现了产品的开发和扩张。

第二个方向是横向的产品扩张，以向其他行业延伸为主，即常说的产品多元化。此横向边界决定了企业的产品／业务范围。而多元化又可分为相关多元化和非相关多元化。例如，小米 2011 年推出小米手机，2013 年逐步以生产手机周边产品打开多元化发展的布局，2014 年以推出小米空气净化器为标志，开始进军智能家居领域和互联网领域，进一步深化多元化产品布局。

传统企业的边界取决于产品分工（规模边界）和知识分工（资源边界）。然而，伴随数字技术、人工智能、物联网等新一代技术革命，传统的企业边界正在逐渐模糊，也更可能实现指数级增长。[①] 传统产品中，产品实体与功能是一对一的关系，例如手机的功能就是通话，因而企业边界取决于产品实体边界。而在万物互联时代，产品不再是功能单一的实体，而是承载多个功能模块的平台，通过交互连接不断重塑企业内部产品边界并扩大企业边界，呈现出与传统企业边界扩张截然不同的特征。

第一，智能互联产品的"新型分工"属性进一步提高效率、降低成本，改变了企业边界范围。"新型分工"属性指建立在同质性的生产要素基础上，企业聚焦新的产品体系（产品、互联、云端）层面，根据"主导"或"开放"进行分工。传统分工体系建立在异质性生产要素基础之上，企业聚焦于产品层面，根据产品产业链各环节是"制造"或"购买"决定企业纵向边界。以手机为例，企业往往聚焦于对后壳、外框、屏幕等部件进行专业化生产，或对手机的采购、生产制造、销售等流程进行专业化分工，由此决定企业边界。然而在智能互联时代的"新型分工"模式下，企业形成通用化的能力或模块，复制或嵌入生态链企业的产品中，从而模糊传统企业的边界分工。而生态链企业则专注产品专业化功能，通过模块化生产提高效率。同时，企业通过构建通用性技术平台、掌握数据入口端和应用端，从而扩大企业边界。

第二，智能互联产品的"智能连接"属性有助于实现企业边界快速扩张与企业指数级增长。"智能连接"属性指建立在数据产生、收集和挖掘所实现的实时、追溯、计算等功能上，形成大规模、跨边界、高集成的连接，并基于此进一步推动产品体系智能化。传统视角的企业横向边界指产品规模和产品范围，横向边界位于边际成本等于边际收益之处，其假设是产品的扩张是边际成本递增、边际收益递减的，因此总会相交于一点，即企业边界。然而，智能互联产品的"智能连接"属性以及由此产生的可共享数据，具有传统资源不具备的可复制性等特性，使其边际收益递增、边际成本递减，为企业指数级增长和无边界发展提供了更大的可能性。

> **知识链接**
>
> 　扫描章后二维码，学习"小米智能互联产品重塑边界"

[①] 2019 年 8 月 8 日华为发布全球产业展望 GIV 2025（Global Industry Vision 2025）报告。该报告基于万物感知、万物互联、万物智能 3 个维度，包含大数据产生量、企业人工智能采用率、个人智能终端数等 37 个指标。依据调查预测，2025 年，全球连接设备数量将达到 1 000 亿台，创造 23 万亿美元数字经济。

二、进行交叉营销

企业已经进入扩张期，必然具备了一定的用户基础，因此，交叉营销能够帮助企业基于现有用户扩张企业的业务范围。交叉营销是一种发现用户多种需求，并满足其多种需求，从横向角度开发产品市场的营销方式。交叉营销的核心是向一位用户销售多种相关的服务或产品。

交叉营销对企业的作用体现在三个方面：首先，交叉营销可以增强用户忠诚度。用户购买本企业的产品和服务越多，用户流失的可能性就越小。来自银行的数据显示：购买两种产品的用户的流失率是 55%，而拥有四个或更多产品或服务的用户的流失率几乎是零。其次，交叉营销可以充分利用现有资源，在两个具有相关用户需求特点的企业间开展交叉营销，能使各自的用户数量明显增加而不需要额外的营销费用。最后，交叉营销可以增加利润。将一种产品和服务推销给一个现有用户的成本远低于开发一个新用户的成本。例如，信用卡公司开发新用户的成本非常高，要到第三年才能开始有利润，而对现有用户进行交叉营销，可以快速增加企业利润。

利用移动互联网和大数据技术，交叉营销已迅速转变为场景营销。场景营销是指企业在移动互联网和场景技术力量的支持下，通过场景分析与用户进行沟通，目的在于激发用户的场景感知并引导消费行为。场景营销对于企业应对营销环境变化，识别市场机遇并创新产品、服务和商业模式具有理论价值和实践意义。一方面，对于企业而言，场景在移动互联时代信息过载和消费者时间碎片化的情况下，为企业进行市场细分和营销战略设计提供了新的依据。另一方面，对于用户而言，场景因素影响着消费行为、消费文化的形成，场景化展示和信息沟通不仅能带来便捷、智能化和个性化的消费体验，也能促进用户在互联网环境下建立对产品和服务的感官认知和偏好并做出购买决策，使其获得"应时"和"应景"的场景化体验。

场景营销对企业的价值可以归纳为两条：一是基于场景信息分析来识别用户需求，发现潜在细分市场；二是基于场景化需求来重新定位产品与服务，并在场景维度下推动产品和服务的创新。

移动互联时代的企业营销面临的核心问题之一，仍是如何发现、寻找目标用户，对其进行精准定位并将其转化为现实用户。传统营销模式为用户提供了真实的购物环境体验，但是难以满足用户的个性化需求，对用户识别程度不高。场景营销能够准确刻画用户在不同场景下的产品和服务需求，发现场景中蕴含的营销机会和潜在市场。

场景营销对企业的价值还体现在重新定位产品和服务方面。一方面，在互联网、电子化和自动化等现代技术的发展推动下，企业的边界越来越呈现出动态性特点。在新技术发展、消费市场变化以及全球化的推动下，企业都在重新定义自身的业务。另一方面，场景营销为企业构建智能化服务场景提供了策略支持以及不同场景维度下的弹性化业务模式。

知识链接

扫描章后二维码，学习"美团基于场景互联实现协同效应"

三、实现范围经济

企业要想在竞争中获得优势，就应向市场提供具有更高价值的产品，包括价格更具竞争力、品质更高、更具差异化、服务更便利等。而在企业扩张的过程中，如何实现"1+1＞2"，则取决于企业能否实现范围经济。因此，随着市场需求多样性的发展，如何通过扩张实现范围经济越来越受到企业的重视。

范围经济，是指企业生产两种或两种以上的产品而引起的单位成本降低，或由此而产生的节约。这与企业通过扩大产品的生产规模而使生产成本降低所获得的规模经济是有区别的。前者强调生产不同种类产品获得的经济性，后者强调的是产量规模带来的经济性。因此，要获得范围经济，一是企业必须生产两种或两种以上的产品，包括品种与规格。二是产品的单位成本由此而降低或得到节约。

范围经济带来的优势主要包括产品成本优势、产品差异化优势和市场营销优势等方面。产品成本优势主要表现为分摊固定成本（包括研发成本）和降低变动成本两大方面。分摊固定成本主要指企业通过生产多种产品，能分摊固定资产的折旧费用，从而降低单位产品的固定成本。比如企业根据季节性消费的特点，尽可能利用相同的生产设备来安排生产具有不同季节消费需求的产品，就能降低设备的空置率，从而大大降低单位产品的分摊固定成本。降低变动成本主要体现在降低采购成本、提高资源利用率等方面。企业可以集中采购相同的原材料和元器件，从而增加议价的能力，降低采购成本，在运输、保管费用等方面进一步降低有关成本。

范围经济的产品差异化优势主要体现在对多样化、个性化、差别化需求的满足方面。实现范围经济的企业往往会因为产品的多样化、个性化及新颖性吸引用户的注意力，从而获得销售收入的增长和利润的增加。范围经济的市场营销优势主要体现在利用原有的渠道销售多种产品，不仅大大缩减了新产品投放市场的时间周期，并且能给用户带来便利。此外，范围经济很好地利用了企业形成的品牌优势，特别是在市场上品牌有着较高美誉度的情况下，新产品更容易被用户接受。

　　企业通过扩张实现范围经济通常有三种途径。第一，通过共享价值链上的任一主要活动（如物流系统）或辅助活动（如采购系统）来实现范围经济。例如宝洁的纸巾业务和婴儿尿布业务可以共享价值链上的原材料采购和渠道销售活动，从而实现价值链活动上的范围经济。第二，通过在不同业务间传递或共享核心竞争力，实现核心竞争力的范围经济。例如，本田拥有全球一流的发动机设计和制造技术，这项核心竞争力被运用到摩托车、传统汽车以及割草机上，从而降低和分摊了该技术的研发成本，实现了该项技术的范围经济。第三，通过借助关联销售、场景营销等提供一站式购物，实现需求侧的范围经济。例如，伊利对早餐、户外等消费场景进行挖掘，提供场景所需的关联产品，实现了需求侧的范围经济。

知识链接

　　扫描章后二维码，学习"范围经济的实现路径"

第四节　扩张期的组织战略 ■■■

　　扩张期企业由于不断增加新的业务单元，常常面临管理成本上升，或组织惯性对业务扩张的阻碍。首先，基于有限理性假设，企业管理者的知识和能力是有限的。因此在企业边界不断扩张的同时，企业管理者需要管理越来越多的业务，其管理能力受到巨大挑战。其次，由于组织不断扩张，为了保证组织管理的效率，企业往往会设立较多标准化和中心化的制度，形成相对固定的企业文化。但组织的各种制度构成组织惯性，可能会成为其未来变革的阻碍。组织惯性可以体现为认知惯性、战略惯性、资源惯性、制度惯性、流程惯性、惯例惯性、结构惯性、关系惯性和文化惯性等。组织的复杂度和科层制结构、高管团队的管理认知、企业员工和企业文化都会成为组织惯性的来源。因此，扩张期的企业在领导、员工和组织结构上都需要寻求提高效率和避免组织惯性之间的平衡。

一、成为悖论式领导者

　　扩张期企业常常面临竞争性需求，既需要通过标准化的流程提升管理效率、降低成本，又需要突破组织惯性以实现产品创新。而"高则抑之，下则扬之"的悖论式领导恰恰是华为创始人任正非提出的灰度管理的核心思想。悖论式领导是指领导者采用看似矛盾却相互关联的领导行为，旨在同时满足工作中的竞争性需求。任正非认为，灰度是管理中的常态，所以他在管理实践中反对走极端，并提倡一种悖论式的系统性思维，强调领导者在把握影响组织发展的矛盾要素时，能够不断寻求一个和谐的结果。

灰度管理这种新型的领导行为是基于中国传统阴阳哲学理论提出的，它突破了权变视角下"二选一"（either-or）的局限性，转向"二者皆"（both-and），通过悖论式思维发挥整合矛盾的协同效应。德鲁克对卓有成效的管理者进行研究，发现他们明显具有悖论式领导风格。一方面，他们对事情严格要求，对工作提出极高的标准，预判和掌控事情最坏的方面，杜绝坏结果的出现，德鲁克称之为"绩效精神"；另一方面，他们对人充满信任和期望，用乐观的眼光看待人，坚持将发挥人的特长作为用人的首要原则。

作为扩张期企业的管理者，领导者面临的竞争性需求是解决"当前和未来"的悖论以及"组织和环境"悖论，具体表现为四个维度：① 维持短期效率和长期发展；② 维持组织稳定性和灵活性；③ 关注股东和利益相关主体；④ 遵守和塑造环境中的集体力量。例如任正非通过"员工股份制"和"年度分红"来平衡竞争力成长与当期效益的冲突；通过平衡继承与创新、引进与自主开发来平衡组织的稳定性和灵活性；通过推行员工股份制及合作合资制度来协调员工、管理者和合作者的利益，通过强调"英式规范"和"美式创新"、干部要承认华为核心价值观又能自我批判等来进行企业文化建设，从而遵守和塑造环境中的集体力量。

> **知识链接**
>
> 扫描章后二维码，学习"任正非的'灰度管理哲学'"

二、打造职业化团队

随着企业规模扩大、利益相关者增加，创业者主导的企业容易出现治理失效，并且会对组织效率造成损害。创业者的商业能力更多地表现为探索能力，即探索、发现、创造和尝试新机会的行为；职业经理人的商业能力则更多地表现为开发能力，即利用企业既有资源、能力和技术等的能力。考虑到创业者在企业扩张期的能力制约以及权威治理的负面影响，企业会尝试由创业者权威治理向职业经理人治理过渡，以期引入先进的管理理念，促进企业的持续发展。

但是，在引入职业经理人过程中，民营企业家的创业者特质（如商业能力、专业技术）、创业团队特质（共同创业经历）、企业特质（政治与商业网络）等可能制约企业实现由家族治理向职业化经营转型。创业者权威治理的存在不利于向职业经理人治理转型，其根源在于以创业者特质为核心的感召权威基础，同以职业经理人治理为要义的法理权威基础间存在冲突。在引进职业经理人的过程中，许多企业在寻求一种既能将职业经理人的能力引入企业，又保持对职业经理人的控制的路径。常见的形式是拥有所有权的创业者任董事长，聘任职业经理人作为总经理来打理企业。一般的经营决策权基本上交给职业经理人，但一些重大的决策要至少征求董事长的意见。董事长行使最终控制的职能，依据对于职业经理人的信任而实施适当的放权。在另一些企业，尽管创业者退居二线，但其实际的影响仍然通过幕后控制而无所不在，放权和控制之间存在博弈。

在家族和职业经理人之间共享的或分割的剩余控制权是创业者对企业实行积极控制的一种手段，也是公司治理中应对委托代理问题的一个重要方式。合适的公司治理模式在一定程度上可以改善在委托代理关系中由信息不对称而可能造成的代理低效率，但控制权从委托人向代理人的转移也是有风险的。不同的治理模式是在这两者之间寻求一个效率和风险的平衡。

图 7-2 探讨了所有权与控制权在不同治理结构中的分布及其对企业发展路径的影响。在纯家族企业模式中，创业者或其家族成员拥有全部的所有权和控制权。这种模式通常见于企业的创业初期或小型组织，主要特点是简化了治理结构，缩减了交易成本，加强了决策效率，并保持了对企业的紧密控制。在这种情况下，企业的治理机制相对简单，决策路径短，且能够迅速响应市场变化。

然而，随着企业规模的扩大和运营的复杂化，上述原始的治理结构可能不再适应市场和组织的需求，因而出现了不同的演化路径。路径一，即折中治理模式，是家族与非家族成员之间在所有权和控制权上达成的一种权力平衡。在这种模式下，家族仍然在企业中保持一定的影响力，但企业引入外部成员参与决策和管理，以此提升企业治理的专业性和市场适应性。

路径二则标志着更为显著的转变，家族成员从日常管理中退出，从而实现两权分离模式。在这种模式下，原始所有者可能仍保持一定的所有权，但控制权逐渐转移到非家族的职业经理人身上。这种模式有助于实现治理结构的现代化，通过引入专业管理团队来提升企业的市场竞争力。

路径三展示了另一种极端情况。家族可能已经完全放弃了所有权，但通过各种机制仍然保留了对企业的控制权。这种情况下的企业可能向公众公司转型，家族通过控制关键管理职位或利用网络关系来维持影响力。

在中国的家族企业中，路径一的折中治理模式较为普遍，这可能反映了中国企业在尊重传统家族价值和积极引入现代企业管理实践之间寻求平衡的过程。相比之下，路径二通常代表了美国等西方发达经济体中家族企业的演变方式，这种模式强调了专业管理和股权分散的重要性。至于路径三，则常见于公共组织的民营化过程中，其中企业的内部人控制特征明显。

总体来看，企业从纯家族治理结构向其他治理结构的演化，不仅受到企业内部发展阶段的驱动，还受到外部市场环境、文化背景和经济体系的影响。这些路径的选择和演化，既揭示了企业成长的动态过程，也反映了不同治理结构下的权力和利益分配方式。

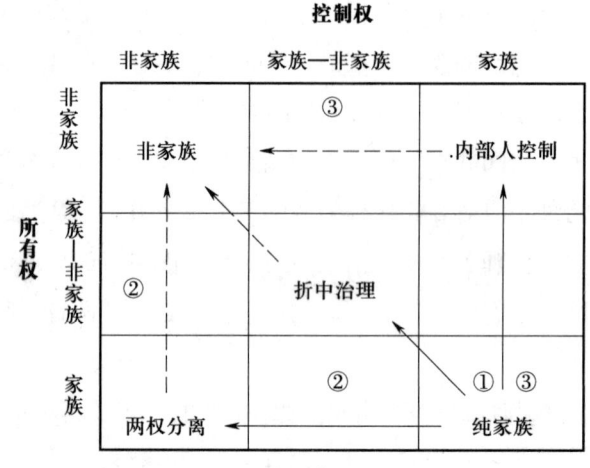

图 7-2　家族治理及其改造路径

知识链接

扫描章后二维码，学习"美的集团职业经理人继任"

三、形成矩阵式组织

从历史观视角看，不同的人类社会形态造就了对应的组织形态，这些不同形态的组织服务于人类社会的发展，与当时的生产力和生产关系相互补、契合与适应。

U 型企业组织结构（unitary structure）是中央集权的、按职能划分部门的一元组织结构。各部门独立性较小，管理集中在高层管理人员手中。我们通常提到的直线职能制就是 U 型结构的一种典型的形式。这种结构的一个重要缺陷是，高层管理人员陷入日常生产经营活动，无法做好长期性的资源配置工作。

H 型企业组织结构是一种控股公司（holding company）型组织结构。通常在企业内部模拟一个资本市场，最大限度地引入市场机制。H 型结构较多地出现在由横向合并而形成的企业之中，这种结构使合并后的各子公司保持了较大的独立性，是许多企业集团采用的一种核心的组织结构。

M 型企业组织结构（multidivisional structure）是一种多分支单位、分权式的层级制组织结构或称事业部制。它是继 U 型、H 型之后产生的一种集权与分权相结合，更强调整体效益的大公司结构。在 M 型结构中，分支机构（事业部）通常是拥有较多自主权的利润中心。这种利润中心可以按产品、商标或地区来分别设立。各事业部通过下设的职能部门来协调从生产到分配的生产经营全过程，事业部在组织内部类似一个个独立的企业，有着自身的任务和目标。企业高层经理人员可以摆脱日常经营事务，集中致力于长期性经营决策。

多元化经营的实施会引发组织结构的变革，不同的组织结构体现不同的管理控制要求，如 U 型结构适合于集权的管理控制系统，H 型结构适合分权，M 型结构则实现了集权与分权的结合。组织结构往往需要与企业的战略相匹配，例如多元化企业常常采用 M 型、H 型或混合型组织结构，以适应企业战略的需求，提升管理效率。

知识链接

扫描章后二维码，学习"海尔集团的组织结构变革"

第五节　扩张期的市场战略

一、制定技术标准

扩张期企业可能有了一定的技术积累，并积极参与技术标准的制定。技术标准是指在其管辖范围内的产品、过程、格式或程序的所有元素都必须遵从的一组规范，可以分为事实标准和法定标准两类。一般情况下，对于事实标准，产品在标准化之前就已经商业化；对于法定标准，产品通常是在标准确定之后才进行商业化。企业可以通过三类机制参与标准制定：市场主导机制、委员会主导机制和政府主导机制。这三种机制并不是相互排斥的，可能存在多种机制共同作用的现象。

市场主导机制是形成事实标准的通常方式。当企业的某一技术占据大部分市场份额，并迫使其竞争者采用该技术时，实际上就成为行业的主导设计或事实标准。例如当 IBM 计算机以微软系统占据 80% 市场份额时，微软系统就形成了计算机系统的主导设计。市场主导机制形成的技术标准并不一定是最优的。以打字机的 QWERTY 键盘为例，虽然它不是最有效的设计，但却是全球通用的标准。

技术标准形成的原因可以从外部环境和内部环境两方面来分析。从外部环境看，在网络效应的作用下，厂商会选择采用主导标准的技术或者其互补技术，以实现系统兼容并扩大用户基础；或者推动自己的技术成为行业的主导标准，扩大市场份额。产品开发者和用户在标准技术的开发、学习、吸收等方面的资源投入产生了转换成本，使得人们不愿意转向新标准和其他技术。网络效应和转换成本共同作用容易使得技术标准市场形成路径依赖甚至是"锁定"效应。此外，政府的支持与政策、知识产权、行业协会等相关方对企业参与均会产生积极影响。

从内部环境看，企业参与技术标准制定可以减少浪费性的重复研发并且能够在正式标准化之前就解决利益冲突，从而降低标准的研发成本。企业在标准制定中，可以实行捆绑策略，利用原有产品的用户基础，获得更大的竞争优势。当企业拥有的互补技术较多时，企业在参与标准制定过程中会提升对核心技术的披露倾向。通过披露核心技术，企业不仅提高了所披露技术的兼容性，也会提高其未被披露的互补技术与其他企业开发的生态系统的兼容性。此外，当企业与其他标准制定成员之间有更多的技术重叠时，企业会在标准形成过程中表现出更多的支持行为。

虽然技术标准有很多方面的积极影响，但技术标准对于技术创新而言，实际上是一把"双刃剑"：当先进技术成为标准时，标准可以优化资源配置，为创新提供平台，减少信息不对称风险等。但是，当次优甚至劣等技术成为标准时，会"锁定"用户，阻碍后续创新。在一个技术生命周期内，实现技术标准化可以提高效率，但是也会对下一个周期的技术创新产生阻滞作用。

二、做好资本运营

企业成长和扩张的方式主要有两种：一种是内生的，指企业通过对内部资源和能力的累积而实现的内涵式增长，包括依靠自身积累的资金、购置新设备、修建新工厂或设立新企业以实现规模增长；另一种则是外生的，指企业通过兼并、收购其他企业资产迅速扩大自身规模的外延式扩张。

企业成长压力理论是企业高并购依赖的一种理论解释。由于成长速度作为企业经营绩效的重要评价指标，企业高管面临较大的成长压力。由于与内生有机增长相比，外生式并购扩张的方式更加迅速，因此当面临较大成长压力时，企业会更倾向于通过并购战略成长。企业知识基础理论是企业高并购依赖的另一种理论解释。由于企业战略决策的"知识依赖"特性（企业战略决策会侧重于依赖企业自身经验积累的知识），企业决策者倾向于把更多的精力投入在以往频繁使用的战略模式，降低了探索其他备择战略方案的可能性，最终使企业越来越依赖于之前的战略选择。如果企业在过去多次并购中积累了大量并购知识，企业战略决策的"知识依赖"特性会使企业更倾向于选择并购成长方式。

企业扩张的资本可以来源于企业内部的资本供给或外部融资。内部的资本供给会使企业留存大量的利润来满足自身发展，而外部融资会使企业背负较多债务。"融资难""融资贵"一直以来都是中国民营企业面临的首要难题。研究者聚焦于如何突破融资约束的问题进行了研究。从内部因素来看，国有产权性质、政治关联、加入地域商会、股东结构（大股东数量更多，持股数量之和更大，大股东之间不容易合谋）等能有效缓解企业的融资约束；从外部因素看，地区的金融发展水平、金融生态、更高的媒体关注度、更低的金融税收征管也能一定程度缓解融资约束。

三、超越市场竞争

日益同质化的竞争和挑剔的顾客成为当今众多企业面临的最大挑战。在这两个因素共同影响下，赢得竞争优势变成一场愈加艰难，同时战果却难以维持的战争。企业为超越竞争对手而密切关注其一举一动，而顾客也常以竞争对手的表现作为标杆评价企业，进一步强化了企业对竞争对手的关注。企业为建立差异化以超越竞争对手，不断改进产品和服务。同时，企业间相互模仿，你追我赶。然而，紧盯竞争对手的结果很多时候不是超越而是同质化。行业中各竞争企业越努力，同质化程度越严重，于是企业陷入竞争红海。

造成这种状况的根源很大程度在于企业习惯使用加法思维，总是谋算如何比竞争对手多做一点，从而"更高、更好、更强"，以赢得顾客芳心，但同质化竞争的结果是顾客越来越挑剔。面对竞争激烈的红海，企业可以采取聚焦、削减和突破三项战略，取得新的发展。

首先，是聚焦。面对顾客清晰的现实需求和激烈的竞争，企业不妨只聚焦于某类顾客或某项需求。例如，在零售金融发展成熟的加拿大和美国，人尽皆知顾客需求主要是安全、便利和收益率。各银行纷纷在这三方面投入资源，唯恐落后。作为后入者的 ING Direct 没有参与这场大战，而是将目标顾客锁定在被大银行忽视甚至歧视的细分市场：财富不多、受过良好教育的年轻人。这些顾客空闲时间少，对便利性要求高。ING Direct 只提供顾客最需要的几种简单产品和自助服务，并简化交易过程，最大化节省了顾客时间。

其次，是削减。根据顾客的核心需求，减少过度供给，消除错误供给。例如，在竞争激烈的城市咖啡店行业中，漫咖啡并没有像其他竞争对手一样一味增加咖啡品种或降低交易时间以提升翻台率，而是定位为"现代化城市舒适的休息空间"，希望在现代的快节奏生活中为消费者提供一个放松、悠闲的"慢"空间。相比其他咖啡品牌追求立等可取，漫咖啡强调耐心等待，呼应漫咖啡"慢节奏空间"的理念；消除高翻台率，顾客被留在精美装修的空间里细细体验；漫咖啡还减少了一些顾客不常下单的品种，在不影响满足顾客需求的基础上大大降低了成本。

最后，是突破。应用突破思维，拓展顾客现实需求的界限，挖掘其潜在需求。例如，华盛顿互惠银行以发展零售银行业务为主要目标。通过分析顾客的银行卡消费数据，发现顾客在音乐、体育、文化活动方面消费活跃，于是华盛顿互惠银行相继取得了诸多剧场的命名权，银行顾客在银行官方网站订票后，只需要出示华盛顿互惠银行的储蓄卡、信用卡，即可在这些剧场附带食品饮料的专门休息厅小憩。华盛顿互惠银行的成功之处在于突破产品或业务自身的界限，从顾客需求出发，分析其相关需求，以本企业的资源为顾客搭建平台，满足顾客的附加需求，成功摆脱传统银行业的激烈竞争。

本章小结

扩张期企业的战略目标，在于向外延伸企业的边界，从而使企业规模扩大，提升效率，或者分散风险。企业可以通过多元化、一体化等战略进行规模扩张，也可以通过大规模复制成功模式进行地域上的扩张，还可以选择聚焦于某个优势领域进行选择性扩张。扩张期的用户战略以提高用户的复购率和分享率为目的，包括提升用户的单体价值以及延长用户的生命周期，并通过分享进一步扩大用户群。扩张期的产品战略着力于开发现有客户的互补需求，并基于此打造关联产品，实现供应端或需求端的范围经济。扩张期企业常常面临竞争性需求，既需要通过标准化的流程提升管理效率、降低成本，又需要突破企业惯性以实现产品创新。

思考题

1. 选择三家企业，分析它们的扩张路径，讨论并指出它们所采用的扩张战略，分析是否实现了范围经济。

2. 挑选一家行业内的头部企业，分析其扩张期的客户战略，并讨论其在扩张过程中与客户战略相对应的产品战略、市场战略和组织战略。

3. 选择一个已形成行业标准的行业，分析其在行业生命周期的成长期特征，并挑选其中的两家企业，分析其主导或参与制定行业标准的战略行为，找出值得其他企业借鉴的经验。

4. 从沪深主板选择同行业的两家家族企业，一家由职业经理人担任 CEO，另一家由家族成员担任 CEO，分析其产品架构和组织架构，并讨论其扩张期战略行为的异同。

5. 选择一个产品，讨论其可能存在的多元需求和隐性需求，并基于此讨论相应的产品战略。

| 即评即测 | 常用术语 | 知识链接 | 参考文献 |

第八章

转型期战略

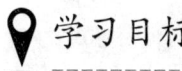 学习目标

★ 理解转型期企业的主要特征。

★ 掌握企业转型战略的主要要素。

★ 掌握如何根据用户类别和需求层级制定转型期的用户战略。

★ 理解转型期产品品类创新、商业模式创新、营销创新的内涵。

★ 理解转型期领导和员工的角色和组织管理模式。

★ 掌握识别新兴技术的方法以及开发新兴技术的策略。

开篇案例：OPPO 战略转型：从"播放器"到"智慧生活" ①

从 2004 年到 2022 年，OPPO 的战略转型主要经历了三个阶段，分别聚焦播放器业务、手机业务以及智慧生活。

一、播放器业务：2004—2008 年

在创立之初，OPPO 将"做最棒的产品"作为核心经营理念，主要产品包括 MP3、MP4 和 DVD。2005 年，OPPO 首款 MP3 X3 问世。自 2005 年起，OPPO 先后共推出了 25 款 MP3。2006 年，OPPO 推出首款 MP4，之后又相继推出 16 款 MP4。

---

① 曹仰锋 . 精一战略：在动荡的环境中"韧性增长"［J］. 清华管理评论，2022，13（9）：25-35.

OPPO 也同步开始了 DVD 的研发与生产。2005 年年底，OPPO 推出第一台 DVD。2005—2008 年，OPPO 先后推出了 5 款 DVD 产品。2008—2014 年，随着 DVD 技术的更新，OPPO 陆续推出蓝光系列播放器。

除了进入 MP3、MP4 和 DVD 市场外，OPPO 在创业早期还进入了液晶电视行业。经过初步尝试之后，OPPO 认为公司在液晶电视业务上并没有核心优势，于是在 2006 年停止了这项业务。主动放弃液晶电视业务后，OPPO 需要寻找新的战略增长点。

公司 CEO 陈明永的一次偶然经历，推动了 OPPO 第一次战略转型。2006 年 9 月，陈明永想买一款国内本土品牌的手机。他在深圳市华强北市场看了不下 100 款手机，没有一款能够打动他。这次经历让陈明永意识到，看似发展得几近饱和的手机市场还蕴藏着很大的潜力，这也成为推动 OPPO 进入手机市场的重要事件。2007 年，抱着"做真正的好手机"的想法，OPPO 正式进入手机市场。

二、手机业务：2008—2018 年

OPPO 的手机业务发展包括功能手机和智能手机两个阶段。2008 年 5 月，OPPO 推出了第一款手机 OPPO A103。手机背面独有的特征，是占据上半部分显要位置的卡通笑脸，因此被称为"笑脸手机"。这款手机一上市便受到了用户尤其是年轻女性的广泛好评，由此，OPPO 积累了第一批忠实用户。

在进入手机市场时，OPPO 采取的策略是"以用户为中心打造精品"，"笑脸手机"充分体现了 OPPO 的"精品战略"。"笑脸手机"主要面向年轻时尚用户，特别强调产品的设计美学，在手机背后通过摄像头、自拍镜和扬声器组成了一个大大的笑脸，成为 OPPO "至美科技"理念的最早代言。

2011 年，伴随着移动互联网蓬勃发展，OPPO 决定转型进入智能手机领域。同年 8 月，OPPO 推出了首款智能手机 Find X903。Find X903 手机在当时过于追求创新，在设计上追求差异化。比如，特意避开了 iPhone 的直板造型，采取了双层滑盖，手机的厚度因此超过了 1 厘米，重量也达到了 199g，这导致 Find X903 在市场上销售并不成功。

Find X903 手机在市场上的不利表现，让 OPPO 意识到手机的体积与厚度对用户体验有很大影响。为了能给用户带来好的体验，"做更轻便的手机"成为 OPPO 设计手机的新方向。2012 年 6 月，OPPO 推出 Finder 手机，这款手机最薄处仅有 6.65 毫米，是当时全球最薄的手机。Finder 上市后非常成功，获得了用户的好评。借助 Finder 手机的上市，OPPO 在超薄智能手机领域实现了引领。

2008—2017 年，经过十年的发展，OPPO 在产品上实现了从功能手机到智能手机的跃迁，成为智能手机中端市场上的领导者。IDC 公布的数据显示，2017 年 OPPO 在全球销售了 1.118 亿部手机，全球市场份额达到了 7.6%，巩固了全球第四的位置。

三、智慧生活：2018 年至今

2018 年，全球智能手机出货量开始下滑，OPPO 与大多数手机企业同样面临着持续增长的挑战。为了突破增长困境，OPPO 制定了两项重大战略：第一，进行品牌升级；第二，从硬件企业向生态企业转型。OPPO 确定了新的战略：成为研发技术型企业，打造世界一流品牌，构建万物互融新生态。

对 OPPO 而言，实现从"中端品牌"向"高端品牌"的升级绝非易事，尤其是伴随着物联网、人工智能、5G 等技术的深入应用，智能手机以及其他智能终端产业的技术含量急剧上升。OPPO 意识到了自己在技术上的短板，于是在新的战略规划中明确了成为研发技术型企业的战略意图，投入数百亿元研发费用，不仅持续关注 5G、人工智能、增强现实（AR）、大数据等前沿技术，还要构建底层硬件核心技术以及软件工程和系统能力。

OPPO 以 Find 系列手机启动进入高端市场的策略，将 Find X 系列打造成高端手机。2018 年，OPPO 发布了 Find X 手机，这是 OPPO 首款全面屏手机。此后，OPPO 不断推出 Find 系列产品。2020 年之后，先后推出了 Find X2、Find X3、Find X5 等多款高端手机。同时，OPPO 也洞察了手机新形态的发展趋势，于 2021 年年底发布了全新的高端折叠旗舰产品 Find N。

除了打造高端品牌手机之外，OPPO 另一个策略是继续保持在中低端市场上的竞争力，先后推出了 Reno 系列、K 系列手机。Reno 系列主攻中端市场。在万物互融时代，智能手机只是 OPPO 深度服务用户的载体。为了应对万物互融的新趋势，OPPO 在战略上采取了"3+N+X"的科技跃迁战略。

案例思考题

1. OPPO 从播放器业务转型到手机业务过程中，创新的驱动力是什么？
2. OPPO 从手机业务转型到智慧生活的过程中，为什么选择构建万物互融新生态？
3. OPPO 两次转型过程有哪些共性特征？

第一节 转型期的企业特征

一、转型期的战略变革

企业转型是战略管理中的一个核心话题。我国企业经历了从工业化大规模生产模式向创新技术驱动成长模式的转变，以及正在经历从传统生产技术驱动向数字化、智能化生产技术驱动的转变。技术和市场的演变，促进我国企业不断更新竞争力和价值主张。顺利度过转型期的企业，能够完成核心竞争力的更替，提高对环境的适应力。转型期企业的战略变革，往往通过用户、产品、组织和市场四个方面进行具体实施。

战略变革是企业为了应对内外部环境的不断变化、维持竞争优势而采取的系统性战略变化。技术变革、用户需求变化和竞争者更迭等，构成企业战略变革的关键驱动因素。战略变革包括根本性和非根本性两类变革，根本性的战略变革是非连续性的，而非根本性的战略变革则是连续性的。成功的战略变革，通常离不开具有前瞻性的管理认知、高效的组织学习，以及与战略变革相匹配的组织制度保障。

（一）管理认知升级

管理认知是企业决策者在进行决策时所用到的知识结构，是企业实现战略变革的重要知识基础。管理认知通过提供信息搜寻功能、信息解释功能和行动逻辑功能来影响企业战略决策。具有前瞻性的管理认知不仅可以带领企业走向正确的方向，同时也是企业在转型过程中合理调配资源的重要机制保障。环境变化并不一定会引起企业战略变革，只有企业管理认知也发生了变化，企业战略变革才会发生。

管理认知升级过程中管理认知要经过解除阶段、变化阶段和固化阶段等。在解除阶段，决策者对初始管理认知中的主要逻辑关系进行否定和主动遗忘；在变化阶段，决策者根据试错学习不断更新管理认知；在固化阶段，决策者在心理特征转变后，推动着管理认知的理论化和员工新行为为惯例的形成。

试错学习推动着管理认知升级的开展。当环境变化导致企业绩效出现负向反馈时，为了改善绩效，决策者会基于初始的管理认知进行试验。当新的试验行为没有达到预期目标，战略决策者会根据新出现的问题重新设定管理认知并开展新一轮的试验行为，直至问题得到全面解决，企业绩效出现正向反馈，新的管理认知真正形成。

战略决策者心理特征的变化推动着管理认知升级的开始和结束。战略决策者心理特征的变化是管理认知升级起始的条件：只有当战略决策者心理特征从"自我增强模式"转变为"问题解决模式"，管理认知升级才会真正开始。

知识链接

　　扫描章后二维码，学习"昭信集团的转型与管理认知演化"

（二）组织学习

　　组织学习是企业利用资源和发展能力的重要方式，为企业实现战略变革提供了重要动力。战略变革既需要组织探索新的方法，也要利用已习得的知识。为了有效实施战略变革，企业既需要开展内部学习和外部学习，也需要进行利用式学习和探索式学习并举的双元学习，还需要与用户和合作伙伴进行交互学习。

　　信息技术的应用改变了组织学习的方式，拓展了学习的渠道，强化了企业通过数据形成知识的能力，促进企业洞察技术前沿，使企业实现跨越式发展成为可能。中国企业既需要快速弥补管理能力薄弱的短板，实现从粗放式管理到数字化管理的能力跨越，使管理能力与智能制造技术相匹配，又需要在短时间内实现从工业化体系到智能化体系的跨越，从而能与发达国家企业同步创新。

　　企业需要利用信息系统加速组织学习，在较短时间改变传统的粗放式管理。信息系统不仅能够发挥管理监控器的作用，有效控制企业传统管理的随意性，通过技术手段突破组织惯例，打破部门壁垒，形成对组织管理变革与提升的压力，同时也能发挥变革助推器的作用，通过将先进的范例和标准引入企业，帮助企业强化管控规则，形成对组织管理变革与提升的动力。

　　企业还要利用智能系统重构探索式学习的方式，突破组织的路径依赖。智能系统通过改变企业长期以来管理靠人、人靠经验的运作模式，促进技术与管理的深度融合，形成人与智能系统协作的新模式。通过智能系统降低创新成本和失败风险，缩短创新周期，企业才能从大数据的深度应用中获得多样化的商业价值，推动制造形态、产品形态和价值创造形态的根本性改变，实现从工业化到智能化的体系跨越。

二、转型期企业的价值创新

　　价值创新是企业数字化转型的重要认知模式。有不少企业对转型中的价值创新进行了探索。例如，平安金融通过打造"有温度的金融"的价值主张，从有限的金融服务转变为全天候不间断的服务；红杉资本中国基金从投资收益的传统价值主张转变为与创业者共生共赢的价值主张；腾讯微信则通过数字化连接实现了从企业与用户间的差异优势到价值共鸣的转变。企业在价值创新过程中，常常会陷入"不转等死、转型找死"的尴尬局面，面临着如何将认知上升为组织行动的难题。如何摆脱上述困境、实现价值创新，成为众多转型期企业面临的共同难题。

转型期企业的价值创新包括企业价值主张的更新和企业价值网络的重构。价值创新的一种典型情况是企业价值主张的更新，即从销售产品向提供服务转变。在工业经济时代，企业主张以产品性价比为典型的产品逻辑。在数字经济时代，企业以提供全套服务解决方案为典型的产品逻辑，通过打造智能生态来挖掘用户潜在需求，形成以生态伙伴关系为主的价值共创。与价值交易不同，价值共创认为企业的最终目的是为用户解决问题，产品仅是一种价值分配形式。价值共创的重点是从提供产品转向为用户营造新的服务体验。企业不再是向用户销售产品，而是为用户提供可以个性化定制的服务。基于服务主导逻辑的价值共创理论认为价值共创过程的实质是从"企业作为价值创造者、用户作为价值消耗者"的产品主导逻辑向"企业与用户均作为价值创造者"的服务主导逻辑转变的过程。

价值创新的另一种典型情况是企业价值网络的重构。价值网络将关注重心从企业利益转向网络整体，从价值分配转向价值创造。企业不仅要与用户、供应商、互补者之间展开竞争以获得价值，更要与用户、供应商及互补者合作以实现共赢并创造出更高的价值。

> **知识链接**
>
> 扫描章后二维码，学习"浦发银行的顾客管理转型"

第二节　转型期的用户战略

一、识别忠诚用户

从创业期到转型期，随着企业的发展，用户有很大变化。创业期最重要的用户特点是用户的好奇度，成长期最重要的用户特点是用户的从众度，扩张期最重要的用户特点是用户的满意度，转型期最重要的用户特点是用户的忠诚度。

好奇度是指用户对新鲜事物的接受程度，好奇度高的用户对产品和服务的质量要求不高，对产品和服务的新颖性要求比较高。从众度是指用户对别人已经接受的事物的接受程度，从众度高的用户对广告等大众媒体推广的产品接受度高。满意度是指用户通过将一个产品的可感知效果与期望值相比较后，所形成的愉悦或失望的感觉状态，当实际消费效果达到用户的预期时，就促发了满意，否则，则会导致用户不满意。忠诚度是指用户对企业产品或服务的依赖和认可、坚持长期购买和使用该企业产品或服务所表现出的在思想和情感上的一种高度信任和忠诚的程度。

从扩张期到转型期，企业之所以从关注用户满意度转变为关注用户忠诚度，一个重要原因是企业面临的竞争强度不断加强。用户满意度和用户忠诚度之间的关系可以从三方面理解。首先，用户满意度和用户忠诚度之间是正相关关系，用户满意度高的产品或服务，用户忠诚度往往也高；反过来，用户忠诚度高的产品或服务，用户满意度往往也高。其次，在低竞争强度的情况下，用户的选择空间有限，即使不满意，他们往往也会出于无奈继续使用本企业的产品和服务，表现为一种虚假忠诚。最后，在高竞争强度的情况下，完全满意的用户远比部分满意的用户忠诚，只要用户满意程度稍稍下降一点，用户忠诚的可能性就会急剧下降。

转型期企业利用好现有的用户资源，加深对用户需求的理解，既能帮助转型期企业提高获利能力，也能够提升新进入企业的门槛。对于转型期企业而言，其用户战略的重点转向对忠诚度的提高。企业可以通过多种手段提高用户在业务体系中的参与度，甚至与用户分享控制权，从而增进用户对企业的信任，并提升用户的主人翁精神。

转型期企业的用户战略可以从强化用户的身份出发。对用户身份的强化是为现有用户建立独特的标识，记录其行为喜好，提供定制化的服务。海尔在企业转型过程中，提出了"用户乘数"的概念。用户乘数的目的是创造出迭代倍增的用户价值，也就是从传统的只与无名的用户交易，转为与有姓名的用户的交互，进而创造出社群的终身用户。

知识链接

扫描章后二维码，学习"海尔的用户驱动互联网转型"

二、挖掘潜在需求

新时代背景下，顾客已经越来越不满足于普适性、标准化服务，快速变化的外部环境、飞速发展的高新技术和激烈的市场竞争给了顾客更多权力，他们要求从服务提供商处得到超越预期的服务。能够适应顾客改变、发现顾客潜在需求并和顾客更好连接的服务行为所产生的卓越顾客体验，有更大的潜力为顾客创造惊喜，进而与顾客形成可持续的关系。

为此，学者提出了主动服务行为的概念。主动服务行为（proactive customer service

performance）是超出正式工作描述和既定服务标准，具有自发性、前瞻性和一致性的服务行为。主动服务行为的目的在于面对顾客需求的不确定性和波动性时主动预测顾客需求，在问题"浮出水面"之前消除提供服务的潜在障碍，坚持不懈地跟进可能影响顾客服务的问题，这就为不断提升服务质量提供了新机会。

主动服务行为的三个核心特征包括：第一，自我发起的行为，如提供顾客、管理者和规章制度要求之外的服务行为；第二，具有前瞻性的行为，如预测顾客未来的需求和可能遇到的问题，并与同事合作以确保更好地在未来与顾客互动；第三，持久一致的行为，即始终一贯地坚守服务承诺，并主动寻求反馈以保证顾客满意。

顾客需求是指顾客预期、需要、想要、愿望与实现满意和惊喜等内容的混合。顾客需求可以进一步划分为已表达需求（expressed/articulated needs）和潜在需求（latent needs），已表达需求指顾客意识到且积极向提供商索取的需求，潜在需求指顾客没有意识到或被忽视的需求。

根据企业对顾客需求的处理方式，可以进一步划分两种顾客导向，分别是反应型顾客导向（responsive market and customer orientation）与主动型顾客导向（proactive market and customer orientation）。反应型顾客导向致力于理解和满足顾客的已表达需求，主动型顾客导向致力于理解和满足顾客的潜在需求。相比于反应型顾客导向，主动型顾客导向被认为是在顾客眼中更有吸引力、更持久的竞争优势。

直播带货近年来取得了快速发展，顾客在购物过程中，除了购买产品的功能属性满足基本应用性价值外，还希望在购物过程中获得情绪性价值。直播带货改变了传统电商单向的以文字和图片传递产品信息的模式，转而以高互动、现场解说和演示方式向消费者展示产品属性，同时在直播过程中，直播的节奏和所有环节都是经过直播团队精心设计的，经过设计的直播过程在充分介绍和宣传产品的同时带有极强的互动性和娱乐性，这使得直播带货充分满足了顾客的潜在需求。可以说，直播带货的火爆，在很大程度上是因为这种模式满足了消费者的潜在需求。

> **知识链接**
>
> 扫描章后二维码，学习"直播带货重构'人、货、场'"

三、划分需求层级

人工智能指计算机基于大数据、机器学习算法和算力，模拟人类系统思维和自主决策能力，进而替代人类更高效地完成特定工作的技术。得益于互联网时代大数据、云计算、物联网等底层技术及软硬件资源的积累和提升，人工智能进入了快速发展阶段，并且逐渐成熟至满足商业化条件。

深度学习是当前人工智能商业化进程中应用最广泛的一种机器学习方式，它能够基于用户特征和产品属性等关键信息的提取实现对营销场景的个性化预测、推荐和匹配。例如，拼多多利用其领先的分布式人工智能技术，实现了商品消费环节基于人人以及人机交互的智能推荐，类似的情境还有淘宝的"猜你喜欢"，以及今日头条的"你关心的，才是头条"。可见，人工智能重构了商业模式匹配性。业界众多的实践表明，"人"（用户）与"货"（产品）的匹配路径正在由"人找货"转变为"货找人"。

当今，很多企业已从产品主导逻辑变为服务主导逻辑。在服务主导逻辑下，服务是以所有经济交易为基础的，产品只是服务传递与使用的载体，企业的目的在于维持与用户的长久关系，成为用户可以信赖的合作伙伴，而不是只进行短期的交易，用户在整个服务体系或价值网络中，与核心企业及其他利益相关者一起扮演着重要的价值共创角色。

人工智能对商业的影响体现在对"人、货、场"的全面重构上。人工智能对"人"的重构旨在刻画用户特征，通过深度学习模型对用户人口统计学、社交网络、过往浏览行为等大量数据进行计算得到用户偏好等关键信息，这些是个性化推荐算法在用户层面的输入。

人工智能使用户中心化、社群化和场景化。① 用户中心化，即用户由产品的被动接受者变为主动参与者，甚至是决策者，企业的一切经营活动将围绕用户需求和用户体验展开。② 用户社群化，即用户不再是原来单独和割裂的个体，他们根据不同需求、不同偏好，以及不同知识技能，自发组建为不同的小圈子或者不同的社群。③ 用户场景化，即用户的消费行为及其与企业的持续互动成为大数据的重要来源，这些海量数据是深度学习模型和个性化推荐算法的重要原料，企业借此深刻洞察用户画像及用户场景，提升服务水平和价值创造能力。

人工智能使得产品在线化、精准化和情感化。① 产品在线化，即核心产品服务以及关键业务流程由线下转移到线上，这不仅可以提升匹配和交易效率，还能够实现跨界连接、加强供需互动，并实时数据化记录用户及产品信息，完成数据反馈闭环。② 产品精准化，即产品由原来的标准化、同质化，转变为更加注重对用户多元化场景的精确把握和准确匹配，以满足海量用户的个性化需求。③ 产品情感化，即企业通过产品传递的价值主张由功能型转变为情感型，在满足用户对产品质量、功能和性价比等基本需求的基础上，更加注重对用户喜好、信赖等高阶需求的匹配。

人工智能使得人货的匹配方式由"物以类聚"转变为"人以群分"，匹配程度由"千人一面"转变为"一人千面"。首先，服务主导逻辑下，企业的经营围绕"人"，强调对用户多元化场景需求的深入洞察，通过汇集个性化人群、个性化需求以及个性化产品提升品控能力，同时刺激消费，促进价值创造，这可标记为"货找人"的匹配方式——"人以群分"。其次，服务主导逻辑下，企业以"人"为核心，基于用户多元化需求场景提供个性化解决方案，大大提升了用户画像的清晰度，使得用户与产品环环相扣、精准匹配，并通过适时赋予产品新的含义实现价值创造，这可标记为"货找人"的匹配程度——"一人千面"。

> **知识链接**
>
> 扫描章后二维码，学习"拼多多的快速逆袭"

第三节　转型期的产品战略

一、产品品类创新

（一）产品创新的层次

创新有两个层级：解决方案创新和意义创新。解决方案创新是运用更好的创意来解决现有问题。一种新的解决方案可能带来渐进甚至根本性的改进，但这些解决方案都是朝同一个方向发展，都"大同小异"。以恒温器行业为例。在 Nest Labs 公司成立之前，该行业的企业认为，产品价值来源于让用户能够更好地控制家里的温度。为此，企业在创新中重点关注创建具有新功能的数字程控恒温器，以便更精确地进行个性化程控。

意义创新将企业与用户的互动提升到了爱的层次，关注的是产品对人的价值。如果不具备这一点，即使产品性能再好，人们也不会爱它。对任何事物的爱，都来源于意义。意义创新是重新确定值得解决的问题。这使创新不仅采用新的方式，而且基于新的理由和价值主张。例如，Nest Labs 公司提出了新的价值主张：人们使用恒温器不是因为想控制温度，而是因为他们想不必控制温度就能舒适地待在家里。因此，Nest Labs 恒温器会自动掌握用户喜欢的温度和节约能源的方式。用户只需要启动简单的手动控制装置，三天之后，恒温器就按用户习惯调节温度。

（二）数据驱动的产品创新

大数据技术引领的数据流转变已成为推动产品创新和研发转型的关键因素。它的影响力可以从三个层面进行阐释：一是研发模式的革新。大数据技术使企业能够深入挖掘和分析用户数据，从而构建精确的用户行为画像。这种画像不仅为企业提供了深刻的市场洞察，还能够辅助或自动化复杂的研发决策过程，为产品设计和创新提供数据支撑。二是成本与周期的优化。借助大数据分析，企业可以在产品研发阶段更准确地预测和评估用户需求，从而减少不必要的试错成本和时间。例如，通过分析用户对现有产品的反馈，企业可以预测未来产品的接受度，有效降低研发风险，缩短产品上市时间。三是研发共创化。大数据让普通用户得以通过数据反馈直接参与产品的研发过程，打破了过去只有领先用户才能参与的局面。通过监测和分析用户的在线行为数据，企业能够获得关于产品改进和迭代的即时反馈，使得产品研发过程更加开放和互动。

在利用大数据技术驱动产品创新上，企业可采取三种转型策略：数据增强驱动、制度创新驱动和数据制度混合驱动。数据增强驱动策略关注加强企业大数据技术的应用，以此变革管理模式。制度创新驱动策略则侧重通过内部实践或外部合作积累大数据活动的经验，以此改进研发模式。数据制度混合驱动策略则强调同时提升大数据技术的运用和内外部数据应用的经验积累，以促进研发模式的全面变革。

大数据技术不仅提升了企业对市场和用户的洞察力，还优化了成本和研发周期，最重要的是，它还赋予了企业更广泛的创新潜力和灵活性。这些变革共同推动了企业研发战略的转型，确保企业能够在快速变化的市场中保持竞争力。

> **知识链接**
>
> 扫描章后二维码，学习"酷特智能：数据驱动反向定制"

二、互动营销推广

（一）互动式营销

在传统商业环境中，企业主要通过协同和整合组织资源来满足消费者的需求，形成以单向供给为主的价值提供模式。然而，这种以产品销售为导向的营销，由于缺乏与消费者的充分交流与互动，在快速变化的互联网情境下难以使消费者形成黏性。互联网环境下的企业营销正在逐渐从以产品为核心转向以消费者为核心，基于社交平台的社群营销成为企业借助粉丝效应和口碑效应转变营销模式的重要突破口。

在企业与消费者的价值共创中，消费者参与对企业产品开发、营销扩散和运作改进等均产生重要影响，尤其是那些拥有专业能力或资源的特殊消费者，发挥的作用更为突出。有两类消费者在营销方面具有重要作用：一是凭借知识贡献或特殊魅力发挥营销影响力的意见领袖，如时尚达人和网红；二是通过结构型社会资本发挥营销影响力的平民化中心，如有广泛人脉资源的消费者或社会网络中的关键节点人物。

与普通消费者相比，意见领袖通常拥有更多经验或掌握更多专业产品知识，拥有或可以获取更多产品信息，通过更多的探索性或创造性行为形成对产品更高程度的介入。意见领袖给出的推荐更容易让人们产生信任。相比于以能力见长的意见领袖，平民化中心是指在一定时期或情境下能显著影响周边人群决策或行为的特殊群体。平民化中心类似连接者，这些人群之所以具备一定的影响力，不是因为他们具有专业知识或特殊能力，而是因为他们周围的人更熟悉他们，更容易信任他们。

企业与消费者价值共创的互动式营销，主要体现在四个方面。首先，企业与消费者的交互以提供服务为目的。企业与消费者之间从产品交互转变为服务交互，主要包含两种服务关系：一是企业与特殊消费者的服务交互。二是企业与特殊消费者合作共同服务普通消费者。其次，企业与消费者双向的资源共享与资源对接支持价值共创过程。再次，企业侧重开发和应用那些促进与消费者协同的信息技术。最后，企业与消费者价值共创的结果既包括经济价值，也包括个性化服务价值。

（二）粉丝社群

粉丝（fans）是指极其热忱、忠实的追随者。品牌粉丝的行为主要呈现三个特点：第一，狂热的消费行为。他们能从消费中获得极大乐趣，而且不顾身边的人喜欢与否。第二，参与品牌社群活动。粉丝通过参与品牌社群，实现获取信息、自我认同、社会认同和娱乐功能。第三，参与品牌价值的创造活动。品牌粉丝通过提供产品改进的建议、参与品牌设计等活动参与品牌价值的创造。

粉丝与品牌互动的过程是一个价值创造的过程。粉丝通过互动，获得使用价值、经济价值和体验价值。体验价值主要体现在粉丝通过与品牌的互动行为，激发对品牌精神的认同，产生心灵上的共鸣，改变对已有事物的认知。例如在哈雷迷心里，哈雷早已不仅仅是一个摩托车品牌，而是一种自由精神的象征。

粉丝通过使用价值和体验价值创造获取自我认同和社会认同。自我认同是消费者作为一个个体，对于自我的认同。例如，哈雷的粉丝通过产品改装、骑行活动来感知自我。社会认同是消费者作为一个个体，所获得的来自他人（社会）的认同，表现在个体向他人证明自己属于品牌粉丝这一角色的过程。

粉丝通过与品牌的互动行为，获得了额外的一种精神力量。例如，哈雷特殊的骑行坐姿混合着机器震动和排气声浪会让骑行者感受到不受约束的自由感，对于这种机器与人的精神交流（心灵共鸣），喜欢哈雷的人会觉得它带来挣脱一切的力量。

知识链接

　　扫描章后二维码，学习"汇美和酷漫居的营销转型"

三、商业模式创新

商业模式创新，是企业通过改变价值主张、价值创造、价值获取等要素，使其在商业模式架构下对创造价值过程进行全方位创新的活动。商业模式设计从顾客价值主张出发，继而整合内外资源能力开展价值创造和传递活动，在实现顾客价值的基础上获取企业价值。价值主张是商业模式线性价值逻辑的起点，价值创造与价值分配是主要环节，其中，价值分配又可进一步细分为价值传递和价值获取。

从价值主张到价值创造，到价值传递，再到价值获取，遵循价值创造与分配的因果逻辑，同时刻画了"价值主张提出和落实"这一完整过程：后三者组成价值主张实施的基本路径。"价值主张—价值创造—价值传递—价值获取"形成了一个完整逻辑过程，这个线性价值逻辑能够直观、清晰地揭示商业模式中不同价值活动的逻辑顺序，呈现一种链式思维，易被理解和接受。然而，线性价值逻辑是无中心的、直线的和单向的，难以准确描述商业模式各模块间的复杂关系。

商业模式构建与运行可看作价值主张提出与实施过程，价值主张不仅仅是商业模式价值逻辑的起点，鲜明、独特、清晰的价值主张亦是构建和管理商业模式的主线，蕴含着商业模式总目标、总要求，构建商业模式应强调从价值主张选择开始，并将其他元素与之相匹配。整个商业模式架构以价值主张模块为核心，以价值创造模块、价值传递模块和价值获取模块为支撑体系，创建一种具有交互功能的复杂逻辑关系。更确切地说，价值主张贯穿三大支撑体系，串联各体系内价值活动，对后者建设与发展起重要指导作用，而三大支撑体系围绕价值主张展开，彼此间协调运作、相互促进以保障价值主张的落实。企业经营实践与理论研究皆表明，价值创造模块、价值传递模块和价值获取模块两两之间实际上是相互影响、双向互动的关系，并非简单的单向线性关系。

企业的商业模式不是一成不变的，而是动态演化的，商业模式演化是企业转型的重要方面。商业模式演化的外因驱动观点强调，商业模式的价值逻辑设计或演变是为适应竞争条件变化以达到最优状态，商业模式演化是一种由外及内的反应式演化。内因驱动观点强调组织应主动求变、由内部引领外部变化，认为商业模式的调整与转变可以是一种由内到外的自发式演化，反映商业模式价值逻辑设计与再设计的主动性和自愿性。

在企业创业期，商业模式重视探索价值主张，包括确定战略定位以及满足顾客价值；在成长期，商业模式除了侧重关键业务拓展和核心资源获取的价值创造活动外，还可以利用和顾客、合作伙伴之间的交互作用实现价值增值和传递；在扩张期，商业模式充分整合内外部资源，实现价值生态体系下的最大化价值获取。由此，各价值模块呈现出逐级推进、螺旋式上升发展的特征，最终通过模块中具体构成要素间的密切互动和相互作用，实现商业模式的持续创新。

以二手电商平台闲鱼为例。闲鱼共经过三个阶段的商业模式创新，在其商业模式动态创新过程中，商业模式的价值逻辑链的各模块内容不断循环更新，其中核心构成要素不断调整和变革，从而实现商业模式各阶段的发展演进。

> **知识链接**
>
> 扫描章后二维码，学习"闲鱼的商业模式转型"案例

第四节　转型期的组织战略

一、平台型领导

（一）平台型领导特质

平台型领导是以组织环境动态化和知识型员工崛起为特征的知识经济时代背景下的新领导模式之一，其特色在于领导者通过构建共同的事业平台以促进下属、领导者以及组织共同成长。

进入 21 世纪以来，组织需要不断地学习以适应复杂的外部环境，以中间层次少、信息传递快和直接控制为特征的扁平化组织结构开始变得普遍。同时，信息技术的广泛运用促使信息的传递摆脱了原先的层级限制，每个员工都可能是重要信息的接收者和发出者，这就导致专业化分工的界限逐渐不像传统分工那么明确。为了提高效率和效益，以追求自主性、个体化、多样化和创新精神为特征的知识型员工越来越受到组织的重视和青睐。在组织环境动态化以及知识型员工崛起的背景下，组织中原有的层级意识和等级观念被逐步弱化，去中心化和去领导化已经成为重要趋势，自上而下的传统领导模式开始被认为不适用于应对知识经济时代的挑战。

平台型领导是指领导者重视自己和下属的共同事业，重视事业的发展，同时重视员工的发展，通过事业范围的扩展和事业质量、层次的提高，激发自己和下属的潜能，调动自己和下属的积极性，通过这种方式影响自己和下属的一种领导类型。平台型领导与传统领导模式的本质区别主要体现为三点。一是强调领导者与下属互相成全，一起成长，共同提高；二是强调领导者、下属借助平台不断自我成长，促进平台持续做大，进而形成一个良性互动的过程；三是平台大小没有止境，领导者可以通过提高下属素质、提高自身素质、

积小胜为大胜等手段进一步做大平台。

（二）平台型领导行为

平台型领导是一个多维度的概念，由包容、个人魅力、变革规划、平台搭建、平台优化和共同成长这六个维度构成。

包容是指平台型领导者在与他人共事时有着开阔的心胸，不仅能容得下他人的过错、差异和反对意见，也能与人共享信息、资源和成就。个人魅力是指平台型领导者通过其自身所具备的积极乐观、随和厚道、锲而不舍、专业果断和周全正直等特征，使得下属表现出对平台型领导者的追随。变革规划是指平台型领导者在动态的环境中可以有效把控方向，制定正确的战略，确保组织完成目标。平台搭建是指平台型领导者以人为本，通过互信文化塑造、利益驱动、制度建设以及资源保障建立起可供下属施展才华、互相成全、共同成长的平台。平台优化是指平台型领导者以做大平台为目标，通过成就导向、组织学习、创新培育、情感导向和跨部门协调合作不断维护和优化平台。共同成长是指平台型领导者注重下属和自身发展，通过关注下属成长、自我成长、充分授权和互动关系塑造使双方实现互相成全、共同成长。这些行为特质能够有效促进知识型工作者的创新行为，在企业转型的背景下，促进员工在企业内部进行创业，推动新技术探索和新机会开发。

> **知识链接**
>
> 扫描章后二维码，学习"韩都衣舍的员工赋能"

二、员工创客化

（一）激活个体

德鲁克认为企业的使命是"创造顾客"，即企业因顾客需求而生，所以企业必须持续自我革新，不断迭代内部组织架构、管理模式和组织文化。

推动员工创客化，就是要建立赋能机制，使员工从"螺丝钉"向"创业者"转型。在一些传统型组织中，企业其实只雇用了员工的"一双手"，并没有真正激活他们的"大脑"为企业做出贡献。员工向创客转型，需要组织内部打造创客文化，即"鼓励创新、宽容失败、挑战极限"的文化氛围。3M 公司有一个政策，员工 15% 的工作时间可以自由支配；谷歌公司也有"20% 时间"制度，允许基层工程师随意用 20% 的工作时间把精力投入他们感兴趣的项目中。但从推动员工创客化转型的过程和效果来看，一部分企业已经陷入两种误区。

第一种误区是企业内部存在"丛林法则"。企业初衷本是打造创客文化，鼓励员工自我负责、创造业绩，但机制设计上的缺陷，可能导致销售部门员工之间抢客户或业绩，甚至不惜相互诋毁。企业内部没有建立有效的信息共享平台导致各级、各部门、各员工之间沟通难。员工之间在工作上鲜少沟通，面对内部潜规则，大家也是"看破不说破"。

第二种误区是企业出现大量"南郭先生"。"南郭先生"是指无才而占其位的人，此类人多出现在垄断企业或大企业。这些企业因拥有优渥的客户资源或占据垄断地位，在市场竞争中保有优势。在此环境下，有些部门和岗位工作压力相对较小，导致一些员工浑水摸鱼、投机取巧、得过且过，长此以往，劣币驱逐良币，企业很容易罹患"大企业病"。这种场景即是"平台实力强、个体能力弱"的平台与个体关系。

平台与个体关系存在四种场景，可以用"平台与个体关系矩阵"中的四个象限来呈现，横轴代表平台实力的强弱，纵轴代表个人能力的强弱。第一象限代表"平台实力强、个体能力强"的场景，这是组织最理想的状态。第二象限代表"平台实力弱、个体能力强"的场景，这是部分处于创业初期的民营企业的状态。第三象限代表"平台实力弱、个体能力弱"的场景，这是一些处于破产边缘企业的状态。第四象限代表"平台实力强、个体能力弱"的场景，这类企业虽实力强大，员工众多，但在组织的平台化转型上也出现创客越来越少的现象（图8-1）。

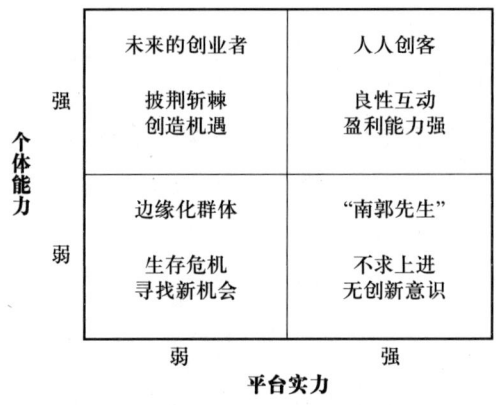

图 8-1　平台与个体关系矩阵

资料来源：孙康（2022）。

（二）激活组织

当今时代已由传统的工业时代转向互联网时代，又进入了物联网时代。工业时代讲究生产效率和规模，互联网时代追求交易流量，而物联网时代则更加关注对用户的深入感知与服务，为用户创造价值。传统管理模式主要存在以下问题：

第一，组织的人性难以激活，员工与上级的张力涌现。传统管理模式下，员工往往像工具一样等待上级的命令，缺乏自发性与创造活力。

第二，组织内部的沟通不畅，部门间的张力涌现。从纵向来看，上级的命令直线下达，上下级往往是单线沟通，哪怕是在矩阵式的组织结构中，沟通效率问题也难以得到有效的解决。从横向来看，部门之间的沟通往往是部门领导之间的沟通，部门围墙高耸，内耗大。

第三，企业与市场脱节，企业与用户张力涌现。传统的管理模式下，企业与用户割裂。企业对市场的感知来自高层，而高层获取的市场信息往往比较模糊。当高层感知到的市场信息再传递给基层转换成产品或服务时，往往会出现偏差或滞后。

第四，企业与外部资源割裂，内外部资源张力涌现。传统的科层制结构把企业内外部资源割裂，外部资源难以与内部资源进行有效的互动。企业难以进行资源的整合与优化。

在物联网时代，海尔成功地应对了传统管理模式的局限性，并进行了一系列战略转型以适应这个新时代。这个时代不再单纯追求生产效率和规模，也不仅仅关注交易流量，而是转向深入洞察用户需求并为用户创造价值。

针对传统管理模式中激活组织人性的挑战，海尔提出"人单合一"管理模式，有效激发了员工的主动性和创造力。在这种模式下，员工不再被动执行上级命令，而是变得积极主动，能够直接响应用户需求。

对于组织内部沟通不畅的问题，"人单合一"打破了部门壁垒，促进了纵向和横向的流畅沟通。海尔集团通过赋予员工更大的自主权，促进了多维度的信息流动和协作，减少了内耗。

在解决企业与市场脱节的问题上，海尔通过直接连接员工与用户，让市场信息的获取和响应更加及时准确。这种模式确保了从市场感知到产品和服务创新的路径更加直接和高效。

面对企业与外部资源割裂的挑战，海尔通过网络化战略和生态品牌战略，有效地将外部资源与内部流程整合，增强了企业资源的整合能力和市场适应性。

海尔的"人单合一"模式不仅解决了传统管理中出现的困难，而且通过将员工与用户的需求紧密结合，创造了一个既能满足员工追求最大生产者剩余，又能满足用户追求最大消费者剩余的双赢生态。通过不断的战略更新和管理创新，海尔证明了自己是适应时代的企业，能够在不断变化的市场环境中持续成功。

知识链接

扫描章后二维码，学习"海尔的人单合一模式和创客机制"

三、学习型组织

（一）克服组织惰性

组织惰性指组织中形成的规范化、固定不变且对组织变革起抵触作用的模式。由于存在路径依赖，企业倾向于重复采取以往助力企业发展的资源配置方式进行价值创造，久而久之就会陷入能力锁定困局，最终被时代淘汰。

组织惰性可以分为资源刚性和惯例刚性。资源刚性指不改变资源投入模式，企业由于受资源依赖和维护市场地位的影响，倾向于在以往发展过程中能够为企业创造价值和收益的领域进行重复投资，进而被锁定在当前投资领域内。惯例刚性指企业由于受发展过程中长期固定下来的习惯性制度、结构、认知、文化或程序所束缚，在面对环境变化时往往很难做出改变。资源刚性源于不愿投资于新的领域，而惯例刚性源于无法改变资源投资背后的模式和逻辑。

为了打破组织惰性，重要的不仅是选择正确的资源行动策略，还要深入理解管理者如何分析组织情境，并确立资源行动策略与组织情境之间的匹配关系的内在机制。管理者面对组织惰性时，可采用"组织情境分析—管理者认知—资源行动策略"的框架来应对。企业在不同的发展阶段会遇到不同形式的组织惰性，并且应对这些惰性的内在机制各不相同。在这一过程中，威胁感知和机会捕捉的能力是关键，它们能够激励企业在面临资源和惯例的僵化时主动进行组织变革。管理者利用这些能力分析组织情境，修正并形成自己的认知，进而指导资源行动策略的选择与执行。

当企业遭遇资源刚性时，内部管理者的威胁感知能力成为推动变革的核心。管理者对威胁的感知会促使他们重新分析组织情况，并将注意力集中在捕捉发展机会上，这既包括把握当前的机会（机会窗口），也包括预见未来的机遇（创业导向）。

在对抗惯例刚性时，虽然威胁感知和机会捕捉都能唤醒管理者的变革意识，但只有在明确识别到发展机会后，管理者才会采取积极的变革行动。这种机会捕捉能力往往来自"外脑"的引入，例如招聘外部人才或吸纳外部管理理念，因为内部管理者作为现行组织惯例的执行者，可能难以察觉潜在的威胁和机会。

管理者通过对组织情境的深入分析，结合威胁感知和机会捕捉来形成认知，这些认知又会指导管理者实施相应的资源行动策略以克服组织惰性。面对不同类型的组织惰性，管理者的认知来源和资源行动策略的选择也会有所不同。综合考虑当前和未来的发展战略，企业才能有效地走出舒适区，并对发展方向进行及时的修正与调整，这样才能有效延缓组织惰性的产生。

（二）推动组织变革

企业组织结构的变革，总是随着信息技术的进步而发展，从传统的金字塔式职能型组织结构，到矩阵型事业部结构，向扁平化联盟型组织结构演化，信息技术越发达，企业决策层掌控的幅度就越大，模块化、扁平化和全球化的联盟趋势就越明显。物联网技术及其引起的整体环境的变化，导致企业组织结构发生根本性的改变。物联网系统的追溯性和平台性引发的企业组织结构变革呈现两个阶段的发展过程："点—线延伸结构"和"点—网辐射结构"。

点—线延伸结构，是物联网环境下企业组织结构发展的早期形态。物联网追溯技术使得企业内部通过采集"物"的状态信息，进行实时数据分析，实现采购、生产、销售等生产经营过程的实时决策和智能管理。对企业外部而言，物联网追溯技术强化了企业自动化的外溢程度。物联网系统通过追溯技术，会促使核心企业加强同其上下游企业的物质联系，实现生产经营过程的敏捷调度和集中控制。

点—线延伸结构的变革，在制造业较为突出。制造商首先进行技术变革，以智能制造设备替代传统制造设备，实现制造设备的更新换代。其后，制造技术的升级（传统制造转向智能制造）和市场需求的改变（大规模生产转向大规模定制），进一步协同引发制造商内部由下而上的技术革新，使智能制造的集成信息平台逐步开发并臻于完善。在实际行业中，重资产的高科技制造行业最有可能呈现出点—线延伸结构的组织变革模式。

点—网辐射结构，是物联网环境下企业组织结构发展的后期形态。在点—线延伸结构发展充分后，中心节点企业通过物联网系统的多源异构数据管理、智能计算等功能，完成对异质性信息系统或者各类物联网软硬件智能设备的整合吸纳，吸引大量多元信息主体的接入，建立覆盖全供应链的信息交互体系。再通过对内信息共享的方式，打通体系内的各个子系统，在体系的层面进行资源的统一调度和集中管理，协调子系统之间的复杂交互，促进异质性企业成员的协同合作，最终实现供应链或联盟企业的跨领域互动和管理。

相比于传统互联网平台，物联网系统可以吸纳更为多样繁复的主体成员，提供更为透明精确的商业信息，创造更为动态智能的合作流程。多种参与元素在平台作用下迅速聚集并相互作用，形成快速膨胀扩张的物联网生态，催生出全新的组织结构与管理模式。总结来说，点—网辐射结构的形成，就是先由核心向边缘，再由底层向顶层的网络式演化过程。在实际行业中，轻资产型的互联网行业及其供应链组织，最有可能呈现出点—网辐射结构的组织变革模式。

第五节　转型期的市场战略 ▉▉▊▍

一、把握范式变革

（一）识别和评估新兴技术范式

技术范式是一组处理问题的原理、规则、方法和标准的总称，关注技术所依赖的知识、技术所需的资源、技术应用的场景及体现技术特性的产品等。新兴技术范式的产生，往往给转型期企业带来挑战。一方面，由于转型期企业与新进入者创新路径不同，主流客户和既定盈利模式限制了转型期企业对新兴技术的投入，即新兴技术在初始阶段所提供的产品或服务是"劣质的"，利润率低、市场规模小，转型期企业缺乏创新动力，陷于延续性技术中并最终失败。另一方面，新兴技术是一个完整的过程，包括技术开发过程与技术支持下的产品与服务商业化过程，这一过程中任何流程要素的缺失或错误都会使创新失去颠覆性的地位，需要转型期企业充分把握创新时机并在动态中有效控制创新过程。

通常，存在着两种不同类型的新兴技术创新。一种是高端创新，主要为新技术创造全新的市场需求；另一种是低端创新，所提供的技术与现有技术具有相似特点，但产品成本更低。高端创新又存在两种情形：一种是企业通过系统集成能力的塑造进行技术追赶以实现颠覆，如中国高铁技术的创新。另一种是企业对具有颠覆性潜质的前沿技术持续高强度投入，实现技术突破，直接占领新的技术与市场高地，如华为在 5G 技术领域的创新。

当前，我国重点关注的新型产业技术范式主要有工业互联网、产业互联网、反向制造、智能制造等。工业互联网建设对企业数字化转型的意义重大。工业互联网平台推动着生产方式向数字化、网络化、智能化转型，也带来了基于智能制造和工业大数据的商业模式创新。中国有着全球最大的制造规模、最旺盛的市场需求和最完备的互联网生态，将先进的数字技术加快融入传统制造领域，能够带动传统企业实现转型升级。

相对于消费互联网，产业互联网的支撑技术更广泛，不仅包括传统互联网，也包括云、大、物、移、智[①] 等新一代数字技术，以实现万物互联为基础，进行分析、决策、优化，从而使产业发生深层次的改变。

反向制造（C2M）模式将生产者和消费者直接对接，采用订单式营销方式，迎合消费者的个性诉求，实现产品零库存。这种模式是大型互联网企业和中小企业合作的产物，大

---

① 云计算、大数据、物联网、移动互联网和人工智能的简称。

型互联网企业具有强大的数字能力，中小企业则缺少相关资源，包括软硬件设备不足，以及专业人员缺失。两者合作可实现优势互补。例如，中小制造企业可以直接入驻大型电商平台，实现供与需、产与销的精准匹配。

智能制造可以应用于研发设计、生产过程、物流和服务等价值链环节，显著提高生产效率。以往对智能制造的研究多限于生产运作领域，与企业战略的联系较少。然而，智能制造通过人、机、物的全面互联，形成全新的制造和服务体系，可以成为企业战略创新的重要途径。区别于以往的制造技术，智能制造是信息技术与制造业务高度匹配的制造模式，体现了技术与管理的深度融合。智能制造以其数字化、网络化和智能化等特征，不仅颠覆了传统制造方式，而且催生了商业模式和战略形态的创新，无论发达国家还是发展中国家，均在推动面向智能制造的技术范式变革。

（二）新兴技术的开发策略

新兴技术的开发策略包括自主开发与联合开发两种基本方式。转型期企业通常需要通过适当的方式建立新技术与现有资源体系之间的联系。高效的自主开发通常需要具备创新动力的工作主体（专业研发团队）、完善的支持系统（设备和经验知识）和丰富的应用场景（产品投向市场的机会）。

工作主体的创新动力不仅来自研发团队本身，更重要的是高层领导的支持。例如，在我国高铁技术自主创新的过程中，以高铁替代传统铁路的做法需要高强度投资，中央决策层对于高铁技术发展的支持，以及将高铁产业发展与我国经济发展密切联系的战略规划，成为我国高铁技术自主创新的重要动力。

完善的支持系统包含：有形的技术支持系统，如工作设施、工具和工程试验设备等；无形的技术支持系统，即积累起来的经验知识以及使之能够发挥作用的组织程序；外部技术支持系统，如外部供应商网络以及与研究机构的合作关系。

丰富的应用场景则为新兴技术的不断迭代和进步提供了关键土壤。首先，应用是技术研发和创新获得经济回报的唯一途径，所以大规模市场带来的确定需求能够为企业的产品开发和新技术采用提供动力和财力，使企业在建设技术、装备技术和服务技术上产生不断创新的势头。其次，应用为技术改进和后续创新提供了"问题"的来源和解决"问题"的压力，加快了解决"问题"的速度。

知识链接

扫描章后二维码，学习"科大讯飞的技术范式变革"

二、开展公司创投

创业企业的创新与成长离不开财务资本与实物资源的双重支持，对于科技型创业企业尤其如此。近年来，中国的创业融资环境发生了天翻地覆的变化，腾讯、阿里巴巴、招商局、联想等大公司正越来越广泛地参与到创业投资的活动中。这一实践，被学术界定义为公司创业投资（corporate venture capital），简称公司创投。公司创投不仅对创业企业的创新生态构建起到了关键作用，同时也给大公司转型升级增添了新的动力，有助于推动我国经济增长进行动能转换。

公司创投是指大型产业公司对独立运作的创业企业进行的少数股权投资。一般来说，公司创投具备三个典型特征，使其区别于其他投资活动：第一，尽管财务回报是一项重要考虑，但战略目标通常是大公司开展公司创投的主要动机。第二，被投资的创业企业是创业者（个人或团队）所有，独立于大公司而运作。第三，大公司投资之后，只获取创业企业的少数股权。

公司创投包括三个主体：大型产业公司（简称"母公司"）、公司创投单元，以及被投资的创业企业。母公司是公司创投的发起者。在特定的环境和组织因素驱动下，母公司做出设立公司创投单元的决策，并输出资金、资源和管理，通过投资创业企业来获取战略效应。创业企业将公司创投视为重要的融资来源，试图借助母公司的互补资源来提升创新和成长效率，同时也为母公司带来新知识、新资源和新机会。公司创投单元则扮演着母公司与创业企业之间连接者的角色，既要结合母公司的产业知识和资源基础来筛选和培育创业企业，又要助力母公司获得战略回报。在开展公司创投的过程中，三个主体共同创造价值和分享价值。

公司创投可以给母公司带来多种收益。首先，在投资于创业企业的过程中，母公司能够获取新知识、开发新资源和发掘新机会，从而提升内部创新活动（如技术创新与能力开发）和外部业务扩张活动（如兼并收购与战略联盟）的效率，并最终贡献于母公司的整体价值。

其次，公司创投是母公司获取外部新技术知识的重要手段。在投资于创业企业的过程中，母公司能够通过尽职调查、日常互动和投后管理等环节获取创业企业的新技术知识，从而补充母公司自身的内部创新活动，提高技术创新效率。

再次，公司创投也能够为母公司带来新的市场知识和开发创业机会的隐性知识，从而促进母公司的知识体系更新和组织能力重构。例如，海尔是利用公司创投推动组织能力建设的典型案例。通过海尔资本和"海创汇"等孵化平台，海尔培育出一批聚焦于新机会的小微企业，既帮助海尔实现互联网、物联网背景下新机会布局，又促使海尔从传统制造企业向平台型企业转型。

最后，公司创投还能够帮助母公司识别和评估外部有价值的新资源，使母公司更高效地开展兼并收购活动。公司创投与并购活动有众多相似之处，都涉及标的评估与选择。通过开展公司创投，母公司能够对技术和市场趋势有更深刻的理解，对新资源有更准确的评估，从而提升后续兼并收购的效率。例如，阿里巴巴在早期通过公司创投对优视科技、高德地图、饿了么等创业企业进行了小股权投资，而在市场成熟时才进行全资收购。

┌─ 知识链接 ┄┄┄┄┄┄┄┄┄┄┄┄┄┄┄┄┄┄┄┄┄┄┄┄┄┄┄┄┄┄┄┄┄┄┄┄┄┄┄
│　　　　　　扫描章后二维码，学习"小米的公司创投"
└┄┄┄

三、推动市场破冰

（一）市场与技术协同

转型期企业需要同时重视技术创新与市场创新并关注二者的协同。市场创新指企业在当前主流市场之外，挖掘和提供不同于主流市场的顾客价值，开拓新的顾客群体或者细分市场，这种创新有别于单纯的地理市场扩张。小米手机专注于"发烧友"市场、联发科技开拓低端芯片市场等成功事例，说明市场创新对于企业发展的重要性并不亚于技术创新。成功的市场创新能够帮助企业规避主流市场的激烈竞争，寻找新的盈利增长点，充分挖掘已有产品或技术的潜在价值。

市场创新与技术创新的区别主要体现在两个层面：一是技术层面，技术创新通常代表或追求顶尖的、先进的技术进步；市场创新不一定要借助技术的巨大进步，往往通过更加简单的新技术或者对既有技术和商业模式的改变来实现。二是市场层面，技术创新往往强调主流市场的需求，通过先进的技术为既有顾客提供更高的顾客价值；市场创新强调新兴市场的需求，挖掘和提供不同于主流市场的新顾客价值。

（二）探索新市场机会

企业创业是转型期企业探索新的机会，进行市场创新的重要方式。在企业创业过程中，需要平衡手段导向和目标导向之间的关系。其中手段导向的核心维度包括基于已有的资源识别机会、可承受的损失和控制等；目标导向的核心维度包括基于特定的机会开发资源、最优化的盈利和预测等。手段导向有助于创业企业探索基于全新场景的市场机会，而目标导向则有助于推动企业在维系原有核心能力的基础上培养新的核心能力。面对新兴技术带来的快速变化环境，转型期企业需要平衡创业手段导向和目标导向，从而兼顾新机会探索、新能力培育以及原有核心能力的维系。

　　在探索市场机会的初期阶段，转型期企业通过针对性的活动，聚焦于新兴市场场景以发掘潜在的商机。这一过程不仅涉及对外部机会的敏锐洞察，也包括对企业内部资源的有效识别和重组。企业将这些资源重新配置，以适应并培育新的业务能力，并缩减非核心业务以集中力量进行市场创新。

　　在商业模式的初步构建和应用阶段，转型期企业在风险可控的前提下，进行初步商业模式的探索和试验。企业利用其网络关系和技术优势，加速资源的整合和分析，从而加快商业模式的成熟和优化，最终增强企业的核心竞争力。

　　至于市场拓展的阶段，转型期企业结合线上线下资源，运用创新的方法来扩大其产品和服务的范围。在此过程中，企业通过整合技术和关系网络，增强平台服务的功能和影响力。进一步地，企业优化资源组合，提高市场营销和供应链管理的效率，力图在市场中建立起领导地位。

> **知识链接**
>
> 　　扫描章后二维码，学习"百度的自动驾驶"

本章小结

　　转型期企业的战略变革，往往通过用户、产品、组织和市场四个方面具体实施。战略变革是企业为了应对内外部环境的不断变化、维持竞争优势而采取的系统性战略变化。成功的战略变革，通常离不开具有前瞻性的管理认知、高效的组织学习，以及与战略变革相匹配的组织制度保障。在用户战略方面，转型期最重要的用户特点是用户的忠诚度。转型期企业利用好现有的用户资源，加深对用户需求的理解，既能提高获利能力，也能提升新进入企业的门槛。在产品战略方面，意义创新将企业与用户的互动提升到了爱的层次，关注的是产品对人的价值。同时，在转型过程中，商业模式的价值创造逻辑链的各模块内容不断循环更新，实现发展演进。在组织战略方面，转型期企业需要平台型领导、创客型员工和学习型组织。在市场战略方面，转型期企业通过内部开发与外部合作等多种方式，进行技术创新与市场创新。

思考题

1. 转型期企业实施战略变革的核心要素是什么?

2. 为什么管理认知对于企业转型有重要的作用?

3. 为什么说忠诚用户是转型期企业的重要资源?

4. 在互动式营销中,哪些用户对于转型期企业的战略价值更高?

5. 为什么转型期企业采用商业模式创新作为重要的价值创造方式?

| 即评即测 | 常用术语 | 知识链接 | 参考文献 |

第三篇

战略维度和类型

第九章

竞争战略

📍 学习目标

★ 掌握四种竞争战略的内涵、特征等。

★ 理解三种通用竞争战略的价值和风险。

★ 熟悉三种通用竞争战略的关系和异同。

★ 了解驱动企业成本的因素。

★ 学习利用价值链获取成本领先优势的途径。

★ 熟悉竞争对抗模型的各个组成部分。

★ 学习动态竞争优势的获取过程。

开篇案例：格兰仕的成长道路与竞争战略 ①

　　从"世界工厂"到"世界名牌"，从"中国制造"到"中国创造"，广东格兰仕集团有限公司（简称格兰仕）通过有效运用不同竞争战略，已经成为中国家电行业的领军企业之一，其产品覆盖了冰箱、空调、洗衣机、厨房电器等多个领域。截至2021年，格兰仕已成为一家拥有超过 80 000 名员工的国际化企业，在全球范围内拥有多个生产基

----

① 结合以下内容改编：康荣平，柯银斌.格兰仕集团的成长、战略与核心能力［J］.管理世界，2001，17（1）：189-195；毛蕴诗，欧阳桃花，魏国政.中国家电企业的竞争优势：格兰仕的案例研究［J］.管理世界，2004，20（6）：123-133.

地和销售网络。

一、创业阶段（1978—1992年）

1978年，梁庆德带领10余人在广东顺德成立桂洲羽绒制品厂（格兰仕前身），主要生产羽绒制品。该阶段格兰仕主要采取一体化经营策略，经营范围从畜毛的洗涤、整理、粗梳加工，到染色，再到纺织，最后到羽绒服装及羽绒被生产，经营业务主要有原白色兔毛纱出口、染色纱出口、纱线染色加工及羽绒被、服装等制品生产、出口。创业阶段，由于资金、技术等方面的限制，桂洲羽绒制品厂主要通过合资经营方式进行加工和生产，并于1992年6月改名为广东格兰仕企业（集团）公司。

二、转向阶段（1993—1997年）

然而，格兰仕高层普遍认为羽绒制品行业前景不佳，为保障公司持续发展，格兰仕需向一个成长性更好的行业转移。鉴于广东顺德为我国最大的家电生产基地，格兰仕初步决定进入家电行业。由于当时我国大家电（彩电、冰箱等）竞争相对激烈，他们决定以小家电为主攻市场。经过市场调研，格兰仕发现微波炉产品技术成熟，在发达国家较为普遍，在我国却是一个基数小、增长速度快、市场潜力大的市场。此外，国外微波炉企业只有4家，竞争不算太激烈。

格兰仕杀入微波炉市场的第一个重拳就是价格战，被称为微波炉行业的"价格杀手"。格兰仕在1996年8月和1997年10月分别进行了两次大规模的降价活动，每次降价幅度都高达40%，使微波炉行业产生两次大的地震，市场价格都迅速地降到1 000元左右。降价背后主要是成本大幅度降低，扩大规模是降低成本的最有效手段。微波炉生产的重要原材料和元器件采购成本随生产规模的扩大而迅速下降，加工成本和平均固定成本也会降低。

为此，格兰仕先"创造"消费市场，让微波炉从"贵族化"消费品成为老百姓的家庭消费品，使整个消费群体扩大了千百倍；然后根据消费市场的规模核算成本，并引进最先进的生产技术（如OEM生产设备等）进行生产，依赖大规模的生产基地和廉价的劳动力资源，依据专业化、高效、高质、低耗的成本管理体系，形成自己的成本优势。此外，微波炉是一种零部件化程度较高的产品，格兰仕通过买断微波炉关键器件磁控管的技术，利用自身规模采购优势对产业上游供应链进行整合，使产品的成本大规模降低。因此，格兰仕利用总成本领先优势，不断向市场强势推出价廉物美的产品，从而迅速扩大市场占有率。

三、新阶段（1998年至今）

随着市场竞争的加剧和消费者需求的变化，格兰仕逐渐意识到仅仅靠低成本策略难以持续获得市场优势，于是逐步向差异化战略进行转型，以通过不断创新和提高产品质来提高自身产品的附加值和市场竞争力。

格兰仕通过多元化的产品组合，开始从单一产品向全方位家电生产制造商转型，拓展产品线。多元化最开始是在小家电行业范围内进行的，除微波炉外，格兰仕向市场推出电饭煲和电风扇产品。格兰仕于2000年进入空调行业，从2009年开始打造冰洗基地，全力发展干衣机、洗衣机、冰箱、洗碗机项目。相关产品多元化战略使格兰仕在产品研发、采购、生产、销售等方面获得规模经济和范围经济，大大降低了格兰仕的总生产成本。

格兰仕逐渐加大对品牌建设和研发投入，不断推出独特的产品和服务，推出了一系列新的高端产品，如空气能热水器、智能家电等。它借助市场营销手段提升品牌形象和知名度，打造出"智能家居生态圈"等品牌形象。

在产品研发和品牌建设的同时，格兰仕还加强了渠道建设和售后服务，提高客户满意度和忠诚度。格兰仕建立了全国范围的维修网络，提供24小时客户服务，为消费者提供更好的服务体验。此外，格兰仕还在海外市场上寻求发展，通过建立境外生产基地和合资企业等方式，进一步扩大了企业规模和影响力。

案例思考题

1. 格兰仕在不同发展阶段采用了哪些竞争战略？
2. 格兰仕的成本领先优势的获取途径有哪些？
3. 格兰仕差异化战略的实现途径有哪些？

第一节　成本领先战略

成本领先战略是三种通用竞争战略中最基本的一种，指企业进行价值活动的总成本低于行业内竞争对手，以构建竞争优势。成本领先并不意味着获取绝对低的成本，而是比竞争对手相对低的成本。在寻求成本领先地位时，企业必须认真思考哪些是购买者认为至关重要的特色和服务。一味地追求成本降低而丧失产品特色会削弱而不是加强产品的竞争力。如果成本优势的来源对于竞争对手是难以复制或模仿的，则成本优势会持续存在。许多厂商成功地运用总成本领先战略，如杜邦公司等。

知识链接

扫描章后二维码，学习"沃尔玛的成本优势形成机制"

一、成本领先战略的成本管理

（一）成本驱动因素

成本领先战略的根本在于控制成本，而控制成本的关键在于控制住影响成本的结构性驱动因素。这些结构性驱动因素不同会使企业价值活动的成本不同，从而使不同企业获得不同的成本地位。成本驱动因素主要包括：

1. 规模经济

规模经济指平均成本随生产产品或服务的数量上升而下降。根据西方经济学原理，在达到一定规模之前，随着生产规模的扩张，设备、厂房等利用率提高，工人的生产效率提高，单位产品的生产成本下降，即形成规模经济效应。因而，实现成本领先，通常应选择那些同质化程度高、技术成熟、标准化的产品规模化生产。规模经济的产生依赖于多种能力，主要有能以不同的方式和更高的效率来进行更大规模的活动，能以更大的销量分摊无形成本，支持大规模活动的基础设施或间接费用的增长比例能小于活动规模扩大的比例等。

产生规模经济的成本结构通常包括两部分：大量的固定成本和随着产品数量增加而以恒定速度上升的可变成本。成本优势的来源主要有利用专用设备（大规模的企业有能力使用专业化的生产设备），建造大型工厂和生产线（这点在注重生产过程的行业尤为重要，如炼钢、炼油、化工、造纸），员工专业化分工（详细的专业分工有利于提高效率），及减少一般管理费用等。但是要使规模经济的成本结构变成竞争优势，还需要其他条件。如果新进入者有和在位企业同样的客户渠道，它就能够达到在位企业的规模。如果市场中的企业有同样的客户渠道和成本结构，并且新进入者和在位企业以同样的条件提供类似的产品，那么市场通常会在竞争者之间平均分配。

可口可乐之所以成为世界上最有价值的品牌之一，不是由于它被大众广泛了解，而是由于客户忠诚和更为重要的在广告和分销上的区域性规模经济。由于这些竞争优势，可口可乐在争取新客户方面处于更为有利的地位。它可以用比竞争对手更低的成本吸引和服务客户。

然而，随着产量的增加，企业的规模效应可能为正，也可能为零，或者为负。比如企业规模扩大会带来生产复杂性的提高和管理成本的增加等不利影响。企业常常在以下情况产生规模不经济，导致成本劣势：企业规模超过最优生产规模，超过了设备的物理极限，管理多条生产线的成本上升，员工失去生产积极性，陡增的运输、销售成本等。

因此，企业在分析通过扩大规模降低成本时应注意两个方面：一是对市场进行充分的分析，如果扩充的市场规模足以容纳扩张带来产量的提高，规模经济是有效的；反之，市场无法容纳就会导致产品滞销，造成表面成本降低而实际利润下降的现象。二是关注竞争对手的行为，如果竞争对手也要通过规模经济来建立成本优势，那么就有可能导致行业内生产能力过剩，进一步加剧行业内的竞争强度，从而无法实现规模经济效应。

2. 学习曲线

学习曲线也称为经验曲线（experience curve），指在一种产品的生产过程中，产品的长期平均成本随着学习和经验的积累而逐步下降，这里学习包括内部积累和外部学习。内部积累就是员工通过多次反复的工作，学会了如何更有效地完成他们的工作任务和使用新的技术；外部学习就是从企业外部寻找一些有价值的学习利益，但只有在没有知识溢出或者是专有学习的条件下，企业才可能通过学习来实现和保持企业的成本优势。

企业如何发挥先行者和追随者优势是学习曲线中极为重要的研究内容。成为先行者在很大程度上是一把双刃剑。一方面，学习曲线效应使先行者的可变成本随着累积产量的增长而下降；另一方面，折旧效应（vintage effect）——后建的生产设备比原来的更有效率——则对先行者不利。无论先行者还是追随者，累积产量的增长和学习过程都同样迅速。学习过程的收益（可变成本下降）递减将会缩减先行者的优势，于是折旧效应就处于主导位置。

3. 产出利用模式

当一项价值活动与大量固定成本相联系时，活动的成本就会受到生产能力利用率的影响。通过均衡生产量，常常可以提高平均生产能力利用率。比如，对于季节性产品化肥、农机具等，可以在淡季增加促销和为产品寻找淡季使用途径；将产品线拓展到受生产周期影响小，或能轮换使用剩余生产能力的产品；或者挖掘新的细分市场以弥补淡季锐减的生产量。

4. 时机选择

时机选择也影响一项价值活动的成本。如企业作为先行者，常常因为占据最佳地点、率先雇用优秀的员工、得到优选供应商、优先取得专利而获得长期的成本优势。但追随者也可能获得成本优势，如技术的高速变迁使他们可以以较低的价格购买更先进的设备，调试及学习成本较低。企业需选择的时机并非绝对意义上的时间，而是与经济周期或市场条件相关，有利于企业发展的时间。

5. 制度因素

制度因素是最终成本因素，在某些行业或环节中可能是最为重要的成本驱动因素。有利的制度因素能降低成本，不利的制度因素会提高成本。其中较为常见的制度因素包括政府法规、免税期、关税、征税、财政刺激手段以及本土化规定等。比如，对于沃尔玛全世界分销店来讲，关税、征税和本土化规定等制度因素就成为重要的成本驱动因素；对于邯钢来讲，财政刺激手段可能是最重要的成本驱动因素。

6. 研发创新

降低成本最有效的办法是生产技术创新。技术创新和革命会大幅度降低成本，生产组织效率的提高也会带来成本降低。如福特汽车公司通过传送带实现了流水生产方式从而大幅度降低了汽车生产成本，进而实现了让汽车进入千家万户的梦想。

（二）价值链成本管理

价值链成本管理以成本管理为抓手，以价值链优化为导向，以价值创造为核心，是一种关注企业发展和目标的管理方式。实施价值链成本管理需要配置资源，全链条成本管理能够从资源配置的角度来保证企业整体的价值链核心活动满足成本效益原则。全链条成本管理还要嵌入每一项价值链成本管理活动中，例如对产品设计成本的事前预算、事中监控和事后评价。

价值链成本管理与传统的成本管理存在很大差异。具体而言，传统的成本管理只体现在降低成本、节约费用上。而价值链成本管理则要求价值链上每个成员都创造新的价值，企业的内部决策和对成本的把控都上升到战略高度，保持成本领先，实现企业价值的增值。企业应站在战略高度对企业价值链的各个环节进行有效的成本管理，要求分析并且控制从供应商的供应、物资的采购、产品的研发、产品的生产、产品的销售到售后服务的整条价值链的价值消耗，将成本管理贯穿产品的整个生命周期，从而形成企业的长期竞争优势、提升企业整体的价值。

利用价值链进行成本管理的步骤主要有：

第一，确定价值链并分离价值活动。一个企业的价值链和它所从事价值活动的方式反映了其历史、战略、推行战略的途径以及这些活动本身的根本经济效益。同一行业内企业的价值链相似，但也存在很多不同点。因此，企业需在确定其价值链的基础上，再将各个环节的价值活动分离出来进行具体分析，以便找出企业比较优势的源泉所在，并进行控制和改善。分离价值活动时应遵循活动所占成本的大小和增长、活动的成本行为、竞争对手在进行该活动时的差异等原则。

第二，分配成本和资产。在确定其价值链之后，企业必须把经营成本和资产分配到各种价值活动中去。经营成本应该分配到直接相关的活动中，资产则应当分配到最能影响其使用的活动中去。经营成本的分配对企业而言是非常重要的，但同时也具有一定的难度。通常要对会计记录进行重新整理归类，以使成本与价值活动相吻合，而不是与会计分类相吻合，对于外购投入和间接费用部分的分类更是如此。

第三，识别各环节成本动因。价值活动成本形成机制取决于影响成本的因素，主要分为结构性成本动因和执行性成本动因两大类。结构性成本动因由影响企业经营杠杆的组织结构和投资决策决定；执行性成本动因由执行策略的有效性和效率决定。结构性成本动因反映了企业的长期决策，并确立了企业在产业及市场中的地位。执行性成本动因帮助企业制定经营决策以合理利用资源，达到既定战略目标。管理政策、管理风格、文化背景、管理人员的素质等决定了这类动因。

第四，构建各环节的内、外联系。竞争战略一方面来源于价值活动本身，另一方面来源于价值活动的相互联系，即来源于这些联系的优化和协调。因此，识别和构建价值链中不同价值生成过程之间的内、外联系非常必要。作为竞争优势的源泉，价值链环节之间的联系与各个环节本身同等重要。而且，这些联系可以提供可持续的竞争优势，因为这种复杂的联系使竞争者难以模仿。

第五，获得总成本领先优势。总成本领先并不代表所有环节的成本都要最低化，而是在一些重要的环节上降低成本、提高效率，更好地满足顾客的要求，从而获得比竞争对手更低的成本，最终取得竞争优势。

> **知识链接**
>
> 扫描章后二维码，学习"邯钢的价值链成本管理"

二、成本领先优势的获取途径

企业获得成本领先优势的基本途径有两条：一是对成本驱动因素实行有力的成本控制；二是重新构建成本更低的价值链。前者是指企业可以根据重要性原则选择占总成本比重大的价值活动，通过改变影响它们的因素来获得成本优势；后者则是指企业可以改造原有的价值链，采用效率更高的方式来设计、生产并销售其产品。因此，控制成本驱动因素，重构价值链，寻求一切低成本来源，在竞争中取胜。

（一）控制成本驱动因素

成本驱动因素是成本的动因，是成本控制的关键性要素和最终落脚点。各项价值活动中成本驱动因素的相对影响会大相径庭。因此，没有一种成本驱动因素会成为企业成本地位的唯一决定因素，判定每种价值活动的成本驱动因素能够使企业对其相对成本地位的来源和它如何被改变有一个深刻的认识。

1. 规模经济

规模经济是实施成本领先战略最直接、最重要的途径。随着产品产量的增加，单位产品的固定成本降低。同样，伴随着生产规模的扩大，产品的直接成本和间接成本也会降低。因此，企业要保持合理的规模，加强对规模敏感的价值活动的控制，重视具有规模经济的价值活动。

2. 学习曲线

一项价值活动由于学习而提高效率，成本一般也会随着时间推移而下降。通过学习，企业可以提升劳动效率，改进产品设计，提高资产利用率，减少材料的使用，从而降低各方面的成本，增加企业收益。因此，企业要利用学习曲线进行管理，并要注重向竞争对手学习。

3. 产出能力利用模式

改变产出能力利用模式需聚焦于与大量固定成本相关的价值活动，充分利用这些固定成本，改造陈旧设备，提高设备利用率，均衡产量。同时，企业需要注重技术改造，减少产量波动对自身造成的不良后果，加强生产技术创新，实现生产设备的现代化，从而大幅度降低成本。

4. 时机选择

企业进入市场的时机与企业成本优势的获得密切相关。企业可以利用合理的时机选择来减少成本，一方面要充分利用先入者或追随者优势，如先入者在创建和维护品牌方面成本往往较低，可以获得先发优势；另一方面要关注市场发展或经济周期，选择恰当的购买时机，如在需求疲软时购进资产能节约大笔费用。

5. 制度因素

虽然制度因素往往不在企业的控制范围之内，企业也可以采取一些手段来影响或者降低制度因素的影响，如查找并利用好免税期和其他金融激励因素、关税和征税以及本土化规定等。企业要善于利用有利的制度因素以降低成本，同时要避免不利的制度因素给企业带来的成本增加。

6. 研发创新

研发创新有利于企业实现更高效率和更低成本。在产品的设计、生产阶段以及管理方式等方面采用先进技术方法和手段可以有效地降低材料消耗、能源消耗等成本，保持企业的竞争优势。用技术投资来降低成本的一些重要途径包括：开发低成本工艺、推进自动化、低成本的产品设计。

（二）重构价值链

重构价值链指企业对现有价值链进行大幅调整或重新设计，使其以不同于竞争对手的方式来更高效地进行设计、生产、分销或销售。重构价值链可以实现成本优势，源于两个原因：一是重构价值链能提供从根本上改变公司成本结构的机会，为企业创造一条效率更高、成本更低的价值链，成为产业中新的成本标准；二是重构价值链可以改变企业的竞争基础。因此，企业可以通过不断改善价值链中的各个环节，更加有效地整合企业的各项资源，使总生产成本降低，进而建立市场竞争优势。

重构价值链通常包括企业内部价值链重构和企业外部价值链重构两种途径。

1. 企业内部价值链重构

企业内部价值链重构指通过对企业内部活动进行增值性分析，删除或减少增值性较小的活动，重点扶植增值性较大的活动，同时优化各个价值活动的衔接处，使价值链更加顺畅，提高整条价值链的效率。

企业内部价值链重构首先要识别企业的若干价值活动，这些价值活动与顾客价值创造有关，并且引发资源耗费，成本发生。企业内部价值链重构的具体方法是将作业进行系统分类，进而消除和排除不增值作业，使企业内部各作业相互协调，配合企业降低成本提升竞争优势。该方法包括价值工程分析、作业成本分析和目标成本分析。

（1）价值工程分析。价值工程分析就是为了以最低总成本可靠地实现产品或作业的必要功能所进行的有组织的活动。该方法中价值等于产品功能和成本的比值，主要用于产品设计阶段的成本控制，使产品设计成本与目标成本一致。

（2）作业成本分析。作业成本分析实际上是价值链分析在企业内部成本管理中的应用。它是根据产品消耗作业、作业消耗资源的原理对企业的每项作业进行分析，通过考察作业变动与顾客价值变动的关系将作业分为增值作业和非增值作业，并通过流程再造活动尽量将非增值作业消灭，提高增值作业效率，以降低企业成本。

（3）目标成本分析。目标成本分析是以顾客需求为导向，根据市场状况和企业发展战略确定产品或服务的目标价格和利润，进而确定目标成本。目标成本分析将顾客需求、市场压力通过目标销售价格的形式传递给上游企业，并在整条价值链上分摊成本压力，其成本应考虑生产者成本、消费者成本及交易成本，十分适合价值链管理。

2. 企业外部价值链重构

企业外部价值链重构是指，分析企业在行业及相关行业所组成的价值网络中的位置，通过一体化取得价值链的延伸，在获取更多价值来源的同时产生协同效应，提高效率，降低成本。一体化主要包括纵向一体化、横向一体化和混合一体化。

企业外部价值链重构主要通过外部价值链分析来明确企业在行业价值链中的位置，分析自身与供应商和顾客价值链的关系，充分利用供应商和顾客的价值链活动，促进成本降低，调整企业在行业价值链中的位置与范围，把握成本优势。企业外部价值链分析包括以下几方面：

（1）行业价值链分析。行业价值链分析就是找到企业在行业中所处的位置，以及了解企业上下游与企业的联系，并找到与企业从事相同价值活动的竞争对手的比较成本优势。

（2）顾客价值链分析。通过顾客价值链分析，一方面可以通过对顾客的销售活动和需求状况的了解，合理安排交货时间、数量、品种，避免盲目生产造成的库存积压成本；另一方面可以通过与分销商建立战略联盟，或者直接通过整合的方式来避免中间交易成本和销售费用。

（3）竞争对手价值链分析。通过竞争对手价值链分析可以摸清竞争对手的产品成本水平、成本构成与成本项目支出情况，与企业产品成本对比找出差距，采取相应措施，并据此确定自己的产品定价策略，以等于或低于竞争对手的产品成本，把握竞争主动权。分析步骤大概为：了解竞争对手的成本情况，评估竞争对手价值链的合理性和科学性，将竞争对手的成本优势准确地定位于价值链之中，采取消除成本劣势、创造成本优势的降低成本措施。

（4）供应商价值链分析。企业供应商价值链分析对于企业避免不必要的成本是非常有用的，可通过与供应商的联系协作建立联盟来节约材料采购成本，保证材料质量、交易时间、数量符合企业要求，降低各种交易成本。

> **知识链接**
>
> 扫描章后二维码，学习"塞尚乳业价值链优化之路"

三、成本领先战略的价值和风险

（一）成本领先战略的价值

低成本领先战略可以帮助企业化解来自五种竞争力量的威胁：

1. 潜在进入者的威胁

有效威慑潜在进入者。潜在进入者若想进入该行业，必须投入大量资源缩减成本，否则很难从成本领先者手中争夺市场。潜在进入者可以选择其他竞争战略，如差异化或集中化来与成本领先者竞争。

2. 行业内竞争对手的威胁

有效打击竞争对手。成本领先者可以利用成本优势有效打击高成本的行业内竞争对手。常见的手段主要有两种：第一，以与竞争对手相同的价格出售商品，获取高于竞争对手的超额利润；第二，以比竞争对手略低的价格吸引更多的消费者从而增加市场份额，打击竞争对手。

3. 替代品的威胁

减少替代品的威胁。采用成本领先战略的企业通过提供质量基本符合要求和低价格的产品，这样可以降低替代品的性价比，使成本领先者的产品处于比替代品更有利的市场位置，有效减少替代品的威胁。

4. 供应商的威胁

减少供应商的威胁。相较于成本较高的企业，成本领先者具有更大的自由度和空间抵抗来自供应商提价的风险。由于低成本，成本领先者可以在应付行业上游供应价格普遍上涨的问题上更加灵活，有更强的抗风险能力。

5. 购买者的威胁

抵御购买者的威胁。强有力的购买者通常要求产品低价格、高质量。因此，成本领先者在面临购买者所施加的压力时可以选择适当降低价格。此外，购买者存在后向一体化的动机，成本领先者可有效抵御这方面的威胁。

（二）成本领先战略的风险

企业在建立和保持成本领先地位时需要付出一定的代价，如放弃陈旧资产，对现代化设备再投资，避免生产线太过扩散等。这些代价在降低成本的同时，对成本领先者可能造成以下风险：

1. 成本优势难以弥补差异化劣势

出于效率和成本考虑的企业往往聚焦于同质化、低层次的共同需求，从而大批量生产较少种类的产品，因此很难满足多样化的市场需求，企业会将市场优势拱手让给实施差异化战略的企业。企业差异化劣势过分突出，既可能来自企业的内部经营不善，也可能来自外部市场环境的变化。

2. 成本领先地位容易被取代

成本领先战略易引发行业追随者的模仿，从而使企业丧失通过低价迅速扩大市场规模的机会。因后发优势使得学习成本较低，追随者很可能超越先行者，替代其成本领先地位。打价格战就是一个表现。例如中国彩电行业价格战就是由长虹、康佳这两位行业先行者率先发起的，其他追随者为了保住自己的市场份额，迫于竞争压力，只得纷纷效法，结果使得当年该行业全员亏损，谁也没能幸免于难。

3. 技术进步可能使成本优势丧失

技术进步有可能使成本领先企业的设备过时，使采用新技术的竞争对手获得更大的成本优势。此外，过度追求成本领先容易造成企业对技术进步和创新的忽视，从而导致过去某些投资或者学习效应大打折扣，最终丧失成本领先优势。

4. 难以转化成竞争优势

采取成本领先战略的企业如果不表现为低价格，就很难改变购买者的认知，从而吸引其购买，最终产生真正的市场优势。因此，企业必须掌握好降低成本和价格的度，如果成本和价格的低水平超过了购买者的预期，他们会怀疑产品质量而放弃购买。

第二节　差异化战略

差异化战略指企业通过提供特殊产品或服务，以提高顾客对其产品或服务的相对于竞争对手的感知价值（perceived value）而获得竞争优势的战略。差异化战略形成的基础是企业资源及顾客需求的异质性，且具有特殊需求的顾客能够形成足够的市场容量。差异化战略旨在形成独具特色的差异化竞争优势，同时企业为顾客提供的价值明显区别于行业内其他竞争对手。波士顿咨询公司的奠基人亨德森表示："任何想长期生存的竞争者，都必须通过差异化而形成压倒所有其他竞争者的独特优势。勉力维持这种差异化，正是企业长期战略的精髓所在。"

一、差异化战略的途径

企业要突出自己产品与竞争对手之间的差异性主要有三种基本途径：

（一）产品差异化

企业差异化竞争战略的核心便是产品差异化，它能够迎合顾客的多样化需求，形成竞争优势。产品差异化是指某一企业生产的产品在质量、性能上明显优于同类产品，从而形成独特市场。对同一行业的竞争对手来说，产品的核心价值是基本相同的，只在性能和质量上有所不同。在满足顾客基本需要的情况下，通过不断创新为顾客提供独特的产品是差异化战略追求的目标。产品差异化可以通过投入特殊原材料或其他要素、开展技术开发活动等方式实现。进而针对不同市场需求，销售不同品类产品，与其他竞争对手形成错位竞争。奔驰汽车采用差异化战略成功地将自己与竞争对手区别开来，成为全球市场中广为接受的高品质的象征之一。

并非产品的任何差异化都是有价值的。有效的差异化应满足以下各项原则：重要性、优越性、独特性、可负担性、盈利性等。然而，由于外在的不可控制的因素，体现在产品上的外显的差异化易于被竞争对手学习和模仿，所以其难以持久。因此，企业需要做好顾客需求分析，通过大数据深入分析顾客需求，确保产品得到顾客认可。

产品差异化可从不同方面着手，如基于营销学中的三个产品层次：核心产品、形式产品和延伸产品。核心产品是顾客购买产品时所追求的利益点，即顾客购买产品的真正需求。比如，同样是手表，购买劳力士的顾客一定不只是为了计时，购买斯沃琪的顾客则源于对时尚的需求。形式产品是核心产品借以实现的载体，表现为产品的品质、外观、包装等。延伸产品是顾客购买产品时所获得的附加利益和服务，如信贷、售后服务等。企业实施差异化战略，可以从产品整体概念角度系统谋划、整体设计，也可以选择产品整体概念的其中某一个或几个方面进行价值创造。只有个性化的产品才能赢得市场。

产品差异化还可以从产品结构、功效和包装的差异化方面寻找出路。产品结构的差异性主要指通过与众不同的产品外形、颜色、款式、所用原材料等结构特征去实现与同类产品相同的功效。同一行业内产品的功效差异不大，因此产品外形、颜色、款式等结构特征的差异化是企业成功的关键。在产品中使用新材料可改变原产品的性能、重量、寿命，也能成功实现差异化。产品功效的差异化主要体现在产品的口味、功能、速度、可靠性、安全性等任何一个功效特征的改变。只要这种差异化是顾客需要并有能力支付的，就能给企业带来竞争优势。产品包装的差异化指对顾客来说有价值的差异化包装。包装简陋粗糙会给顾客形成产品质量不好的印象，使产品缺乏吸引力；包装过度奢侈浪费会给顾客华而不实的感觉，同样也会使产品缺乏吸引力。

知识链接

扫描章后二维码，学习"茶颜悦色如何突出重围"

（二）服务差异化

随着企业之间的竞争逐渐从产品优势转向服务优势，服务差异化已成为越来越重要的差异化途径。顾客不仅注重产品质量，更注重服务质量，如果服务跟不上，就会降低顾客的消费欲望。因为产品质量相同的情况下，顾客更加看重产品所附带服务的数量和质量。顾客需要的服务是不同的，对服务的重视程度也是不同的，企业应该抓住这一特点提供正确、有效的服务。服务差异化可以通过进行特殊的营销活动、开展特殊的服务等方式实现。企业要提高对服务差异化的重视程度，通过更加优质的服务吸引更多的顾客，赢得良好的口碑，使顾客买得安心、买得放心。此外，企业要在日常工作中重视服务创新，完善各种服务细节，努力做到人无我有、人有我优，提高顾客对于售前、售中、售后服务的满意度。服务差异化战略能够提高顾客购买的总价值，保持牢靠的顾客关系，以此获得竞争优势。

服务差异化可有效创造成功的和持续的竞争优势。由于服务质量和特定的服务提供者有极为密切的关系，所以服务差异化不易被竞争对手模仿，能够持续较长的时间，从而为企业带来持续的竞争优势。不论是制造业企业还是服务业企业，服务差异化战略都是有力的竞争武器。比如，同是销售电热水器，海尔实行 24 小时全程服务，售前售后一整套优质服务让每一位顾客满意而归。海底捞的成功也很好地说明了这一点。在众多的火锅店中，海底捞独树一帜，在顾客中拥有良好的口碑。归其原因，最重要的一点就是它独一无二的高质量服务，它所提供的各种各样的个性化服务早已成为优质服务的代名词。海底捞始终秉承"服务至上、顾客至上"的理念，致力于为顾客提供"贴心、温心、舒心"的服务，以创新为核心改变传统的标准化、单一化的服务，将用心服务作为基本经营理念。

服务差异化的目的是为顾客提供独特的有效的服务，具体内容如下：① 服务人员差异化，即选择和培训高素质的服务人员以产生不同的服务效果；② 服务质量差异化，即提供不同的服务项目和服务内容；③ 服务手段差异化，即通过不同的服务手段让顾客得到不同的体验；④ 服务承诺差异化，即向顾客做出服务承诺并严格信守承诺。

（三）市场差异化

市场差异化是指由产品的销售条件、销售环境等具体的市场操作因素而产生的差异。由于顾客的需求是不断变化的，市场也随之不断改变，市场差异始终存在。市场差异化主要包括销售价格差异和分销渠道差异。

从销售价格方面讲，同类产品的价格即使在同一市场上也存在高、中、低之分。价格主要还需根据产品的市场定位、本企业的实力以及产品的生命周期来确定。产品价格应有高、中、低档次，在按质论价、优质优价、劣质低价的基础上，定价还要考虑市场供需、顾客心理、季节等多种因素。只有准确掌握市场信息和顾客心理，不失时机地实施价格差异化竞争，才能最终形成竞争优势。

从分销渠道方面讲，根据经营层次或环节不同，有长渠道与短渠道、宽渠道与窄渠道之分。企业应针对市场，根据产品的特点和优势，选择分销渠道的长度与宽度。渠道的长度就是渠道的层级和环节的多少。企业如果想要扩大市场，就选择具有扩散效应的长渠道，比如应用于日化产品、家用消费品等。短渠道的目标明确，具有指向性和简洁性，有利于产品价格的竞争。一些生鲜食品、时尚消费品和品牌产品应该采用直销、连锁经营等短渠道。渠道的宽度是指在一个层级上中间商的多少，数目多的是宽渠道，数目少的是窄渠道。宽渠道有利于大面积覆盖，主要应用于大众消费品的分销与批发，能够迅速提高销量和市场份额；窄渠道可以有效地控制分销商，一般应用于工业品、耐用消费品和高档消费品的分销。例如，戴尔公司改变过去那种通过零售商渠道销售个人计算机的做法，直接面向顾客销售，并按订单组织生产。新渠道的建立意味着公司不用受制于零售商，也不用承担巨额的库存费用。

二、差异化战略的实施

（一）差异化战略的适用条件

实施差异化战略的关键条件是：通过产品和服务独特性提供顾客价值；这种价值被顾客认可；顾客愿意为独特性支付溢价；企业具有提供独特性的能力。因此，企业在选择差异化战略前必须考虑以下因素：

（1）重要性：此项差异能否给足够多的顾客带来较多的利益。

（2）盈利性：此项差异能够给本企业带来多大的利润。

（3）优越性：在获得相同利益的情况下，该项差异是否明显优于其他差异。

（4）独特性：竞争对手是否无法获得或者不易模仿。

（5）可负担性：顾客是否有能力并且愿意支付该项差异的附加价值。

（二）差异化战略的实施步骤

1. 把握顾客需求

准确把握顾客需求是企业为顾客提供个性化产品和服务的第一步。了解顾客需求及其行为变化是企业实施差异化战略的必然选择，任何与顾客需求不相匹配的差异化都是无意义的。然而在当今快速变化的时代，顾客的需求也会快速发生变化。有些情况下，顾客甚至不清楚自己的需求，且其所表明的需求和真正的需求并不一致。因此，只有充分深入了解并发掘这些顾客的现有优势及种种潜在的差异化需求，才能逐步在企业所处的细分行业竞争环境中建立起差异化竞争优势，从而实现企业差异化战略落地的预期目标。

2. 明确竞争对手

差异化是向顾客提供与竞争对手不同的产品或服务，因此制定明确的差异化战略前必须明确谁是竞争对手。企业在实施差异化战略的过程中，必须先明确竞争对手是谁，明确竞争对手的产品或服务在市场上所处的位置，以及其采取的营销策略，然后结合本企业的情况制定并调整相应的战略。该阶段的竞争对手可能是行业内提供同类产品的其他企业，也可能是提供替代品的企业，甚至是顾客本身。比如提供替代品的其他企业，它们可能来自不同行业，提供形式上完全不同的产品和服务，但它们的产品和服务却发挥着与本企业的产品和服务相同的职能，甚至能更好地满足顾客的需求。因此，企业要用开阔的视角识别竞争对手，将对产品的注意力转移到对顾客需求的关注。而且顾客需求不是固定不变的，因此企业必须时刻关注并进行动态调整。

3. 为顾客提供个性化产品或服务

实施差异化战略必须为顾客提供有别于竞争对手的有独特价值的产品和服务，要基于顾客需求在价值链上选择创造差异化的属性。顾客差异化的需求由企业形成的差异化的价值链去满足，通过产品、品牌、渠道和服务创造价值提供给顾客，从而满足顾客的差异化需求。差异化是产品、品牌、渠道和服务的一体化的系统工程。企业的价值来自顾客价值，因此，企业应该想方设法为顾客提供差异化产品或服务，以创造更多的价值。

4. 向顾客传递有效价值感知

差异化产品和服务能为顾客提供额外价值，从而使得顾客愿意支付多出的价格。但如果顾客感知不到独特的额外价值，即便企业的确创造了这种真实的超值成分，顾客也不会为此买单。有效传递信息与创造额外价值同等重要，有些时候前者比后者更有实质性意义。向顾客有效传递感知信息的实质在于通过行动在目标顾客心目中占有一个独特的、有价值的位置。如不同品牌的空调产品带给顾客不同的感知信息，奥克斯意味着低价，海尔意味着优质服务，格力意味着良好品质。

知识链接

扫描章后二维码，学习"龙华差异化发展"

三、差异化战略的价值和风险

（一）差异化战略的价值

1. 创造细分市场

差异化战略能为企业创造和培育自身独特的细分市场，并在细分市场上形成较高的进入壁垒。企业通过取得细分市场上较高的市场占有率，获取细分市场带来的利润。这样做一方面避开了与竞争对手正面交锋，尤其是避免陷入价格战的困境；另一方面充分发挥了企业自身的善于应变、勇于创新、富于进取等优势，以差异化求生存。

2. 提高顾客忠诚度

企业通过实施差异化战略满足了顾客某种独特的需求，给顾客带来难忘、独特的体验，提高了顾客对企业的忠诚度。差异化战略的实施一方面可以留住老顾客，使顾客重复惠顾，增加购买次数与购买金额，逐步提高产品市场占有率；另一方面可以赢得口碑宣传，通过老顾客介绍新顾客的方式不断扩大企业的顾客群。

3. 增加产品溢价

这种溢价应当补偿因差异化所增加的成本，并且可以给企业带来较高的利润。实施差异化的企业往往会突出产品的附加值，强调优质服务和体验，因此差异化的产品或服务一般而言会有着与其独特性相匹配的高价格。产品的差异化程度越大，所具有的特性或功能就越难以替代和模仿，顾客越愿意为这种差异化支付较高的费用，企业获得的差异化优势也就越大。

4. 提高进入壁垒

差异化提高了竞争壁垒，行业内竞争对手少，容易获得垄断地位，外部竞争者难以快速模仿，进入难度高。顾客对商标的信赖和忠实形成了强有力的行业进入障碍。如果行业新的加入者参与竞争，它必须扭转顾客对原产品的信赖和克服原产品的独特性的影响。然而，克服产品的差异和改变顾客的忠诚都需要很多的时间和资金投入，因此采用差异化战略的企业本身就是很大的进入障碍。

5. 减少可替代性

差异化战略能够有效降低产品的可替代性，同质化的产品越多，其可替代性越高。而企业实行差异化战略就能够在市面上形成独一无二的优势，越是独特，越是无法取代，为企业抢占市场份额提供强有力的支撑。同时，差异化战略使企业在对付替代产品竞争时，比其竞争对手处于更有利的市场位置。企业通过差异化战略建立起顾客对本产品的信赖，使得替代产品无法在性能上与之竞争。

（二）差异化战略的风险

1. 易受到成本领先的竞争对手的威胁

差异化战略往往意味着巨大的价格差异，因此，如果企业因为技术变革或者一时疏忽没有控制好成本，实施成本领先战略的竞争对手就有可能大行其道，尤其是当两者的产品差异不大时。

2. 对竞争对手的模仿行为敏感

差异性是相对竞争对手而言，但竞争对手不会漠视其他企业差异化优势的存在。它们会想方设法学习模仿，达到缩小或弥补差异化劣势的目的。竞争对手的模仿行为会使得顾客感知到的原产品或服务的差异化下降，企业同时还处于价格劣势。

3. 面临较高的市场风险

差异化的目的是更好地满足顾客某方面的需求。然而，市场需求时刻变化，当顾客更了解市场行情或其所处市场更加成熟后，其对差异化的要求便随之下降。或随着时间的推移，顾客对企业产品或服务的期望不断提升，使得对差异化的体验不断下降。因此，顾客可能认为企业创造的差异不再重要，容易转向其他企业或产品。

4. 很难实现规模效应

采用差异化战略的企业的生产规模一般不大，且在销售规模扩大方面面临困难，因此很难实现规模经济以降低成本。高差异化与高市场份额存在矛盾，差异化投入的资源较多导致市场复制较难，而且差异化战略天然过滤了一些关注成本的顾客。

第三节　集中化战略

集中化战略也称为专一化战略、利基战略等，指企业的经营战略重点放在一个特定的目标市场上，为特定的地区或特定的群体提供特殊的产品或服务。这种专业化业务能够使企业高效率、高质量地为特定的目标市场提供产品或服务，能够在这一特定的目标市场取得竞争优势。集中化战略实施的前提思想是：企业业务的"专一化"能够以更高的效率、更好的效果为某一特定的战略对象服务，从而超过在更大范围内竞争的对手。正如《孙子兵法》中所说："故备前则后寡，备后则前寡，备左则右寡，备右则左寡。无所不备，则无所不寡。"

集中化战略与其他两种竞争战略存在显著的差异，详见图9-1。就竞争范围而言，成本领先战略与差异化战略面向全行业，在整个行业的范围内进行活动。而集中化战略则是围绕一个特定的目标进行密集型的生产经营活动，要求能够比竞争对手提供更为有效的服务。

三种竞争战略的优势获取途径不同。采用成本领先战略的企业主要通过降低成本来获得竞争优势，采用差异化战略的企业主要通过提供差异化产品或服务来获得竞争优势，而采用集中化战略的企业一旦选择了目标市场，便可以通过产品差异化或成本领先的方法，寻求竞争优势，因而形成以下两种竞争战略：

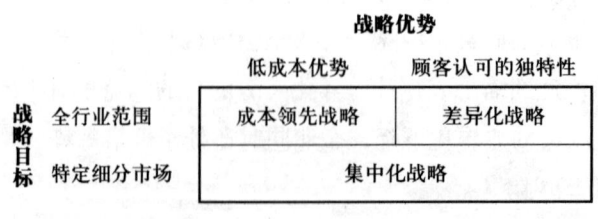

图9-1　集中化战略与其他两种竞争战略的对比

（1）成本集中化。成本集中化是企业采用低成本的方法为某一特定顾客群提供服务。通过低成本，集中化战略可以在细分市场上获得比行业领先者更强的竞争优势。实际上，绝大多数的企业都是从集中化战略起步，尤其是在发展初期它们的能力及资源有限。若在有效的细分市场中能够获得足够规模的业务量，就会选取成本集中化战略。如果企业能够通过集中其资源、精力和能力专注某一特定的目标细分市场而明显降低其成本，那么采用成本集中化战略就能取得成功。

（2）差异集中化。差异集中化是企业在集中化的基础上突出自己的产品、技术和服务的特色。若在有效的细分市场中，企业的产品质量、品牌知名度、服务等水平超出了其他竞争对手实际可以提供的水平，或明显与竞争对手产品不同，则企业就会选取差异集中化战略。与差异化战略不同的是，差异集中化战略只服务狭窄的细分市场，因此可以对所服务的细分市场的变化做出更为迅速的反应。企业如果可以通过集中其资源、精力和能力向特定细分市场的顾客提供个性化的产品或服务以满足其特殊的个性化需求，那么采用差异集中化战略就能够取得成功。

一、集中化战略的实施

（一）集中化战略的实施方法

1. 顾客集中化

顾客集中化也是业务集中化，是指将公司的业务聚焦在特定的目标细分市场和目标顾客。企业通过将业务集中在特定目标市场，集中企业资源为目标市场的顾客服务。再通过企业品牌的不断强化，采取一系列的行动不断加强企业品牌在目标市场内的影响力来加强业绩的集中化。最后通过贴近顾客，接受顾客的创新行为以及和顾客一起开发满足顾客实际需求的产品来实施集中化战略。

2. 产品集中化

企业在确定好目标市场后，要集中资源和精力，只做自己有核心技术优势、能给顾客创造价值的产品。企业通过加大研发投入对产品进行持续的创新和改进，以满足顾客不断提升的要求、提高顾客满意度。企业可通过以下途径实现产品集中化：

（1）聚焦核心技术产品。只做自己掌握核心技术的产品，通过对核心技术产品的聚焦，不断地为顾客创造价值。

（2）持续创新。加大研发投入，进行持续创新来实现产品集中化。企业通过持续创新不断加强企业的核心竞争力，从竞争中脱颖而出。

（3）深度加工以降低成本。为更好、更快地满足市场需求，企业应重视深度加工，提高专有设备和全自动化设备的利用率，从而提升生产效率、降低价格和缩短交货期。

3. 区域集中化

不同区域的经济特色、发展水平和制度环境均不一致。沃尔玛则为"聚焦于某一特定区域，获得竞争优势后再向更大市场扩展"的集中化战略提供了经验。山姆·沃尔顿在创建沃尔玛时先在阿肯色州的小城建立竞争优势，然后以此为基地向全国而后全世界进行扩张。

知识链接

扫描章后二维码，学习"思拜恩农业的聚焦战略"

（二）集中化战略的实施步骤

企业的集中化战略先将目标聚焦在目标细分市场，然后在产品、顾客、区域、品牌效应、创新提高核心竞争力等方面，选择合适的时机，集中企业的资源提供具有成本优势或差异化的产品，不断建立自己的竞争优势，从而在市场中占有一席之地。集中化战略的具体实施步骤如下：

1. 目标细分市场的选择

集中化战略实施的第一步是选择合适的目标细分市场。由于企业所拥有的资源是相对有限的，在战略定位中企业应该明确能够为哪些顾客提供产品与服务，科学选择目标顾客群体。一般的原则是，企业要尽可能地选择那些竞争对手最薄弱的目标和最不易受替代产品冲击的目标。具备下列五种条件，选择集中化战略是合适的：

（1）目标顾客群体在需求上存在较大差异，他们有独特的需求偏好；

（2）企业的目标市场不是行业领先者的重点市场，而是行业领先者忽视或者没有足够竞争优势的细分市场；

（3）企业的目标市场在市场容量、成长速度、获利能力、竞争强度方面具有相对的吸引力；

（4）本企业的资源和能力有限，不允许其追求更为广泛的目标细分市场；

（5）整个行业中尽管有诸多的细分市场，但是没有一家企业有足够的资源和能力进入整个市场中较多的细分市场。

2. 集中化战略的实施时机

时机的把握对战略实施的成功与否有着重大影响。满足下列条件时，不管是以低成本为基础的集中化战略还是以差异化为基础的集中化战略都会变得有吸引力：

（1）目标市场具有很好的发展前景、较强的成长潜力以及足够的市场容量，从而可以保证企业盈利；

（2）目标市场具有很好的成长潜力；

（3）目标市场不是主要竞争对手成功的关键；

（4）采取集中化战略的企业拥有有效服务目标细分市场的资源和能力，能够给该市场的顾客提供价格更低，或者更为需要的差异化产品或服务；

（5）采取集中化战略的企业可以通过产品或服务获得较高的顾客忠诚度，从而凭借建立起来的顾客商誉和企业服务来防御行业中的竞争者。

3. 集中化产品的提供

在明确了目标顾客群体和实施时机以后，需要结合目标顾客需求而提供具有特点的产品与服务。在企业经营发展过程中产品与服务是形成对目标顾客吸引力的最基础环节，结合企业所拥有的资源，设计、创造、交付何种类型的产品与服务，也是企业发展战略制定与执行的重要考虑因素。科学的发展战略能够使企业的产品及服务品牌形象在潜在顾客的意识中占据有利地位，这样能够让顾客了解企业的产品及服务从而提高与企业的合作欲望，此时发展战略的重要作用就得到体现。

> **知识链接**
>
> 　　扫描章后二维码，学习"拼多多下沉市场的错位竞争"

二、集中化战略的价值和风险

（一）集中化战略的价值

1. 竞争优势的获得

采取集中化战略的企业将有限的资源、能力和精力专注于某一点上，才能有较好的保障取得竞争的成功，如同通过凸透镜将阳光长时间聚焦于某一点才能产生足以燃烧的高温。尤其对于资源或能力有限的企业来说，集中化战略可以使它们集中有限的资源，使单一（单类）产品的市场份额迅速扩大，创造狭小领域或市场的竞争优势，实现盈利。

2. 进入壁垒的提高

采取集中化战略的企业拥有服务于目标细分市场的专业能力，因而其防御行业不同竞争力量的基础就会更加坚实。如果竞争者进入采取集中化战略的企业的目标细分市场，那么其面临的竞争会更激烈，而这种由采取集中化战略的企业的能力所构筑的壁垒和障碍，可以有效地阻止潜在竞争者的进入。

3. 资源利用率的提高

一个企业的资源、精力和能力总是有限的，如果过度分散使用，那么其资源的使用效率就会有所降低。如果企业专注于做一种产品，设计上就有能力和精力做到精益求精，产品的零配件因为专业化而容易储备，员工因为容易培训而技术熟练，制造效率因为经验曲线和学习效应而得以提高，营销模式因为长期耕耘而容易建立并且难以被复制。产品设计精、零件配备易、制造效率高、营销模式强，从而能形成规模经济优势。

（二）集中化战略的风险

1. 较高的成本风险

由于狭小的目标市场难以支撑必要的生产规模，所以集中化战略可能带来高成本的风险。同时，运输、通信、贮存成本太高，使集中化变得毫无效率。

2. 较大的竞争压力

采用集中化战略的企业一方面面临着竞争对手在更具体或狭窄的市场内采取相同集中化战略的威胁，另一方面面临着在较大范围（如全行业）经营的竞争对手的竞争。当采用大布局战略的企业和采用集中化战略的企业之间的成本差异不断扩大时，集中化战略的成本优势甚至竞争优势将被削弱。

3. 市场变化的风险

由于消费者需求的个性化、时尚化和多样化，原有产品市场的销量可能变小，这就需要产品不断更新，从而造成企业生产费用增加，进一步削弱其成本领先优势。采用集中化战略的企业有时候为此需要付出高昂的代价，从而抵消其通过集中化战略为目标市场服务的成本领先优势或产品差异化优势，进而导致企业集中化战略失败。

4. 产品专用的风险

实施集中化战略的企业，由于其通常使用的是个性化的专用设备，而这些设备对于目标细分市场可以大大提高效率，从而获得竞争优势。但是如果市场发生变化，专用设备转作其他用途的成本非常高昂，因而其退出成本非常高。

三、三种通用竞争战略的对比

三种通用竞争战略均基于产业结构分析而得到，所以它们存在的前提就是产业具有清晰的结构。不同的产业具有不同的盈利能力，而企业选择有吸引力的产业是决定其竞争结果的首要步骤。波特认为，企业应该在现有产业中从横向和纵向两个维度来确定自身的竞争地位：与供应商、购买者等纵向对比来确定自己在价值链条上应处的地位；与行业内竞争对手的横向比较来确定自己在产业中的地位。然后从成本领先、差异化、集中化三种竞争战略中选择一个。这种战略思想是由外向内，而后内外结合，即先对产业、供应商、竞争对手等外在因素进行分析，然后将自己与其比较来发现自身优势，最后制定和实施基于自身优势且符合外在环境发展的竞争战略。

三种通用竞争战略均对有形资源要求较高，因此企业需要一定时间来形成资源优势，并在此基础上产生竞争优势。因此，战略转换成本较高，导致企业战略持续时间也较长。但是，企业的竞争优势持续时间并不一定和其战略持续时间成正比，竞争环境的变化也会使得企业的优势消失。基本竞争战略构建的进入壁垒也许在一定时间段内较高，但是也使企业面临着很大的风险。例如，成本领先战略使企业面临技术进步使得后来者成本更低，从而丧失成本优势的风险。差异化战略则使企业面临竞争对手的模仿或者差异化需求消失而丧失优势的风险。所以，其战略持续具有一定的时间跨度，但是该时间跨度的长短则要看企业是否能保持相应的竞争优势。

然而，三种通用竞争战略在内在逻辑上相互排斥，要成功地制定和执行这些战略需要不同的资源和技能、组织必要条件和组织结构。实行成本领先战略对企业综合资源和技能具有较高的要求，如必须能达到行业所需要的规模效益；要有较高的市场占有率、可靠的原料和其他资源的供应渠道；拥有先进的设备、工艺和丰富的管理经验；有较大的再投资能力等。实行差异化战略，对企业的综合能力也有较高的要求：要具有很强的产品创新能力和市场营销能力，有先进的技术和工艺加工能力；有在市场、产品的研究开发和广告宣传等方面大量投入资金的能力；有与经销商、代理商高度协调和合作的能力；在行业中有悠久的历史或声誉卓著等。而实行集中化战略，实质上是在缩小了的市场范围内选择成本领先或差异化战略。因此，集中化战略对企业的资源、能力要求是由前两种战略要求的具体化战略条件组合而成，视具体战略目标而定的。

一般情况下，成本领先战略适用于有实力的企业。当企业与竞争者提供相同的产品和服务时，只有想办法做到产品和服务的成本长期低于竞争对手，才能在市场竞争中最终取胜，这就是成本领先战略。对于起步较晚的新企业最可取的是差异化战略。企业可以针对顾客的特殊需求，把自己同竞争对手区分开来，向顾客提供不同于竞争对手的产品或服务，而这种不同之处是竞争对手短时间内难于复制的。企业集中于某个领域后，就争取把自己的产品或服务和该领域的竞争对手区别开来，打造自己的核心竞争力。

第四节　动态竞争战略

一、动态竞争介绍

（一）动态竞争的概念

动态竞争的研究始于 20 世纪 80 年代初，刻画了企业之间的竞争互动模式，归纳了竞争交互规律，解释了企业竞争从静态到动态的转变。其源头可追溯到 50 年代中期爱德华（Edwards）对企业间对抗的研究。我国学者引入动态竞争的相关理论、方法和成果是在 20 世纪 90 年代末。

著名战略大师迈克尔·希特（Michael Hitt）将动态竞争定义为：在特定行业内，某一个（某些）企业采取的一系列竞争行为，引起竞争对手的一系列反应，这些反应又会影响到原先行动的企业，这是一种竞争互动的过程。广义的动态竞争有三个层次的含义：第一个层次，动态竞争（dynamic competition），指企业在越来越动态的经营环境下竞争；第二层次，竞争互动的动态化（dynamic competitive interaction），指企业之间多点和快速互动的趋势越来越明显，竞争对手之间博弈、学习、模仿和创新已经导致企业竞争优势的发挥和可保持性受到威胁；第三层次，竞争动力学（competitive dynamics），指创新与速度正逐渐替代规模而成为企业竞争优势的主要来源，因此企业需要发动不同的竞争性行为来获取优势。

（二）动态竞争的特征

1. 动态性

动态性强调环境的变化是常态，因此竞争优势都是短暂的，企业需要预测对手行为并做出合理响应。任何一个企业通过竞争行动所取得的优势，随着时间都会被对手的响应抵消，因此企业的竞争优势通常难以持续，是短暂的、过渡性的，企业必须精确地掌握时效、明白自己所处的位置，然后不断地主动攻击，进而防堵或延后对手的响应，才能取得动态的竞争优势。

2. 相对性

相对性强调企业的独特性，因此需要两两比较每一个对手与企业之间的异同，而不是一概而论，与此同时，每一家企业所认定的主要竞争对手会有差异，所以会产生"你看我是主要竞争对手，我却不屑一顾"的"竞争不对称性"现象。

3. 高速性

快速反应是获取竞争优势的关键。尤其在竞争激烈和迭代更新的市场环境中，企业只有迅速采取竞争行动才能击败竞争对手。每一个竞争对手都在不断地建立自己的竞争优势和削弱对手的竞争优势，竞争对手之间的战略互动明显加快。

4. 高强度性

高强度性反映一个特定竞争者的市场受到竞争行动威胁的程度。攻击强度把焦点放在竞争行动对个别竞争者的影响上，重心在于该竞争行动对每一竞争者所造成影响的强烈程度。

5. 暂时性

任何竞争优势都是暂时的，而不是可以长期保持的。信息技术的进步、经济的全球化和产业界限与企业边界日益模糊，正在使竞争格局瞬息万变，竞争环境动态变化，使企业竞争优势的可保持性越来越低。

6. 有效性

有效性是指企业在不断变化的市场环境中，能够快速适应和调整自身的战略和行动，以保持市场竞争优势的程度。竞争战略的有效性不仅取决于时间领先，更重要的是及时建立新优势。

二、竞争对抗模型

竞争对抗模型由陈明哲教授提出，主要包括竞争对手分析、竞争行动的驱动因素、竞争互动和攻击与反击的结果四个部分，详见图 9-2。

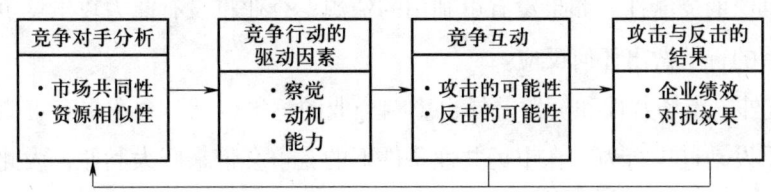

图 9-2　竞争对抗模型

（一）竞争对手分析

竞争对手分析旨在帮助企业了解竞争对手。企业研究竞争对手的未来目标、当前战略、假设及能力。通过这些分析，企业在采取竞争行动和反应时能够更好地预测竞争对手的行为。竞争对手的选择主要依据市场共同性（market commonality）和资源相似性（resource similarity）。市场共同性指企业和竞争对手所呈现的市场重叠程度。市场共同性越大，双方产品的相似性和替代性越大，或者在多个市场同时展开竞争和对抗的可能性越大。广义的市场共同性包括产品基础和顾客基础的概念，如地理市场、产品细分等。资源相似性指企业和竞争者具有相似的资源类型和数量。这里的资源主要包括组织结构、组织文化、经营团队、管理流程等有形和无形方面的企业资源。拥有相似资源组合的企业可能在市场上具有相似的战略性能力与竞争优势和劣势。不同行业的企业也可能因为拥有或需要相似的关键资源而成为竞争对手。

> **知识链接**
>
> 扫描章后二维码，学习"淘集集的竞争对手"

（二）竞争行动的驱动因素

竞争行动最常见的动力为企业的察觉－动机－能力（awareness-motivation-capability，

AMC），即只有当企业察觉到竞争威胁／机会，并具有攻击／反击的动机和能力时，才会产生攻击／反击行为。察觉是公司采取任何竞争行动的先决条件，主要指企业是否了解竞争对手的特点。除了外部环境中的威胁和机会，察觉还包括对市场共性和资源相似性所导致的与竞争对手间竞争张力的感知。察觉影响企业认识其竞争性行动和行动后果的预测，缺乏意识可能导致企业间的过度竞争。

动机指企业采取行动和在竞争对手攻击时进行反击的意向。动机包括了企业决定是否采取攻击和反击行为的内在心理过程或内部动力，它取决于攻击行为对竞争地位或绩效的提升作用，以及反击行为为弥补的优势损失程度。

能力指企业具备发动攻击和反击行为所需要的资源和能力。能力涉及每一个企业的资源以及资源供给的灵活性。如果没有可利用的资源，企业将没有能力攻击竞争对手，也不会对竞争对手的行动做出任何反应。

除 AMC 外，市场共性和资源差异也影响企业的竞争行动。企业更有可能向具有低市场共性的对手发动进攻行为。在市场共性条件下的竞争会带来巨大利益，因此受攻击的企业也更有可能采取反应行为，来保护其在一个或多个市场中的地位。采取行动的企业与竞争对手或潜在竞争对手间的资源越不平衡，资源处于劣势的竞争对手的反应行动就越延迟。

（三）竞争互动

竞争互动主要讨论竞争对手在同一个市场上实施的多次竞争交锋。企业为了在市场中获得竞争优势，经常会面临攻击与反击这类对抗性竞争的问题。

1. 攻击的可能性

攻击指企业为建立和巩固竞争优势或改善市场地位而采取的战略性或战术性行动，可以有效为企业塑造先发优势，快速占领新市场，获取超额利益。除竞争行动的三个驱动因素外，企业进攻的可能性还受先行者优势、组织规模、质量等影响。

先行者优势（first-mover advantage）指率先采取竞争行动而建立的竞争优势。先行者一般拥有能够在新市场或新技术方面进行冒险或探索的资源和能力，它们往往将资金投入产品的创新和开发、进攻性广告等。因此，先行者往往在竞争对手回应之前就能够取得可观回报，获得顾客的忠诚，并以此建立阻止竞争对手进入的障碍。先行者优势主要有 5 个来源：① 探索网络效应和正反馈回路，将顾客锁定在本企业的技术中；② 建立重要的品牌忠诚，提高后来者的进入壁垒；③ 实现规模经济和学习效应，取得成本优势；④ 建立顾客转移成本，使竞争对手很难夺走顾客；⑤ 积累有价值的知识，提高学习成本。

组织规模主要研究大企业和小企业竞争行动的差异。在特定时间内，大企业更有可能采取更多战略性竞争行动。然而，大企业往往依赖种类有限的竞争行动，而这种依赖性很有可能减小它们竞争成功的可能性。相反，小企业因体量小，行动的速度更快，可以依靠速度和出其不意的竞争行动来巩固竞争优势。敏捷和灵活使得小企业可以采取各种各样的竞争行动。

质量是攻击的必要但非充分条件。当企业的产品或服务达到或超出顾客的期望时，才产生了质量。其中产品质量的维度主要包括性能、特征、灵活性、耐用性、规范性等，服务质量的维度主要包括及时性、礼貌性、一致性、方便性、完整性和准备性等。质量是相对的，在不同市场中，同一产品对于质量的诉求可能存在差异。企业至少需要满足某一市场最基本的质量要求，才可能对该市场发起进攻。

2. 反击的可能性

反击指企业为了抵消竞争对手的攻击带来的影响而采取的战略性或战术性行动。除竞争行动的三个驱动因素外，企业反击的可能性还受竞争行动类别、声誉、市场依存度等影响。

动态竞争常将行动分为战略性行动（strategic action）和战术性行动（tactical action）。战略性行动指以市场为基础的、涉及组织资源的重大承诺的、难以执行和改变的行动，如并购。战略性行动的意图及效果难以被竞争对手解释和复制，能有效地遏制或减缓竞争对手的响应。战术性行动通常涉及资源较少，执行和改变也较为容易，如价格调整。战术性行动的意图相对明显且经常发生，容易被竞争对手解释和复制，并快速反击。

声誉是企业以过去的竞争行动为基础，对竞争对手做出的正面或负面评价。良好的声誉具有战略性价值，甚至一种"不好惹"的名声也对反击行动产生影响。当处于领导者地位的企业发起战略性或战术性攻击时，竞争对手更有可能做出反击，尤其当战术性进攻行动容易被模仿时。不同声誉类型对企业反击行动的影响不同。具有市场领袖声誉的企业更容易被其他企业模仿，而具有冒险声誉或杀价声誉的企业则不易被模仿。

市场依存度指企业从特定市场上获取收入或利润的程度。一般情况下，市场依存度高的企业更有可能对威胁它们市场地位的行动进行强烈的反击。当市场依存度非常高时，不管对方采取的是战略性还是战术性进攻行动，企业都会做出反击。这种反击不一定发生在同一市场，也可能发生在竞争对手依存度更高的市场中。依靠单一市场的企业比多元化的企业更容易实施反击。

（四）攻击与反击的结果

攻击与反击的结果指企业参与竞争互动时对竞争结果的预期，竞争结果主要包括对抗效果和企业绩效。对抗效果指企业对竞争对手的攻击与反击产生的影响，如赢得更优的战略地位、创造并保持竞争优势等。企业绩效常常指经济性指标，如市场份额的变化、股东收益增加、销售额增长、投资回报等衡量指标。

知识链接

扫描章后二维码，学习"乐行天下与小米科技"

三、动态竞争优势

动态竞争优势具有以下几个特点：① 持续性。动态竞争优势不仅指企业在短期内或某个时点上获得的竞争优势，更指在一个较长时期的动态竞争中表现出来的持续优势。② 动态性。动态竞争优势是动态发展的，其内涵随着时间和环境的不断变化而改变。③ 复杂性。动态竞争优势的形成和内涵是复杂的，它不仅包括企业的某些资源和能力，还包括外部环境和组织学习等部分，它的获取依赖暂时性竞争优势的积累。

动态竞争优势获取过程可细分为四个部分内容，即外部环境分析、内部资源与能力、制定竞争战略、创造动态竞争优势。四部分内容构成开发竞争优势的持续过程，最终形成了动态环境下的竞争优势循环。

（一）外部环境分析

外部环境指会影响组织的行为和决策，却不受组织支配和调节的要素。其中，宏观环境主要包括企业所处的政治环境、经济环境、社会文化和技术环境，其分析聚焦于探讨与研究宏观环境的优越性是否有助于企业实施竞争战略及获得竞争优势。产业结构包括行业内竞争者、上下游企业的经营特征，以及市场份额的分布状态等，聚焦于考察市场竞争格局的动态演化是否会提升企业参与竞争的倾向性与可能性。对不同产业来说，环境要素对企业战略的影响程度存在差异，企业需要结合所处行业特点确定它们对企业战略影响的优先顺序。

（二）内部资源与能力

1. 资源

资源旨在回答企业有什么，是获取竞争优势的基础。企业资源指企业所控制的，并能够用于实现企业构想和实施既定战略来提高企业效率和效益的所有特性。企业资源主要包括有形资源和无形资源两种，其中有形资源包括财务资源、物质资源、人力资源和组织资源等；无形资源包括技术、创新和声誉等。企业通过结盟、兼并等外部整合方式可以获取必要的技术、品牌、人才等竞争力要素。通过内部重组可以将外部获取的要素与企业原有的竞争力要素进行有效整合，融会贯通，优势互补，形成核心竞争力。

2. 能力

能力旨在回答企业能做什么，指企业综合运用各种资源实现其所期望的目标的内部特性，是各种资源和个体能力的有机组合。能力随时间而逐步发展，它是组织各种资源复杂的相互作用的结果。组织中的有形资源和无形资源通过其开发、转换、交流和在组织成员之间的信息与知识共享，形成了组织的能力。在企业实践中，资源和能力之间的差异很小。两者的最显著区别应该是企业的有价值的独特资源并不必然会成为企业独特的能力。只有将这些资源有效地加以利用才会产生和保持企业的独特能力。

3. 核心竞争力

核心竞争力（core competence）旨在回答组织擅长做什么，它的构建是企业获得动态竞争优势的关键所在。核心竞争力指的是企业拥有的难以被竞争对手模仿的、比竞争对手更强的、持久的某种优势、能力或知识体系，企业据此能够推出优于竞争对手的产品和服务，获得超越竞争对手竞争优势的独特能力。核心竞争力有四个基本特征：① 价值性。即核心竞争力是富有战略价值的，它能为企业降低成本，为顾客提供独特的价值和利益。② 独特性。企业的任何一项专长要成为核心能力必须独树一帜。③ 难以模仿性。核心竞争力是企业在长期活动中积累的，其他企业难以仿制。④ 延伸性。核心竞争力能为企业延伸出一系列相关的领先产品或服务。

4. 组织学习

组织学习是企业竞争优势的来源，企业不断学习、适应、提高其技能的能力是其竞争成功的关键。企业必须持续地学习并建立它们的核心竞争力，综合学习是对不同且相互矛盾的知识的同时概念化。它把知识、启发式和特有技能与能力等整合成一个系统的观点，产生出潜在的知识并替换过时的知识，从而建立起动态核心能力。

（三）制定竞争战略

制定竞争战略的本质是设计一项战略使企业的资源和能力优势与劣势同环境的机会和威胁匹配起来，以利用关键资源的能力创造既定的竞争优势。竞争战略为动态外部环境和内部组织优势搭建了一座桥梁，使企业能够在动态环境中不断地用新的竞争优势及其源泉替代以前的竞争优势及其源泉，实现竞争优势的持续更新。因此，企业制定竞争战略不是一个静态过程，而是根据外部环境的不断变化和企业内部核心竞争能力的不断开发，根据实施结果的反馈信息，不断动态调整竞争战略的循环过程。

（四）创造动态竞争优势

动态竞争优势的创造是一个持续的循环过程。一方面，企业通过制定有效的竞争战略，充分利用企业的资源和能力最大限度地利用机会并回避威胁，创造暂时性竞争优势

（temporary competitive advantage），进而建立持久竞争优势。另一方面，企业外部环境通过作用于企业竞争战略和暂时性竞争优势，对企业动态竞争优势产生影响。随着企业竞争优势的可持续性逐渐降低，企业越来越关注通过获取暂时性竞争优势来建立持久优势。暂时性竞争优势同时强调了竞争优势的动态性和可积累性。

本章小结

　　成本领先战略指企业进行价值活动的总成本低于竞争对手，成本优势的获取途径为控制成本驱动要素和重构价值链。差异化战略指企业通过提供特殊产品或服务，提高顾客对其产品或服务的相对于竞争对手的感知价值而获得竞争优势的战略。差异化战略包括产品差异化、服务差异化和市场差异化。集中化战略指企业的经营战略重点放在一个特定的目标市场上，为特定的地区或特定的购买者集团提供特殊的产品或服务。根据竞争优势的获取途径不同，集中化战略又分为成本集中化战略和差异集中化战略。动态竞争是在特定行业内，某个（或某些）企业采取一系列竞争行动，引起竞争对手的一系列反应，这些反应又会影响原先行动的企业，是一个竞争互动的过程。

思考题

　　1. 选择一家你熟悉的企业，分析如何通过控制成本驱动因素和重构价值链来获得成本领先优势。

　　2. 谈谈成本领先战略的价值和风险。

　　3. 什么条件下企业应该考虑采取差异化战略？

　　4. 请简单介绍下差异化战略的实施步骤。

　　5. 谈谈你对三种通用竞争战略关系的理解。

　　6. 竞争对抗模型由哪些部分构成？它们之间是什么关系？

　　7. 动态竞争优势的获取途径有哪些？

即评即测	常用术语	知识链接	参考文献

第十章

生态战略

 学习目标

★ 理解商业生态系统的基本概念、类别和特征。

★ 理解生态战略作为企业战略的外在与内在驱动力。

★ 掌握商业生态系统中不同主体的角色及其战略制定的方法。

★ 掌握商业生态系统治理的主要机制与要点。

开篇案例：京东的开放商业生态 ①

　　从电商零售业务起家的京东，过去往往通过一体化整合的模式来保证效率和用户体验。随着"第四次零售革命"大潮的到来，京东将长期积累形成的核心能力对外开放，向社会提供数智化的社会供应链基础设施，从"一体化"走到"一体化的开放"模式。近年来，京东大力推进开放生态战略，通过"集成"与"被集成"的生态开放路径，将生态中的电商能力、物流能力、数字化能力等进行模块化解构与重构，并广泛向外部各类合作伙伴开放，打造出数智化社会供应链，建构起高度开放的新型互补共生型商业生态系统，实现了多用户、多场景、多业务、多生态共同成长。

----

① 李东红，刘晖，周平录，等.模块化"集成"与"被集成"：京东的开放生态［J］.清华管理评论，2021，12（10）：6-13.

一、京东开放生态的序曲：应对成长烦恼的"一体化的开放"

在电子商务发展早期，行业环境成熟度低，相应的配套设施不完善，制约着价值创造与传递活动。京东发展早期常受制于仓储与配送环节，面临高企的社会化物流成本。为了降低物流成本以及改善消费者物流体验，京东开始自建物流以减少物品的搬运次数，提高履约效率。由此，京东商城的商品配送有了自家物流的保驾护航，正是这种垂直一体化的发展方式，在零售基础设施不完善时降低了京东的物流成本，改善了消费者体验。

针对零售行业一体化的垂直整合式发展，京东在总结过往如何创造与获取价值的经验基础上，提出了"十节甘蔗"理论，即将消费品零售价值链划分为 10 个异质性的环节，具体包括创意、设计、研发、制造、定价、营销、交易、仓储、配送、售后，价值就如同甘蔗的节数一样。那么，如何获取价值？答案很直白："吃掉更多的甘蔗节数。"

随着电商环境的成熟，尤其是零售基础设施的完善，一体化的发展模式已不能适应企业内外部的变化。2017 年，为了适应"第四次零售革命"，京东主动打破能力、组织、行业边界的限制，开启"一体化的开放"之旅，以实现"成本、效率、体验"的升级。2017 年，京东开启"零售即服务"战略，确立其为集团战略 1.0，主要目的是将零售所沉淀的一系列能力对外开放。例如，京东将品类丰富的自营商品库开放给快手平台，京东商品供应库成为"快手小店"的大仓库，其顾客可以直接购买京东自营商品，而无须跳转至京东页面，且能享受京东的配送、售后等服务。

二、京东开放生态的飞跃：追求价值共生的多元生态

2020 年，京东进行了战略定位的更新，由"以商业＋物流为基础的供应链企业"转变为"以供应链为基础的技术与服务企业"。自此京东开始采取集团战略 2.0：多元生态战略，即通过生态伙伴的力量进行价值的共创共享。随着价值创造活动打破组织边界以及任务的模块化，京东以"集成"与"被集成"两种路径同步推进开放生态的构建，并基于场景与能力两个维度构建起三个子生态：能力生态、业务生态和平台生态。

能力生态的构建是通过链接与投资的方式实现的。京东与合作伙伴的能力有效集成之后，将集成化的能力应用于特定的服务场景中以便巩固二者的核心能力，甚至塑造出新的核心能力，实现二者的能力互补与增值。例如，通过与携程集成旅游服务系统能力，京东在旅游品类的供应方面更加丰富，同时，携程也借助京东平台打造出爆款产品与服务，双方在共同激活消费者旅游需求并提供更优体验中共同获得能力提升。类似地，京东与大批合作伙伴以能力链接与集成的方式，建构起了能力互补应用、协同发育及提升的新型生态。

业务生态的构建与能力生态的构建相辅相成。京东自身核心能力与合作伙伴能力相集成并在已有场景和新场景中应用，共同打造出持续升级演化的业务生态版图。随着消

费场景的多元化，京东以自有能力为基础，在自有场景的基础上，通过开放生态嵌入各种合作伙伴的场景。以能力集成为基础，合作伙伴场景与京东场景的融合或叠加，既带来已有场景的升级，也带来新的服务场景。

平台生态的构建是京东在能力生态及业务生态建设过程中与合作伙伴共同建立的生态承载体。京东整合自有能力、自有场景、外部能力、外部场景，打造全渠道平台、营销平台、精准匹配平台、技术服务平台等平台系统，共同形成平台生态。京东与合作伙伴可以相互赋能，共同触达各自的消费场景，形成能力生态的耦合。同时，京东可将自己的能力以平台嵌入的方式开放给外部场景，如京东在快手平台、微信平台建立零售链接，从而扩大销售渠道。最后，京东扮演一个平台运维规则制定、平台赋能的角色。在此平台生态系统中，京东与合作伙伴之间是互补共生的关系，彼此都能很好地触达和服务平台客户，由此形成一个良好运行的生态。

三、京东开放生态的核心：数智化社会供应链

进入开放生态发展时期，以人工智能、大数据、云计算等为代表的底层数字技术，充分渗透到零售、健康、物流、金融、城市等场景，数智化技术已成为驱动京东开放生态战略实施的利器。

从技术内容看，京东的数智化社会供应链主要包括人工智能、物联网、区块链、自主系统、下一代计算等数智化技术。这些新兴技术将成为京东数智化社会供应链新业态发展的重要支撑，这些新业态包括智能零售、智能健康、智能物流、智能金融等。以技术为支撑、架构为基础，京东对外开放了零售云、京慧、言犀、仓灵四大产品，这些产品均包含其核心技术能力，通过将其集成于生态伙伴的业务与能力之中，可以推动生态伙伴的数字化转型与业务发展。

案例思考题

1. 在开放生态中，支撑京东与合作伙伴共同创造价值的核心资源与能力是什么？

2. 在开放生态中，京东的价值主张是什么？

3. 针对不同类型的外部伙伴，京东通过哪些措施提高它们对生态的贡献？

第一节　商业生态系统的基本概念 ■ ■ ■

一、商业生态系统的概念、类型和结构

（一）商业生态系统的概念

1993 年，穆尔（Moore）首次将生态的概念引入管理学研究，将商业生态系统界定为组织与组织、组织与个体互动所形成的经济联合体，折射出组织或个体间相互依赖的关系特征。[①]

商业生态系统与自然生态系统既有相同点，也有区别。一方面，与自然生态系统中物种自组织、相互依赖、共生共赢、共同演化等特征相吻合，商业生态系统以共享商业价值或价值主张为核心，彼此相互依赖、共生共赢、共同演化，最终形成一个不可分割的多元自组织联合体。

另一方面，商业生态系统也与自然生态系统存在区别：① 商业生态系统的形成具有目的性，而自然生态系统的形成具有无意识性。② 商业生态系统的演化发展，是基于组织有意识的战略手段，优化内部成员及结构可以不断提升生态系统活力；自然生态系统的演化发展基于自然选择，内部结构变化（物种的增加／减少）会破坏生态系统平衡。③ 商业生态系统中，内部成员的互动基于目的性的竞争与合作；自然生态系统中内部成员的互动，仅有物种间的生态地位竞争。

商业生态系统是按照某种思维模式构建出来的存在。构建（enactment）意味着商业生态系统是按照某种理念和设想所创设、建立和呈现出来的东西。它既有想象和演绎的成分，亦是一种实际的现象和存在。与战略联盟和企业合作网络相似，商业生态系统属于介于企业和环境之间的某种制度性安排，即文献中常说的"介于外部市场和企业内部阶层体系之间"。一方面，它既不是完全外在的市场，也并不真正属于企业组织的内部。另一方面，它既有外在市场环境的特点，又具有一定的组织特点。

（二）商业生态系统的类型

商业生态系统分为三类：企业生态系统、创新生态系统和平台生态系统。企业生态系统聚焦单个企业特别是新创企业，并将生态系统视为能够影响企业及其顾客与供应商的组

[①] MOORE J F. Predators and Prey: A New Ecology of Competition [J]. Harvard Business Review, 1993, 71（3）: 75-86.

织、机构和个人所形成的群落。它有两层含义：一是行动者之间的互动影响是通过价值活动来实现的；二是行动者超越了单一行业边界而来自多个行业。关于企业生态系统的一个视角强调生态系统作为整体的"共同命运"特征，即每一个成员的绩效都与生态系统的整体绩效息息相关，凸显了"个体构成的整体"特征。另一个视角则更强调生态系统所蕴含的环境属性，主张生态系统中的个体企业应当时刻监督、探查生态系统的变化，据此做出适应性调整，彰显了"整体中的个体"特征。

创新生态系统聚焦特定创新及支撑该创新的上游组件和下游互补品，将生态系统视为"整合一组企业的独立产品，从而为顾客提供具有内在一致性的解决方案的合作安排"。创新生态系统重点在于相互依赖的创新参与者如何互动，以推动有利于终端顾客的创新实现商业化。从这个意义上说，创新生态系统旨在建立核心产品与其组件、互补品之间的联结，形成"组件—产品—互补品"的价值网结构。

平台生态系统聚焦于一组特定技术所搭建的平台，以及平台发起者与参与者之间的相互依赖性。从组织形态来看，平台生态系统往往形成"轮辐式"的组织形式，即通过共享或开源的技术及标准，将一系列外围企业连接到中心平台。从运行机制来看，平台生态系统往往被视为"半管制市场"，平台发起者的协调和指导激发了创业行动的产生。

三类商业生态系统虽有区别，但也有共性。表现在三个方面：一是相互依赖性，即生态系统中的不同主体，无论是生态系统的领导企业还是跟随企业，无论是纵向链条上的组件供应商还是互补品生产商，无论是平台发起者还是平台参与者，它们作为生态系统中的价值共创者，其相互间的依赖性是制约生态系统价值创造的关键。二是跨产业边界，即生态系统中的主体不受产业边界的限制，而来自不同的产业。从这个角度来说，生态系统在产业范围方面与传统的供应关系、波特的价值链系统相比呈现出不同特征。三是非契约安排，即主体间关系不必然采用契约来维系和约束。已有研究普遍认可生态系统不采用层级治理的方式，但由于生态系统的开放性及参与者的自我选择特征，主体间关系治理往往是多种手段的混合，如知识产权、技术界面设计、平台治理、关系契约等。

（三）商业生态系统的结构

关于商业生态系统结构有两个基本的理论视角：一是基于关联关系的视角；二是基于价值结构的视角。关联关系往往存在于网络结构或平台结构中，意指网络中组织之间存在的包括交易、合作、联盟等多种形式的关联，抑或平台中下一级子系统对上一级系统的隶属关系。

在关联关系视角下，商业生态系统研究关注三方面特性：一是对传统产业边界的破坏，因而商业生态系统中可能包含多产业主体；二是交互关联性的提高，说明主体间具有更强的关系；三是共生关系的潜力，意味着主体间呈现难以分割、相依而生的关联。通过不断接入来自不同产业、具有不同关联属性的主体，系统边界不断扩大。基于关联关系的商业生态系统其战略导向更侧重于增加系统参与者数量、提高核心企业的网络中心度及可驾驭的能力，这也与网络战略相契合。

价值结构是在特定价值主张统领下和能够支撑价值主张的行动与行动者相匹配的结构。价值结构视角下，聚焦价值结构的商业生态系统研究同样关注三方面特性：一是行动者之间的匹配结构；二是行动者的多边特征；三是核心价值主张的商业化。

首先，从匹配结构来看，匹配（alignment）意指参与商业生态系统的成员彼此就其在系统中的位置和所实施的行动达成共识的程度。这些参与者与商业生态系统的核心企业并不存在隶属关系，各自有着不同的需求与目标，因此促使参与者对其在商业生态系统中的位置满意并形成对商业生态系统价值主张的共同认可，是确保商业生态系统取得成功的关键。其次，从多边参与者来看，基于价值结构的商业生态系统研究主张商业生态系统是一个多边结构而非多个双边结构的集合。最后，从价值主张及其商业化来看，基于价值结构的商业生态系统研究认为价值主张是商业生态系统在战略层面的分析单元。

知识链接

扫描章后二维码，学习"数字创业生态系统"

二、商业生态系统的特征

商业生态系统具有四个核心特征：自组织、相互依赖、基础设施和竞合。自组织是商业生态系统得以产生与可持续发展的先决条件。自组织主要体现在两个层面：从微观角度来看，系统成员自愿选择加入与退出、自主选择交流互动对象、自主决定资源配置与生态位的选取。从宏观角度来看，商业生态系统内部存在资源丰富的大型成员，它们可能是系统共创价值的最大受益者，但并不必然是系统的核心控制者（系统可能存在多个核心）。

（一）自组织

自组织产生的动机，在于绝大多数复杂创新往往不能依靠单个组织来完成，必须联合众多组织合力完成，因而外向型互动交流成为战略需要。商业生态系统内部成员得以自组织交流互动，而不形成系统混沌和崩溃的原因，在于系统有社会文化内驱力。在商业生态系统中，成员持续交流活动形成互相认同的思维习惯、技术标准、共同实践、文化语言。虽然成员自主交流互动能不断产生有竞争力的价值主张，但没有任何单个成员能准确预测这些价值主张何时、以何种形式产生，这与以"确定性"为核心的系统创新理论大相径庭。

（二）相互依赖

相互依赖是商业生态系统的核心结构特征，可以从三个方面理解：从客体内容来看，相互依赖是指各成员在技术、知识、资源上各有专业优势，互为补充，共同围绕核心价值主张做出各自不可替代的特殊贡献；从价值共创结构角度来看，价值链上游成员的相互依赖对商业生态系统的重要性，远大于价值链下游成员的相互依赖，但这种结构又不是线性的，而是呈现多维特征；商业生态系统内不存在任何权力控制机制，因而成员关系强度处于中等水平（成员间既不过度嵌入也不完全隔绝）。

相互依赖的前提，是各成员都具备实现某种价值主张的优势资源。商业生态系统成员想要实现超越个体的竞争优势，跨组织、跨行业、跨地域、跨制度和其他成员进行充分交流便成了战略需要。商业生态系统成员在价值活动上呈现两种基本形态：特立独行与相互协调。一方面，成员间相互独立，各自有相对独立的组织目标；另一方面，成员间又能够协调一致，以迅速响应某一共同目标。

由于是松散耦合结构，商业生态系统通过模块化使得系统成员群体具有既灵活机动又统一协调的悖论平衡特征，即模块内部高度相互依赖，而模块之间却只需低度相互依赖，因此可以在模块范围内进行相对自由、敏捷的局部创新，不必担心影响系统的整体功能稳定性。

（三）基础设施

基础设施的重要性，在于为处于不同地域、文化、制度下的商业生态系统成员提供交流互动场所，进而降低交易成本和实现规模（间接）网络效应。最为典型的就是多样化数字技术平台（云计算平台、开源软件开发平台、电子商务交易平台等）。强大的系统基础设施可对系统成员赋能（去耦合、去中介化、增值三个方面）来实现其基础性作用。随着成员类别增多，系统往往会出现整体受制于中介型成员的现象。数字信息技术和设备服务（区块链技术）使得系统内部中介型成员降至最少，成员间资源信息流动更为顺畅，系统内部结构趋于扁平化。强大的系统基础设施构建与融合，使得商业生态系统边界不断得到扩展，内部成员得以更新迭代，从而更好地适应外部环境需求。

（四）竞合

竞合是商业生态系统得以可持续演进的基本过程与动力机制。竞合可从如下两方面来理解：在内容上，系统成员必须制定相应的竞争与合作战略，以确保自身优势生态位。通过合作战略（共享战略资源、信任、共同学习）以共创价值，通过竞争战略（价值分配机制、差异化、信息交流机制、机会主义行为）以最大化获取共创价值。在结构上，系统成员不限于与某一成员间的合作与竞争（对偶竞合），而是同时与多个类型成员形成不同程度的多维竞合关系。

商业生态系统成员能够获取稳定的生态位，是因为不可替代的优势资源可实现某种价值主张，因此这种优势资源就是竞争与合作动态的源泉。成员间竞争的结果是：异质性资源得到充分使用、系统多样性增加、成员动态性保证了系统基本活力。但系统失序时，成员间权力不平衡、冲突性目标扩大、互动不确定性等因素增加。由此，如果所有成员都处于相互竞争中，那么系统会迅速走向完全失序状态。复杂适应性系统（具有韧性的商业生态系统）正是不断在秩序（合作）中寻求发展动力（竞争），而在失序（竞争）中寻求发展一致性（合作）。商业生态系统竞合动态平衡推动了整体持续演进。成员间共创价值随着时间推移不断增大，这将吸引更多新成员加入。随着新进成员与其他成员非线性互动，加上已有基础设施的赋能作用，新进成员能够快速实现与其他成员的资源协同。

> **知识链接**
>
> 　　扫描章后二维码，学习"海尔衣联智慧生活生态圈"

第二节　商业生态系统的主体和构建

商业生态系统由核心企业以及参与创新过程的其他相关参与主体构成。与自然生态系统类似，商业生态系统中栖息着各种不同种类的参与主体，是围绕商业活动产生的、动态且稳定发展的、相互依存并具有异质性的参与主体的集合。商业生态系统包含核心企业这一创新发起主体，以及与核心企业进行协作创新的其他主体，如上游供应商、下游购买者等。核心企业在开展创新活动、服务客户的过程中，会与其他企业存在竞争关系，因此，竞争对手是商业生态系统中的重要主体。此外，商业生态系统的运行与发展需要政府提供政策、法规支持，需要高校等研究机构提供学术科研支持，因此，政府、研究机构等在系统中发挥着重要作用，被纳入商业生态系统主体范畴。

一、商业生态系统中的核心企业和架构者

（一）核心企业

商业生态系统是由某个核心企业与合作伙伴共同构建的一种特定的环境，是一种跨越组织的组织。大家在某种共享的价值创造愿景下互补互动、共创价值。虽然作为独立实

体和法人的各方参与者并不受制于核心企业的直接管辖，但它们之间毕竟有足够重复固定的交往互动，并承诺遵守某种相关的章程与约定，而且参与者认可和接受核心企业在大家共享的商业生态系统中的主导作用。从这个意义上讲，核心企业商业生态系统可以被认为是其自身组织的一种延展，是一个广义的组织。这也符合大家常说的"某某系"大家庭的概念。

核心企业往往扮演着"指挥官"角色，引导商业生态系统发展，而参与企业则往往进入商业生态系统内的互补市场或者利基市场以提升商业生态系统的整体价值。核心企业在商业生态系统内处于战略和资源的核心位置，拥有难以模仿的技术和强大的技术创新能力，是具有较高协调能力和应变能力的创新主体，能够选择、吸纳以及领导其他主体进行创新，为杰出的合作伙伴创造新的发展机遇，保证系统的生存与发展。商业生态系统中的核心企业既可以是一个企业也可以是少数几个企业。

核心企业商业生态系统的构建机理可以表述为：在外部环境与资源限制的驱动下建立企业战略认知，指导采取组织行动形成动态能力，催化商业生态系统构建。核心企业经历了"整合内部资源—简单商业生态系统—复杂商业生态系统"的商业生态系统演化过程。在不同的行业、市场、政策环境中，核心企业形成了信息感知能力、资源整合能力、资源获取能力、资源重构能力的动态能力体系。创新方式由核心企业简单的资源拼凑，到基于点对点的联结产、学、研合作，再到基于创新平台的多元组织间的协同创新，参与商业生态系统的主体与要素不断丰富。外部环境更迭与动态能力演变共同推动了核心企业商业生态系统的演化升级。

知识链接

扫描章后二维码，学习"蒙草企业生态系统构建"

（二）架构者

在商业生态系统的核心企业中，有一类核心企业扮演着重要角色，被称作架构者。架构者设定商业生态系统目标，协调成员间相互关系，带领生态系统成员向共同目标协同演进。商业生态系统的架构者可以是核心企业，但核心企业不一定都是架构者，因为核心企业不一定能影响整个商业生态系统架构的变化。

在商业生态系统发展的不同阶段，不同的主体扮演了架构者的角色，在商业生态系统形成的初期，由于各种创新资源缺乏，政府能起到架构者的作用，它通过相关政策吸引企业进入系统内部并鼓励创新，从而使得商业生态系统雏形产生。此阶段架构者的角色主要体现在两个方面：一是通过政策吸引相关的主体进入，从而完善商业生态系统的基本架构；二是通过鼓励创新政策鼓励少数企业进行创新，催生创新的先行者（先驱企业），克服创新公共产品性质带来的创新不足问题。

在商业生态系统的发展阶段，先驱企业取代政府成为架构者，其他企业通过模仿和接受创新溢出，围绕先驱企业形成创新网络，而政府逐渐转变为监管者和规则制定者。进入发展阶段以后，商业生态系统的基本架构已经搭建，各种主体逐渐齐备，但系统内的生产网络尚未有效构建起来。在政府政策的作用下，虽然少数先驱企业已经进行创新，先驱企业与跟进企业的互动多体现在跟进企业单方面接受先驱企业的创新溢出。

在商业生态系统的成熟阶段，先驱企业架构者的作用主要体现其创新溢出具有乘数效应。政府的角色进一步转变为市场秩序的守护者。譬如，创新企业拥有科技专利但缺乏创新资金，政府参与的天使投资机构设定优先级以投资人的角色主动给配资金，以此来解决创新企业的生存问题。

> **知识链接**
>
> 扫描章后二维码，学习"中国轨道交通装备产业生态"

二、商业生态系统中的参与者

（一）商业生态系统参与者的角色

拥有不同资源禀赋的内外部参与者在商业生态系统中，分别扮演着排头军、智囊团、游击队和雇佣兵的角色。

排头军是位于商业生态系统核心企业内部、资源禀赋多的一类参与者，具有战略指向性、主导性等特征。例如，海尔生态系统中的核心企业内部以超前研发中心、各产业线研发部、全球十大研发中心为主的参与者。智囊团是位于核心企业外部、资源禀赋较多的一类参与者，具有松散耦合、专业化程度高等特征。例如，海尔生态系统中的核心企业外部以制造商、高校、科研院所和个人发明家为主的技术合作方。游击队是位于核心企业内部、资源禀赋较少的一类参与者，具有积极活跃、反应迅速等特征。例如，海尔生态系统中的核心企业内部小微组织和创客。雇佣兵是位于核心企业外部、资源禀赋少的一类参与者，具有敏锐感知、高执行力等特征。例如，海尔生态系统中的核心企业在平台正式建立后大量导入的领先用户。

商业生态系统的参与方式可以分为定向式参与、协作式参与和响应式参与三类。

定向式参与指处于组织边界内部且资源禀赋多的参与者（排头军）在与核心企业资源互补过程中表现出明确的指向性和主导性。在资源探索的方向确定和探索阶段，一般由核心企业进行牵头组织。资源缺口通常是由总部明确技术需求目标后，再与参与者协商确定。例如，海尔总部先定出目标，然后海尔美国研发中心自己寻找能颠覆的技术有哪些，形成一个列表。

协作式参与指拥有较为充足资源的外部参与者（智囊团）在与核心企业资源互补时，体现出的更多协作特征。例如，在资源探索阶段，有的技术合作方会主动找到海尔要求进一步合作。以干湿分离技术为例，在海尔生态系统发布需求后一周内，就有三家企业跟海尔取得了联系。以领先用户为代表的资源禀赋较少的参与者，在与企业交互价值共创过程中也表现出协作的特征。这类参与者在与核心企业进行资源探索时，主要是以线上平台互动沟通为核心企业提供外部市场信息资源。例如，用户可以直接在海尔生态系统反映痛点问题，工程师会给予专业的回答，并将这些问题收集起来，进行技术评估，并进行相关的技术需求拆解。

响应式参与指核心企业内部资源禀赋较少的参与者（游击队）在与核心企业进行资源互补过程中，体现出更加主动和自发的特征，核心企业扮演着响应需求的辅助角色。例如，在资源探索阶段，海尔内部的小微组织主要依靠各自特定的人脉、网络等资源，主动和高校、创客实验室等外部研发机构进行细致化的沟通合作，虽然海尔生态系统有时会将有潜力的项目资源推给小微组织，但在起步阶段还是以小微组织自己摸索为主。

核心企业与参与者之间的协调机制主要有四种，分别是资源给养机制、资源选择机制、创意者身份赋予机制和所有者身份赋予机制。

资源给养机制是针对拥有丰富资源禀赋的组织内部参与者，核心企业通过对其资源互补活动进行适度管控指引和提供充分的自主权来实现。资源选择机制的对象是同样拥有较为丰富资源禀赋但处于组织外部的参与者，核心企业与它们形成松散耦合的协作关系，通过有选择性地提供对所需资源的描述来激发潜在合作伙伴对核心企业的资源互补潜力。针对资源禀赋较少的两类参与者，核心企业分别会采用创意者身份赋予和所有者身份赋予机制。这两种机制都旨在在参与者资源有限的情况下，创造出心理资源来帮助参与者克服有限的资源条件，从而增加其感知的资源禀赋，进而推动它们继续参与核心企业的商业生态活动。

> **知识链接**
> 　　扫描章后二维码，学习"平台生态系统中的参与者战略"

（二）商业生态系统参与者的演化

商业生态系统参与者采用"依附式升级"战略可以实现战略转型，该过程包括互融、共生、自主三个阶段。

在互融阶段，参与者与商业生态系统企业进行价值观碰撞、理解各自业务逻辑，利用商业生态系统赋能提升运营效率。互融是指参与者与商业生态系统企业共同对焦数字化认知及行业未来发展趋势，明确合作的基础，进而推动所在行业的人员和沟通要素数字化，重组工作流程和管理方式，打造出一种给行业用的数字化管理工作台，提升了运营效率。此过程中，参与者较为依赖商业生态系统赋能，对商业生态系统的贡献有限，为了避免被边缘化，需要向共生阶段拓展。

在共生阶段，参与者与商业生态系统企业进行新业务开发合作，不再是简单利用商业生态系统的能力输出，而是双方共同开创出新的业务模式。共生是指参与者与商业生态系统企业共同推进所在行业的客户和产品要素可视化，一起构建出全新的价值主张和业务模式，满足商业生态系统内其他成员的需求，数字化推动双方业务的共同增长。共生过程中参与者提升了对商业生态系统的互补贡献，但同时整个业务发展和收入获取都嵌入在生态架构之中，对商业生态系统企业的依赖度依旧很高。与此同时，参与者经过此阶段合作，初步积累了自主能力，因此，参与者开始谋求为更多的系统成员创造更大的价值，进入自主阶段，降低对特定核心企业的依赖。

在自主阶段，参与者利用与核心企业合作沉淀的能力，与多元主体开展互融、共生合作，构建起自主生态。自主是指参与者与核心企业一起推进更大范围的网络和能力要素可视化及解构重组，合作主体能够针对新的行业场景，更准确地判断彼此协作的价值和可能性，为整个行业拓展新的产品和服务，满足全行业各方更新升级的需求，数字化帮助参与者构建起自主生态。但是，自主并不意味着参与者可以离开核心企业，初始依附的核心企业是参与者推进新业务共创的"试验场"，核心企业自身也在拓展新的细分场景，因此参与者还需要持续的适应性调整，乃至开启新一轮的互融、共生和自主过程。

以上三个阶段并不是线性演进、彼此割裂的，后一个阶段以前一个阶段的数字化要素为基础，螺旋递进。参与者通过与核心企业可视化、可重组的数字化行为，逐步实现效率提升、业务增长和生态构建；参与者与核心企业间的互补和依赖关系的平衡与演化是数字化进程的内生动力。

> ⌐知识链接⌐
>
> 扫描章后二维码，学习"洛可可参与钉钉生态建设"

三、商业生态系统的构建和共创

（一）商业生态系统的构建

商业生态系统作为构建出来的存在，关键不在于是什么，而在于可以成为什么。所以，对于生态，更有意义的关注点，不是它作为名词的实体，而是它作为动词的过程。在实践上，生态构建不是一个基于因果的"发现的过程"，而是一个基于效果的"塑造的过程"。

生态构建可以设想为叙事与领导过程。核心企业既需要将商业生态系统之意图、理念、治理机制等叙述为一个故事，得到参与者的理解、认同与认可，也需要做好搭建基础设施、提供交互界面与赋能工具、保证数据安全与隐私等一系列工作，这样才能吸引参与者的加入，共赴愿景。

生态构建也可以设想为建制与协同过程。商业生态系统各方能够协同共演既需要构建共享的制度逻辑，即价值观、规范、惯例等，以约束或指引参与者的行动，也需要基于数据的互联互通，促进智能协同，乃至提升网络效应的强度与速度。

生态构建还可以设想为创新与探索过程。商业生态系统各方既需要彼此承诺、互相信任，保持非正式对话与紧密的互动，从而创造新的知识、产品与服务，也需要借助数字技术对资源、能力等价值要素进行模块化封装，从而实现价值要素的智能调配与组合式创新。商业生态系统通过不断的创新与探索，实现持续的发展。

除此之外，生态构建还可以设想为谈判与缔约过程、博弈与政治过程、架构与适应过程、创业与成长过程、共责与共益过程等。商业生态系统是结果，更是过程。当将商业生态系统设想为多重过程时，就可以从中寻找和设计多种策略，从而触发商业生态系统演进。

（二）商业生态系统的共创

商业生态系统成员在大多数情况下都是独立存在的个体，各自自主决策。虽然有时核心企业与其他参与者之间可能有股权上的关联，但不同的参与者仍然具有相对独立性和决策自主性。在此基础之上，由于享有价值创造方面的某种一般性的共同愿景，或者由于某个具体的价值主张，各方走到一起来，交互行动，参与共同创造价值的协作过程中。当然，某些成员可能就是核心企业或者其他参与者为了某个价值主张或价值创造的独特需求而专门投资设立的或部分收购的。它们之间的交互行动主要体现在共同演进（co-evolution）、共同专业化（co-specialization）和价值共创（co-creation）三个方面上。

在共同演进方面，商业生态系统成员彼此间便需要做出正式的、相对长期的承诺，而不仅仅是作为名义上存在的同盟。这种承诺与互动通常要经历多个技术创新阶段、产品更新迭代周期，以及经营环境中政治、经济、文化和国际事件等多个领域的变化与动荡。技术的进步往往具有连续性，因而需要前后互补与兼容，现有伙伴间长期的合作是必要的。同理，对于目标客户的长期追踪服务与了解洞察的重要性也使得合作伙伴间的长期互动成为必须。对于核心企业与其他参与者的共同演进而言，一方面，核心企业可以通过对其他参与成员提出要求，来提高其价值创造的效率和有效性；另一方面，核心企业之外的参与者自身也具有自主性和能动性，会基于自身的远见与实力自发地付出努力、进行创新。总之，成员间的相互激发与促进在很大程度上决定各方共同演进的质量和结果。

在共同专业化方面，商业生态系统共同专业化的现象广泛存在。例如，在传统的汽车制造行业，丰田与供应商的关系就体现了双方在共同专业化方面的协同努力。供应商可以根据丰田的特定要求来进行投资、设计和生产。这种共同专业化可以提高双方的合作效率。这种需要额外投入才能实现的特定的合作关系与承诺，只对参与双方有价值，而在公开市场并无额外价值，甚至是任何其他汽车厂商所无法直接应用的。因此，这种合作专业化一旦无法奏效，或者其中一方违约，便会产生高额的沉没成本。多边的共同专业化、互相学习与调整、多边的共识机制的构建，以及大家共同接受的解决纠纷的渠道与机制，是整个生态系统生存和成功运作所不可或缺的。

商业生态系统的价值共创有诸多可能的模式。首先，一个核心企业可以承担总设计师和总承包商的角色，与商业生态系统中其他的零部件提供者共同完成产品或服务的提供，从而最终为客户提供一个总体集成的产品或者一站式解决方案。比如，波音的飞机设计与总装业务、思科的智能路由器业务。其次，核心企业可以搭建和管理某种交易平台，并以之为基础构建生态系统。比如，阿里巴巴的 B2B 交易平台、京东的网上商城。最后，强势技术企业可以控制关键技术及相关标准，进而打造技术平台，并与多方参与成员互动演进、共创价值。比如，谷歌的安卓智能手机系统几乎悉数囊括了苹果 iOS 手机之外所有重要的智能手机制造厂商。

> **知识链接**
>
> 扫描章后二维码，学习"科大讯飞构建创新生态系统"

第三节　商业生态系统治理

一、商业生态系统治理的主体和层次

（一）商业生态系统治理的主体

商业生态系统治理的主体主要有核心企业以及各级政府部门。核心企业因其在产业链、价值链、知识传播链、平台与社群等机制中居于中心地位的影响力，形成了围绕自身的商业生态系统，在商业生态系统中扮演重要角色。核心企业具备引导商业生态系统向更

有利于自身发展以及自身商业模式成功的方向发展的能力。

核心企业在商业生态治理中发挥关键作用。一方面，核心企业设定系统级别的目标，定义系统成员的角色，建立标准和接口，以确保商业生态系统的稳定性和产品的一致性。在某些情况下，核心企业不会从参与企业那里获取太多价值，从而可以保护参与企业的创新动机。另一方面，核心企业运用其核心优势（技术、资源、组织等）对系统内各主体及要素间广泛存在的内在联系与互动进行维持、促进和活跃，并在这种联系与互动中不断实现系统整体的价值共创和共同演进。从商业生态系统各利益相关者角度来看，商业生态系统治理对于建立和维持核心企业的领导地位以及微生态系统成员树立集体身份至关重要。

政府部门出于对自身职能、绩效等角度的考虑，存在对商业生态系统进行引导与管制的动力。不同层级的政府可使用的政策工具、偏好的政策工具有所不同。政府可以通过税收、补贴、基础设施建设、知识产权保护、法律法规制定、扶持孵化器与产业园、教育、创新文化宣传等工具与途径对商业生态系统的演进施加影响。中央政府较之地方政府，政策工具选择更为丰富，但对于商业生态系统来说，由更接近其范畴级别的政府发布的政策更为有效。

优化商业生态系统治理需要正确对待政府与市场的关系，由于治理过程兼具协作性、协商性与互补性，政府主体和市场主体的深入互动能够帮助政府更加精准掌握市场主体需求，将政务服务与公众需求做到精准耦合，实现多方协同互动。

（二）商业生态系统治理的层次

基于治理对象，商业生态系统治理可分为主体治理、关系治理、系统治理和数字治理四个层次。

1. 主体治理

主体治理多强调主体的动态能力与价值创造、捕获能力，如动态能力赋予企业通过构建商业生态系统与设计合宜的商业模式获得创造和捕获价值的能力，这一能力因企业所处位置、与其他企业的关系而有所不同。其中，核心企业有三种基本的动态能力：创新能力、环境扫描与感知能力以及商业生态系统的整合能力。

2. 关系治理

关系治理多关注主体间互动基础上的竞争、合作、依赖等关系。基于关系治理的协同行动与创新治理可以影响系统整体表现。关系治理中的关系可能来自供应链上下游的关联主体，由于不确定性以及技术依赖，上下游的挑战会对核心企业的技术领导力产生正反不同的作用。

3. 系统治理

系统治理重点关注商业生态系统的健康可持续发展。商业生态系统的系统治理应尤其关注多样性、连接性、多中心性、冗余性，以增强系统的适应力与韧性，并通过关注方向性引导系统发展的方向。系统治理可以从关键节点即关键主体对系统的影响能力来入手。如高校在商业生态系统中可以吸引资源，梳理、支持并扩展商业生态系统的资源，成为商业生态系统良性演化的促进机构。

4. 数字治理

数字化要素的引入既改变了商业生态系统中要素的组成，也影响着商业生态系统的传统运作模式。一方面，信息可以理解为商业生态系统的产出，而数字媒体中的数字化内容可以在消费者与利益相关者互动的过程中实现价值创造。另一方面，通过数字化要素实现的连接使得初创企业在商业生态系统中受到新的非正式安排影响。

二、商业生态系统治理的机制类型

商业生态系统治理机制主要包括正式机制和非正式机制。正式机制即合同治理机制，包括用合同实现决策权的划分、所有权与共享所有权的确定、交互规则的确定；非正式机制包括嵌入生态系统关系中的社会和行为协调手段（比如信任、专业、开放、互补等）。正式机制能保证参与企业克服机会主义，降低价值共创中的风险和不确定性；非正式机制能够保证价值共创主体间协同，维持价值共创的连续性。两种机制在价值共创过程中缺一不可，核心企业应努力构建正式和非正式协同的互补机制，在价值共创准备阶段以正式机制为主（达成共识），在价值共创前期以非正式机制为主（信息共享、知识共享），价值共创过程中两者并重，才有助于提高商业生态系统的价值共创效率。商业生态系统治理策略是核心企业针对不同治理对象制定的规则和措施。不同治理策略对于治理对象的作用机制，以及对商业生态的治理效果不同。

以平台企业主导的创业生态系统为例。平台企业主导的创业生态系统囊括了生产者／互补者、平台提供者、平台所有者、消费者等价值创造者，以及政府、科研机构、金融机构等。平台企业主导了创业生态系统的核心组件与边界资源构建，各参与主体以价值创造为导向相互协同、共生演化，基于平台企业提供的边界资源接入并利用平台核心组件进行互补性创新创业。平台企业主导了创业生态系统的治理规则设计，具体的治理实现取决于平台企业是否开放生态系统以及是否允许其他参与者参与治理，该过程受政府、公众等利益相关者监管影响。

按照治理主体是单一还是多元、边界是开放还是封闭，核心企业主导的商业生态系统的治理划分为四种基本类型：核心控制型、双边市场型、开源共创型和联邦治理型。

在核心控制型商业生态系统中，核心企业控制整个生态系统的架构、标准和准则，设立较高的准入门槛，对知识产权进行严格控制，采用控制机制为主的治理策略，旨在引导参与者提供商业生态系统维持与发展所必需的资源及能力，使参与者之间目标、行为协调一致。其是在相对封闭的边界内搭建开放系统，如海尔基于其 Hope 平台构建的创业生态系统、苹果基于其 iOS 构建的创业生态系统。

双边市场型商业生态系统同样由核心企业控制整个商业生态系统的架构、标准和准则，但其准入机制更为宽松，边界也更加开放，会吸引更多价值共创者的参与，如阿里巴巴基于淘宝平台构建的创业生态系统。

开源共创型商业生态系统中，核心企业提供平台基础架构、核心组件和标准接口，参与者基于平台基础架构，通过标准接口对核心组件加以运用，进行独立创新或者与其他参与者协同创新，共同决定商业生态系统的演进方向。同时，核心企业不对知识产权进行严格控制，参与准入门槛较低，如海尔构建的 U+ 创业生态系统。

联邦治理型商业生态系统中，核心企业和其他参与者共同治理生态系统，核心企业对商业生态系统不存在绝对治理权。在边界控制上，联邦治理型与核心控制型类似，会对参与者设定更高的准入要求，使边界较为封闭，如小米基于产业链构建的创业生态系统。

知识链接

扫描章后二维码，学习"美团外卖社会责任生态系统"

三、商业生态系统治理的要点

治理是在确定要做的事情后，明确组织不同的主体如何划分责、权、利，以使协作更顺畅、战略实施更成功。所以，战略是要做的事，商业生态系统是做事的组织，治理是建立分工规则和运作方式。商业生态系统治理的要点包括：生态边界治理、生态成员治理、生态权力治理。

生态边界是指该生态与产业环境的界限，治理的关键是处理好生态与产业利益相关者的关系。这种关系可能体现为多个维度。比如，iOS 生态和安卓生态的纵向边界差异体现在是否把终端商纳入生态内。再比如，消费互联网业务生态通常是破坏性的，而产业互联网业务生态通常则是延续性的。核心企业时常需要调整其纵向生态边界以重构与产业的关系。例如，早期滴滴生态相对于出租车行业是破坏性的，而后随着管制政策的完善则发生复杂演化。核心企业需要就其边界治理问题与广泛的产业利益相关者（而不仅仅是生态成员）进行有效的沟通。

生态成员治理主要考虑成员资格的开放性、正规性以及成员互动的紧密性和专属性。开放性特指商业生态系统进入壁垒的高低和相应的难易程度。在一个完全开放的商业生态系统里，所有成员进出自由。而一个封闭的商业生态系统则会对潜在的入选对象进行严苛的考察、谨慎的邀约。一个开放的商业生态系统，因其成员的广泛性与多样性，可能在一定程度上增加商业生态系统的韧性、促进商业生态系统的更新。但过于开放的商业生态系统，因为缺乏进入壁垒以及高度的流动性，并不甚利于创新与特定竞争优势的构建。商业生态系统的成员资格也会体现不同的正规性。在有些商业生态系统中，成员资格正式、要求严谨，甚至包括正式的、具有具体权责期限的合约，抑或要求一定数量的参与成员与核心企业有一定的股权关系。而在另一些商业生态系统中，成员资格相对松散和非正式，主要在于意识上的认可或者名义上的归属。

紧密性指核心企业与其他参与者之间关系的紧密程度，体现在各方交互行动的范围、深度、强度和频率等指标上。在商业生态系统中，各方连接与互动的紧密性直接影响多边互补性协作的成效与可能性。各方连接与互动的紧密性若未能达到特定的程度，不利于多边协作与特定竞争优势的产生与利用。反之，若各方连接与互动过于紧密且严格管制，则不利于成员各自积极性和主动性的发挥，甚至会使之产生厌恶和抵触的情绪，从而不利于长期关系与协作。

专属性指对于一个特定商业生态系统的归属与忠诚。有些商业生态系统允许其成员同时参与多个商业生态系统，包括与之竞争对抗的商业生态系统；有些则坚持其成员参与的专一性与排他性。

生态权力治理指的是权力在核心企业与其他参与者之间的分配，既是平衡商业生态系统整体活力与核心企业价值捕获之关键，亦是平衡成员自治性与核心企业控制力之关键。生态权力治理包括权力分层、权力共享和权力让渡三方面。

尽管很多人把商业生态系统描绘为一幅人人平等参与的理想图景，但几乎所有现实存在的商业生态系统中都存在不同程度的权力分层。这是必要的。尽管人人平等看起来很美，但缺乏权力分层的商业生态系统通常面临决策缓慢的问题，使得整个商业生态系统难以协调或者一些重大决定难以适时做出。这就好比健身俱乐部的会员分级。不同层次的会员可以使用不同的资源、享受不同的服务，且其影响整个健身俱乐部政策的能力也有所不同。

权力分层是权力的纵向结构，权力共享乃是横向结构。有些商业生态系统存在多家核心企业共治、共享商业生态系统领导权。比如，美国航空和英国航空，作为寰宇一家这个航空服务生态的创始会员，共同把控该商业生态系统的规则制定权。这种安排可能有助于商业生态系统吸引参与者，然而也可能带来领导力方面的挑战。这些共享领导权的核心企业既需要管理好整个商业生态系统，又需要管理好彼此之间的关系。

权力让渡关乎生态核心企业是否允许参与者在大生态系统内自行构建以其为核心的小生态系统。比如，谷歌允许三星在安卓大生态系统内构建核心兼容但存在三星烙印的小生态系统，却坚决不允许阿里巴巴在这方面的尝试（yun OS）。同样，苹果尽管有自己的 e-book 服务，仍然允许亚马逊在 App Store 上发布 Kindle 的 iOS 应用。这不是因为核心企业慷慨或者高尚，而是因为这种策略带来的好处（如吸引更多的用户）能够盖过其可能的损失。需要提醒的是，权力让渡有时会培育特洛伊木马。比如，微软就是 IBM 在自己生态中培养出来的颠覆者，最终使得 IBM 惨痛地退出计算机业务。核心企业要在让渡和控制之间寻求灵活的平衡。

知识链接

扫描章后二维码，学习"字节跳动扶贫"

本章小结

商业生态系统是组织与组织、组织与个体互动所形成的经济联合体，折射出组织或个体间相互依赖的关系特征。商业生态系统分为三类：企业生态系统、创新生态系统和平台生态系统。商业生态系统具有四个核心特征：自组织、相互依赖、基础设施和竞合。商业生态系统包含核心企业这一创新发起主体，以及与核心企业进行协作创新的其他主体，如上游供应商、下游购买者等。竞争对手也是商业生态系统中的重要主体。此外，商业生态系统的运行与发展需要政府提供政策、法规支持，需要高校等研究机构提供学术科研支持。商业生态系统构建不是一个基于因果的"发现的过程"，而是一个基于效果的"塑造的过程"。商业生态系统的核心企业与其他参与企业享有价值创造方面的某种一般性的共同愿景，或者由于某个具体的价值主张，各方走到一起来，交互行动，参与共同创造价值的协作过程中。商业生态系统通过正式机制和非正式机制，降低价值共创中的风险和不确定性，维持价值共创的连续性。

思考题

1. 请举例说明商业生态系统和自然生态系统有什么异同。
2. 商业生态系统相比于产业链合作关系有什么独特之处？
3. 商业生态系统中有什么机制促进不同企业之间利益的协调统一？
4. 平台生态系统和创新生态系统相比于企业生态系统有什么特征？

5. 核心企业在开放的商业生态系统中如何保持和利用自身资源的异质性？

6. 举例说明不同行业中政府在商业生态系统的构建过程中发挥着怎样的作用。

7. 不同的商业生态系统治理类型分别在什么情境下适用？

即评即测 常用术语 知识链接 参考文献

第十一章
数字化战略

 学习目标

★ 在数字化背景下，理解数字经济和数字技术的发展。

★ 理解数字化环境对企业变革的要求。

★ 了解数字化创新战略和数字化转型战略。

★ 学习数字化战略实施的步骤和作用。

开篇案例：西贝餐饮集团的数字化转型之路 ①

　　西贝餐饮集团（简称西贝）成立于 1988 年，主营中式休闲正餐，开创性地将独具特色的西北民间菜肴带入大众消费视野。西贝主要采用直营连锁经营的商业模式，旗下有 4 个品牌，提供堂食和外卖服务。从 2017 年开始数字化转型，到 2018 年西贝付费会员数超过 67 万。2020 年暴发新冠疫情使得西贝数字化转型加速。截至 2022 年 10 月西贝在全国 24 个省、58 个城市共有 349 家门店。

　　2016 年，西贝从消费者线上化开始迈出数字化第一步，门店 POS 系统、在线点餐系统和 CRM 系统的应用与赋能，结合会员制的推广，实现了对 2 000 万注册会员的数字化，将门店的经营从时间和空间维度上都进行了扩大。2018 年，西贝组建了新餐饮

---

① 谷方杰，张文锋. 基于价值链视角下企业数字化转型策略探究：以西贝餐饮集团为例 [J]. 中国软科学，2020，35（11）：134-142.

中心，选择阿里云作为基础设施，开始自主研发适合中餐的智慧供应链系统，从食材采购、中央工厂、分仓配送、门店要货等环节，聚合链条各个环节的信息，避免信息孤岛的困扰，实现了全链路的数字化和智能化。

2018年，西贝启动人力资源信息系统项目，涵盖西贝莜面村、海鲜事业部、九十九顶毡房等超过2.3万名员工，包括组织人事管理、薪资管理、培训管理等模块。西贝具有十分清晰的"到点成才"机制，无论是从技术成长角度，还是从人力资源管理角度，都存在清楚的时间点，在不同的时间点有不同的机构从各种维度以"721"的帮带原则帮助员工在思想和技术上取得进步。

西贝将微信小程序、线上商城等流量入口，连接到工作人员资料页里，员工建立西贝会员微信群，方便消费者进行线上选购。同时，员工可以与消费者一对一交流，及时分享产品信息，随时提供专业服务。而2020年新冠疫情期间，西贝建立了线上食客平台，利用线下员工的闲置价值触达线上海量消费者，通过借助200多家门店的管理人员微信群发消息，连接线上9万名消费者，员工跟消费者一对一交流，分享商城及产品信息，提供外卖配送及食材订购服务，打通了一个增值服务和持续的营销渠道。疫情期间西贝以微信小程序、线上商城等为流量入口，开展线上外卖业务，2/3的门店积极参与，外卖营收超过了整体营收的80%。针对复工企业员工就餐问题，推出企业团购订餐业务；针对"宅家"的消费者新增线上甄选商城，推出"牛大骨、羊蝎子"等到家功夫菜，消费者在家里加热即享门店同款菜品。

2023年2月13日，西贝发布了2023年年货节的零售成绩单。数据显示，2023年年货节西贝依旧延续了高增长态势，整体营业额较2022年增长103.2%。在京东、天猫商城上，西贝年货产品整体营业额增长121%，面点礼盒同比增长达629%。与往年不同的是，2023年年货节西贝首次打通线上线下的销售系统，消费者在京东、天猫、抖音和西贝自有的线上商城以及沃尔玛、盒马等大型商超都能买到西贝年货产品。在产品层面，为满足消费者的购物需求，西贝进一步提升商品丰富度，其间推出了十余款年货礼盒。如今西贝已成为各渠道的销量头部品牌。

由于餐饮业具有传统性和复杂性，餐饮企业在数字化转型过程中将面临更多的挑战，需要以现有市场环境为基础，结合餐饮企业现状，有策略地实现数字化转型。未来，加强线上运营，灵活平衡堂食和外卖服务是餐饮企业发展的重点。

案例思考题

1. 西贝为数字化转型做出了哪些努力？
2. 结合西贝的发展历程，思考企业数字化转型的机遇和挑战。

第一节　数字经济概述

一、数字经济的蓬勃发展

（一）数字经济的定义

数字经济（digital economy）是第四次工业革命的产物，是继农业经济和工业经济之后的新型社会经济发展形态。根据国务院发布的《"十四五"数字经济发展规划》，数字经济是以数据资源为关键要素，以现代信息网络为主要载体，以信息通信技术融合应用、全要素数字化转型为重要推动力，促进公平与效率更加统一的新经济形态。根据2021年国家统计局发布的《数字经济及其核心产业统计分类（2021）》，数字经济包括五大类产业：数字产品制造业、数字产品服务业、数字技术应用业、数字要素驱动业和数字化效率提升业。前四类为数字产业化（digital industrialization）部分，指为产业数字化提供数字技术、产品、服务、基础设施和解决方案，以及完全依赖于数字技术、数据要素的各类经济活动，这是数字经济的核心产业。第五类则为产业数字化（industry digitization）部分，指利用数据与数字技术对传统产业进行升级、转型和再造的过程。

当前，数字经济成为中国经济转型的新引擎，开拓了新的经济领域。相比传统经济，数字经济具有资源消耗少、科技含量高、发展质效优、市场空间大和竞争力强等优势。数字经济可以带来新的产业，包括数字化、智能化和服务型产业等，为社会创造更多的就业机会，让更多人从数字经济的发展和带来的机遇中受益。我国紧随数字技术进步的步伐，在数字经济的产业规模、科技水平、平台影响力和独角兽企业数量等方面处于世界领先地位，我国数字经济发展取得了巨大的成就，最为重要的是"有为政府"和"有效市场"的结合。

（二）数字经济的政策环境

党和政府围绕数字产业化和产业数字化已经出台了百余个专项战略规划和指导意见，对数字经济的蓬勃发展发挥着无可替代的作用。例如，《中华人民共和国国民经济和社会发展第十四个五年规划和 2035 年远景目标纲要》明确提出要加快数字化发展，建设数字中国，迎接数字时代，激活数据要素潜能，推进网络强国建设，加快建设数字经济、数字社会、数字政府，以数字化转型整体驱动生产方式、生活方式和治理方式变革。党的十九大报告要求推动互联网、大数据、人工智能和实体经济深度融合，国家有关部门和地方政府亦纷纷出台扶持政策，加强规划引导和支持，将数字经济摆在国民经济发展的优先位置，为数字经济创造了优越的政策环境。

数字经济发展也得益于我国相对发达的数字基础设施。多年来政府在数字基础设施领域进行了"适度超前"的布局与投资，目前我国已建成全球规模最大、技术领先的网络基础设施。截至 2021 年年底，我国共建成 142.5 万个 5G 基站，总量占全球 60% 以上，5G 用户数达到 3.55 亿户，行政村通宽带率达 100%。我国加速数字基础设施建设、科技创新、创新创业等，有效促进了数字经济持续快速发展。据中国信息通信研究院估计，2021 年，我国数字产业化规模为 8.35 万亿元，占 GDP 比重为 7.3%。产业数字化规模达到 37.18 万亿元，占 GDP 比重为 32.5%。

（三）数字经济的市场环境

数字经济的发展依托于数字化企业和企业数字化。数字化企业是具有数字化技术、数字化组织和数字化文化的企业。企业数字化通常是指企业的数字化转型（digital transformation），是企业使用新的数字技术来改进企业的核心业务，以增强客户体验、简化运营流程或创建新的商业模式的变革过程。通过数字化企业和企业数字化转型的发展，数字经济实现可持续发展。

根据数字技术的使用程度以及其他数字资源的投入程度，市场上的企业可以被划分为三类：非数字化企业、天生数字化企业、转型数字化企业。非数字化企业的主要业务活动还依赖于传统的非数字化方式和工具，例如手工记录账簿、传真、纸质文件、人工管理等，往往缺乏数字化技术和流程，无法利用数字技术提高生产效率和服务质量。非数字化企业包括线下跳蚤市场等。

天生数字化企业是在创建时就已经将数字技术作为其核心竞争力，采用数字化技术和工具进行运营和管理，具有高度的数字化水平，能够快速响应市场变化和满足客户需求。如电商交易平台淘宝、社交媒体微博等，这类企业为各类市场活动主体之间（如消费者对消费者、消费者对企业等）的交易提供了一个平台，交易双方使用此类平台交易能够降低产品或服务搜寻成本。

在数字化浪潮的影响下，大量传统企业开始寻求数字化转型，通过采用数字技术改善其业务流程和服务，利用数字技术来提高其生产率、效率和创新能力，以更好地满足客户需求并提高市场能力。例如，三一重工集团作为高度离散化的制造型企业，在经过数字化升级后，建立起基于三维仿真数字化规划之上的多车间协同、执行一体化的柔性化生产模式，生产效率、物流配送效率得以提高，生产周期、误操作、不良品率、人力成本、运营成本等均有不同程度的缩减。

知识链接

扫描章后二维码，学习"三一重工集团制造业服务化升级"

二、数字技术与数字化

（一）数字技术的特点

数字技术（digital technology）是信息、计算、沟通和连接技术的组合，包括人工智能、区块链、云计算、大数据、物联网、虚拟现实技术等。数字技术具有高效、准确、可靠和可重复性强等特点，可以用于数据的处理、存储、传输和分析等方面，为企业数字化提供了技术支撑。

数字技术本质上包含信息数字化和处理数据两个部分，其具有两个本质特征：数据同质化（data homogenization）和可重新编程性（reprogrammable functionality）。数据同质化是指数字技术把所有声音、图片等信息均操作为二进制数字 0 和 1 进行处理，在这个操作化的过程中，具有二进制特征的数据被同质化处理；可重新编程性是指数字技术使得对数据进行处理的程序同样作为数据进行存储和处理，这一性质使得对程序的编辑或重新编程变得更加容易。而这两个本质属性使得数字技术具有可供性（affordance），即不同的组织和个体可以利用同样的数字技术来实现不同的目的。例如企业对用户在手机上使用社交媒体收集的大数据进行分析可以实现降低成本或者个性化定制等不同目的。

（二）数字化的基本要素

数字组件（digital component）、数字基础设施（digital infrastructure）和数字平台（digital platform）是企业数字化的基本要素。为了在数字时代实现战略目标并保持竞争优势，企业必须不断开发和实现与其现有技术相对应的数字组件，并随着技术进步定期更新其数字基础设施和数字平台。

1. 数字组件

数字组件是指能够向用户提供特定动能和价值的硬件或软件，是新产品或服务的组成部分，包括数字配件、应用程序和媒体内容等（如电子芯片、智能手机应用、智能手表）。数字组件是可编程、可寻址、可感知、可通信、可记忆、可追踪和可关联的，这些特性使得新功能以极低的成本快速地添加到各种数字产品中，使得企业的互联和智能成为可能。

2. 数字基础设施

数字基础设施是指提供通信、协作或计算能力以支持数字创新或数字创业的数字技术工具和系统（如云计算、数据分析、在线社区、社交媒体）。数字基础设施通常可定义为社会或组织运行所需的基本物流和组织结构，被视为由多种技术组成的社会技术系统。数字基础设施是企业数字能力的基础，推动企业整体流程再造和能力重构，加强了企业与客户、合作伙伴之间的互动，促进了一系列的共同创造活动。企业数字化转型能否成功取决于企业能否开发强大且价格合理的数字基础设施。

3. 数字平台

数字平台是指企业利用信息和通信技术促进用户之间的交互（包括商业交易），并利用网络效应实现价值创造和价值获取。数字平台使得企业能够更好地管理信息和整合资源，在企业的价值主张中发挥着核心作用，并改变了企业获取竞争优势的方式。大企业可以通过协调内部丰富的资源、发展关键能力来开发和部署自己的数字平台，中小企业则可以依赖于第三方平台（如阿里巴巴）开展业务。在数字时代，企业更频繁地访问共享的数字平台（如亚马逊、医疗保健商业社区）来补充其业务和信息技术资源。比如，数字平台使企业通过分析平台生成的数据，来感知用户偏好并与用户保持密切联系。由此，数字平台的采用已经成为一项涉及企业内部核心资源和惯例的战略决策。

（三）数字化的特点

数字化企业利用数字技术的发展，在以下 3 个维度体现并延展着数字化的特点。

1. 数字孪生

数字孪生是指在数字化平台上对实体物体、系统、过程，甚至组织进行精确建模和仿真，以实现与实体物体的实时互联、监测、分析、优化等。物理空间的物质转由数字化形式呈现，是数字化技术的一大特点。数字化数据尤其是捕捉行为的数据，使得算法（机器学习、云计算等）变得空前重要。以算法方式而非以人工命令（如传统的描述性统计或假设检验的统计模型）的形式呈现和分析数据的能力，是区别于以往任何技术变化的重要特点。数字孪生模型会通过传感器、物联网设备等采集实时数据，实现与实体物体的实时同步，使得数字孪生模型可以在虚拟环境中模拟出实体物体的运行状态、性能指标等，帮助企业精准掌握实体物体的运行情况，从而更好地进行运营、维护和优化。

2. 收敛性

数字技术的基本特性是可重新编程性和数据均质性，这种特点使得产业边界、组织边界、部门边界甚至产品边界等变得模糊且重要性降低。普及的数字技术带来的创新将以前分开的用户体验汇集在一起，例如抖音、快手等平台使得无数的用户体验可以在同一时间汇聚，使得以往的分散需求、体验和反馈突破空间限制而收敛到各自的数字终端。智能终端技术的发展又使得这种收敛进一步增强——单个智能终端可以汇集以往需要成百上千的机器、设备或产品才能完成的工作。

3. 自生长性

数字化的一个显著特点是可以持续不断地改进、变化，即自发地产生技术变革和自我迭代。数字化时代技术和商业模式的迭代往往超出技术原有预定的轨道，最典型的例子是诸如 App 等数字产品可以根据用户的反馈及运营过程中出现的各种问题进行实时迭代创新。这和数字化技术的天生动态性和无限延展性密切相关。正是因为其可重新编程性，数字化技术表现出对组织形式和功能的延迟绑定——在设计和生产产品或工具之后再添加新功能。例如智能手机的 App 系统和微信的小程序等。在此基础上，创新和服务就是海量的，不受企业传统资源和能力的约束。

第二节 数字化环境下的管理要求

在数字化环境下开展商务活动，企业面临与以往截然不同的经营环境。身处全新的经营环境，受到数字化相关技术的影响，企业商务活动主体的行为特征、产品属性以及产品的创造过程等都发生了巨大的变化。

一、数字化环境下的商业变化

（一）企业商业活动环境的变化

传统企业的商业活动是在实体环境中进行的，其中的时间、空间、连接等要素都相对稳定，企业通常只能在特定的时间点，为特定范围内的某些消费者提供服务。正因如此，类似选址、布局这样的问题在运营管理中就显得特别重要。随着数字化程度的提升，这个环境发生了巨大的变化，建立在数字化基础上的虚拟部分在环境中所占比例越来越大。实体与虚拟不断融合，丰富了商业实践，带来了更多创新机遇。

从时间要素看，数字化环境下企业商业活动环境变化加速进行，使得企业很难保持自己的竞争优势；对于消费者而言，数字化技术解放了消费者的时间，消费者拥有了更多的闲暇时间，可以按照自身特点发展兴趣，开发潜能。时间维度的扩展，使得消费者对产品和服务的需求更趋个性化。

从空间要素看，数字化技术将实体店面转移到虚拟的网络空间，可以展示的商品种类不再受到物理空间的限制，帮助企业更好地应对长尾需求现象；对于消费者，依托互联网，地理位置不再成为限制其消费的因素，最典型的例子就是互联网上各大电商的出现，极大地便利了消费者的购物行为，也改变了消费者的购物习惯。

从连接要素看，企业之间、产品之间、消费者之间、产品/消费者与企业之间的连接都远比过去丰富。虚拟空间中供应链成员之间的交互更加频繁，企业更容易接触到新的交易伙伴；越来越多的智能互联产品，使得产品之间、产品与企业之间、企业之间的联系日益密切；对于消费者，在传统的线下关系中，他们只能维持有限的社会关系网络，而虚拟空间中的社交成本大幅下降，这使他们在虚拟空间中的连接数量远大于在现实生活中的。丰富的连接创造了商业价值，推动了以生态圈为代表的创新商务模式的涌现。

相对于实体环境，虚拟环境中时间、空间、连接等要素都发生了质的变化。然而，这两个环境是并存而非对立的，只是在不同行业实体与虚拟环境的程度有所区别。虚拟环境的出现，扩展了企业传统运营管理模式的范畴，企业需要在优化运营管理模式时考虑到这些变化；更为重要的是，这些变化能够带来机会，创造价值，创新运营管理模式。

（二）商业活动主体的行为变化

1. 企业的行为变化

过去企业聚焦于自己的竞争优势与其他企业竞争，以实现自身利润最大化为目标。在数字化时代，企业则需要以创造消费者价值为最终目标，将与其他企业的竞争关系转变为合作共生关系。在这个过程中，企业的目标变得更为多元化，为消费者提供综合的"数据－服务－产品包"。企业创造价值越来越多地依托于其所处的生态系统。

2. 消费者的行为变化

消费者的行为变化对企业管理的影响更为显著。深入剖析数字化环境下消费者的行为变化，有助于企业更好地了解其面临的市场环境，是企业正确制定其运营管理决策的基础。数字化环境下消费者的行为变化可以归纳为移动化、社会化和个性化。① 消费者行为的移动化。智能手机等工具的使用，为消费者提供了更丰富、更便捷的网络接入，使得消费行为可以随时随地发生。② 消费者行为的社会化。在线社交网络逐渐成了人们在互联网中重要的互动、沟通、协作及内容创造的媒介之一，消费者在社交媒体上留下了海量数据，为企业发现、创造和引导需求提供了新视角。③ 消费者行为的个性化。网络使得消费者更容易表达意愿，技术进步带来更多闲暇时间，也让消费者得以按照自身特点发展兴趣，这都促使消费者行为日趋个性化。

（三）产品的变化

在以数字化为标志的新时代，产品的一个重要特征是智能化。通过大量的传感器、处理器、存储器等电子元器件，智能产品实现了对使用数据的实时抓取，这些数据被企业用于分析消费者的使用行为，或者用于智能产品的自主学习，以便为消费者提供更好的使用体验；配套的操作系统和应用软件，使得消费者能够在购买到产品后，自行完成最后的定制环节，从而可以按照个性化需求控制和使用智能化产品。

数字化环境下产品的另一重要特征是不断增强的连接性。事实上，这种连接不但发生在产品之间，而且发生在所有事物之间，即万物互联。例如，智能家居网络通过将音箱、电视、照明、空调等不同产品连接起来，在各类智能产品之间进行数据的交互，共同为消费者提供一个无缝的使用场景。通过智能产品之间的连接，将看似不相关的活动主体连接起来，能够创造出更多的商业机会。例如，智能化可穿戴设备的一项基本功能，是帮助消费者了解身体的各项指标，医院、药企、健康顾问等医疗机构都可以通过穿戴设备，与消费者构建直接的连接，为其提供定制化的服务。

智能互联产品的出现，使得企业由过去提供"产品－服务包"发展为向消费者提供"数据－服务－产品包"，即企业通过分析相关数据，发现甚至创造需求；随后设计相应的服务满足需求；最后以智能互联产品为工具，向消费者提供创新服务，创造价值。

（四）产品创造过程的变化

数字化技术至少从两个方面影响企业的产品创造过程。一方面是企业获得了更多的消费端数据，这既包括遍布于网络的消费者评价数据，也包括消费者在使用智能互联产品时产生的实时数据。通过对数据的分析，企业既能获得消费者作为整体的群体行为特征，又能在个体层面上更精准地刻画消费者行为，从而设计出能更加贴近消费者需求的产品，而且对实时数据的分析使企业能更敏捷地对消费者的变化趋势做出响应。

另一方面，企业的产品创造过程自身也受到数字化技术的影响，智能、自主的加工工厂不但能够自动识别潜在的设备问题，而且通过智能设备之间的联网，实现了加工流程的自主优化。三维（3D）打印技术更是彻底改变了产品的创造过程，使得企业能以较低成本实现产品的个性化生产，从而改变企业满足消费者需求的方式。而更为深远的影响在于，通过将实物产品数字化，企业管理的对象变为数字产品。随着产品创造过程的虚拟化，传统的采购、库存管理、产品定价等运营决策都将发生巨大的改变。

知识链接

扫描章后二维码，学习"宁德时代的数字化转型之路"

二、数字化环境下的企业变革要求

随着数字技术在企业运营中全面应用，企业势必需要对内部的各项职能活动做出适应性调整，进而不断提高价值创造与供给的效率。

（一）组织结构的变革要求

数字化环境下，企业的组织结构需要向网络化、扁平化发展。工业化时代，企业组织结构呈现垂直化、科层制、等级制的特点，在应对外部环境变化、资源配置等方面缺乏足够的灵活性，难以适应数字经济时代。传统组织结构过度依赖于总部的中央管控，缺乏灵活应变的管理机制；总部与终端用户之间相距甚远，不利于使数据、信息快速地转化为经营决策，严重削弱了企业的市场竞争力。数字经济的高速发展要求企业对组织结构进行创新，重新协调、评估和筹划人、财、物的组合。

企业唯有加强对市场需求的及时响应，才有机会在竞争激烈的数字化环境中赢得发展先机。一方面，企业的职能部门之间要加强相互配合、协作共赢，职能部门之间的协同体现为横向业务的跨界入局以及纵向业务的融会贯通，由此需要构建起网络化的组织结构。网络组织的运营以节点为单位，具有去中心化、去中介化等特点，能够进一步提高要素流通对于价值创造的效率与效果。另一方面，扁平化的组织结构能够以用户为中心，基于小型团队的分散化决策以及更广泛的连接与集合，加快资源的交互与整合，成为企业内部数字化转型的最优方案。在扁平化的组织结构下，供给侧的分工得到深化，小型团队将致力于持续强化在用户价值创造方面的核心能力，企业的核心能力更加侧重于价值整合、价值供给以及改善用户体验，通过平台化管理为小型团队与用户的沟通以及小型团队之间的交流、合作提供所需的各类支持。

（二）营销模式的变革要求

数字化环境下，企业的营销模式需要更加精准化、精细化。工业化时代"广而告之"的粗放化营销模式在满足个性化需求方面的速度慢、时间长、成本高，越来越难以适应市场的变化。在数字经济时代，企业的营销模式必须更加精准化、精细化，在详细地了解用户需求的变化后，切实提供他们真正需要的产品、服务，减少信息噪声。一个非常重要的方面，就是为用户打造独特、便捷的使用体验。与价值挂钩的使用体验因用户不同而变化，企业在设计体验情境时需要考虑用户需求的多样性，树立以个体用户为中心的经营理念，从需求端的视角不断发现新的市场机遇。在数字化空间中，企业可以对产品性能进行精细化的划分，按照用户提出的要求进行组合，制定相应的价格。用户仅需对所需的产品性能进行支付，从而提高产品的性价比。

精准化、精细化营销的基础是透过丰富、海量的数据去深入分析用户的消费行为与意图，开展全渠道营销、拓展数据来源成为必要之举。全渠道营销是指企业采用数字技术，通过实体商店、网上商城、移动终端、社交网络等多元化的渠道满足用户多方面的综合性需求，给予用户全方位的直接沟通以及一体化消费体验，并在不同渠道之间实现精准衔接。其间，企业以数据的形式随时记录和采集用户的所有相关行为。数字化测量隐含了两个基本假设，分别是用户行为受到潜在意识的支配以及偏好趋于稳定。分析用户过去的行为能够为企业提供有价值的市场信息，是企业制定营销决策的重要依据。从这个角度来看，全渠道营销也意味着营销活动的全面数字化，即由数据驱动人流、物流、信息流、资金流的共享与汇集。

（三）生产模式的变革要求

数字化环境下，模块化、柔性化生产模式应运而生，进而逐步替代工业化时代的单一性、批量化生产模式。为了满足用户的多样化需求，企业的生产装配线必须具有快速调整的能力，为此必须实现适合定制化产品的模块化制造。模块化是将产品的某些要素组合在一起，构成一个具有特定功能的子系统，将这个子系统作为通用性的模块与其他产品要素进行多种组合，构成新的系统，产生多种不同功能或相同功能但不同性能的系列产品。产品的模块化由两部分组成，一部分是所有产品共有的，另一部分是体现产品定制特征的。企业需要将共同的部分事先组装起来，一旦用户提出自己的特定要求，便将满足要求的部件迅速组装上去，从而可以提高速度和效率。

企业的生产模式需要更柔性化，即灵活地生产用户需要的产品，从传统的大规模生产转变为个性化定制。数字技术强化了企业对生产流程的管控，促进产品质量持续改善，也为企业打开了让用户参与生产活动的大门。与标准化产品相比，个性化产品更好地满足了用户的需求，给用户带来更高的价值。用户不再满足于仅仅作为产品的被动接受者，而是更希望拥有在众多的产品属性中进行选择的权利，根据个人喜好进行组合。用户是具有创造性的个体或群体，有意愿也有能力与企业共同进行产品的设计与研发。用户如果对自我偏好有更好的了解，能更好地表达偏好并且更多地参与产品生产活动，那么获得的价值就会更高。因此，企业可以推出由用户自行设计产品的网站，帮助用户发现需求、表达需求，然后根据用户的作品进行定制化生产。

（四）产品设计的变革要求

数字化环境下，企业的产品设计需要趋于版本化、迭代化。工业化时代，企业的产品设计是从大众化的基本需求出发，追求性能完美的"大产品"，常常忽略了用户群体之间的差异，对于用户需求的响应速度明显不足。企业过度地追求向市场推出完美化的产品反而会贻误最佳时机，降低市场竞争力。数字经济时代，较为合理的做法是"小步快跑"，即在发现市场空缺后，以有限的资源支出，快速提供一个较为可行的产品。这个产品不必满足用户的全部需求，但是需要具备最关键的功能并且能够维持最低限度的运行。企业后续再通过对原始创意进行不断的调整与修正，消除用户痛点，在发布一个又一个新版本的过程中实现创意市场化以及产品的迭代与升级。迭代创新模式缓解了企业面临的资源禀赋约束，也增强了企业的战略多样性。迭代化的生产节奏，有助于企业将供需两端的发展与变化及时地融入产品的设计之中，更好地感知、把握、转化新的机遇。

在产品性能不断迭代与升级的同时，企业还需要兼顾对多样化、个性化需求的满足。针对不同的用户群体提供差异化的版本，尽可能地增加总的价值供给。例如，允许普通用户低价或者免费使用产品的基本功能，以此建立基本的利基市场；针对付费的高级用户，则提供一些更为高级的性能与服务，进一步改善使用体验。

（五）研发模式的变革要求

数字化环境下，企业的研发模式需要趋于开放化、开源化。传统的封闭式、闭源式研发模式在市场需求趋同、信息相对有限的情况下具有优势，但是在响应多样化需求以及应对不确定性方面存在不足。在数字经济时代，任何企业都不具备在所有领域保持领先的全部技术、资源与能力，只有在不断凝聚、展现新想法的过程中才能发展壮大。因此，创新不应是组织内部的闭门造车，而是需要整个生态系统的协力共进。整个生态系统在价值创造上的协同，能产生指数级的增长效应。有价值的思想遍布数字化空间的各个角落，企业要实现可持续发展显然不能忽略规模庞大的外部知识。数字技术以及开源系统能够为企业源源不断地输入新的创意，开放化创新为产品迭代提供了强劲动能。开放化创新是指企业借助互联网将研发职能众包给非特定的主体，在任何时间、任何地点对各种形式的意见都保持开放、接收的姿态，并将其中好的创意表现在产品和服务中。

开放化创新可以分为外部知识在组织内部的利用（内向开放化创新），以及内部知识向组织外部的转移（外向开放化创新）。在内向开放化创新与外向开放化创新的协同作用下，知识的跨界传播与交互促进不同主体在数字化空间中密集地集聚，催生出开放化创新网络。替代式竞争促使企业探索新知识，不断寻找竞争优势的新基础。借助互联网的力量，企业能够在创新网络中实时获取互补性资产，尤其是积累隐性知识。与显性知识相比，隐性知识往往是特定情境下的产物，具有较强的情境依赖性。数字化、密集化的创新网络降低了隐性知识在不同情境下应用的试错成本，加快隐性知识的创造、传播、共享，促进产品迭代、技术升级以及创新扩散。

（六）用工模式的变革要求

数字化环境下，企业的用工模式需要趋于多元化、弹性化。工业化时代，用工模式表现出直接雇佣、刚性化的特点，在用工成本上给企业造成了很大的负担。特别是在产业转型升级、智力资本价值凸显、劳动力结构和配置亟待优化的背景下，传统用工模式加重了企业发展的困难。数字技术应用对生产率的影响具有不确定性，而只有在特定情境下与高技术劳动力相结合之后才能产生正向的促进作用。高技术劳动力在数据分析、深度思考以及解决新问题等方面的优势，对数字技术形成有益的赋能与补充，其市场需求日益增加。互联网促进了企业与高技术劳动力之间快速匹配，二者之间通过建立短期、灵活的项目契约关系达成合作。劳动者不必拘泥于传统组织的束缚，企业也能够按需招聘、降低用工成本、提高创新能力。

在创新驱动的全球氛围下，零工经济使得组织边界随着目标的变化而变化，劳动者之间以项目为单位形成液态组织。液态组织没有层级结构，人才、技术、知识等要素在自由流动的过程中实现共融共生。自适应、自驱动的模式强化了劳动者的使命感和归属感，激发了组织的创新活力。多元化、弹性化的用工模式，也使得企业能够对市场竞争和变革做出快速、有效的应对。

> **知识链接**
>
> 　　扫描章后二维码，学习"娃哈哈的数字化营销"

第三节　数字化创新与转型

在当今快速变化的商业环境中，数字化不仅是一种趋势，更是企业持续竞争和创新的关键。数字化创新和数字化转型是数字化战略的核心内容，共同构成了企业在信息时代中推动业务前进的核心框架。

数字化战略是企业全面整合数字技术的蓝图，旨在通过有效利用数字资源来达成企业的长远目标。它不仅涉及技术的选择和应用，还包括对企业内部和外部环境的深入分析，确保战略的实施能够在不断变化的市场条件下创造差异化的价值。数字化战略是指导所有数字化活动的基石，包括但不限于产品开发、流程优化和商业模式的创新。

数字化创新是实现数字化战略的具体行动之一。它通过引入和应用新技术，不断推出创新的产品和服务，优化生产过程，重新设计组织结构，甚至彻底改变商业模式。数字化创新可以具体分为数字产品创新、数字过程创新、数字组织创新和数字商业模式创新,每一类创新都直接支持企业的竞争优势和市场地位。

数字化转型是企业应对数字经济挑战、实施数字化战略的过程。它不仅涉及技术的引进和应用,还包括企业文化、组织结构和业务流程的全面变革。数字化转型的目标是通过技术驱动的创新,实现业务模式和运营模式的根本性改变,从而提升企业的整体效率和市场响应速度。

一、数字化创新

数字化创新(digital innovation)即在创新过程中采用数字技术,包括带来新的产品、生产过程改进、组织模式变革以及商业模式的创建和改变等。根据创新产出的类型,数字化创新可以进一步分为数字产品创新、数字过程创新、数字组织创新和数字商业模式创新。

(一)数字产品创新

数字产品创新指对特定市场来说非常新的产品或服务是包含数字技术或者被数字技术支持的。数字产品创新主要包含两大类:纯数字产品(例如 App)创新以及智能产品(例如智能家居产品)创新。

1. 纯数字产品创新

纯数字产品创新有如下 3 个主要特征:第一,纯数字产品创新往往具有虚拟无限产品空间(virtually infinite product space),也就是说数字技术的自生长性使得纯数字产品理论上在虚拟空间里可以进行无限次更新迭代。第二,由于数字技术的可重新编程性,纯数字产品可以针对不同的客户需求进行轻易的重新整合和重新使用。第三,纯数字产品创新极大依赖于数字基础设施(例如网络、数字创新平台等)的发展和支持。

2. 智能产品创新

智能产品创新是通过将物理部件与数字部件相结合进而改变了产品的体系架构,使其具有数字实体特性。智能产品一般包含 3 个部分:物理部件(例如传统机械部件)、数字部件(例如软件应用)和互联部件(例如无线连接协议)。物理部件和数字部件的结合让物理部件本身的价值得以强化,互联部件则让产品有可能连接到互联网上所有相关信息和基础设施进而提升智能产品的价值。

基于此,智能产品创新有如下 4 个方面的特征:第一,智能产品创新需要组织建立一整套全新的技术基础设施,这套基础设施包括产品硬件、软件应用、通信系统以及产品云等。第二,智能产品创新模糊了不同类别产品的边界,呈现出数字化创新的收敛性。第三，智能产品创新的过程需要拥有不同知识主体的人员共同参与。第四，企业在生产智能产品的过程中强调现有战略与数字战略的协同。

（二）数字过程创新

数字过程创新指数字技术的应用改善甚至重构了原有创新的流程框架。在数字经济时代，创意产生、产品研发、产品试制与制造以及物流和销售等环节都可能被数字技术颠覆。例如，在产品研发阶段，数字仿真以及数字孪生技术的支持使得企业研发成本大大降低；物联网技术的支持使得企业生产流程各环节变得十分透明；客户能够通过虚拟环境参与包括产品构思、产品设计和开发、产品测试、产品营销和传播以及产品支持等价值创造活动。

数字过程创新总体上有如下 3 个方面的特征：第一，数字过程创新的时间和空间边界变得模糊，例如，3D 技术的使用让不同的参与者可以在不同时间和地点参与创新过程。第二，数字技术让数字过程创新和数字产品创新之间的边界变得模糊。第三，数字技术的可重新编程性使得在数字过程创新中出现许多衍生创新。

（三）数字组织创新

数字组织创新指数字技术改变了组织的形式或者治理结构。实际上，数字技术能够影响诸如交易处理、决策制定、办公工作等企业治理的方式甚至改变企业的形态，比如阿里巴巴在 2015 年为适应数字经济而启动了中台战略，重构了组织模式和运行机制。企业在数字组织创新过程中可以设立首席数字办公室（Chief Digital Office，CDO）。此外，数字化创新中数字化转型流派认为组织流程、组织文化、组织变革等均受到数字技术的显著影响。例如，从制度视角出发，数字化转型过程是数字技术对组织参与者、组织结构、组织实践以及组织文化等综合变革的过程。

（四）数字商业模式创新

数字商业模式创新指数字技术的嵌入改变了商业模式。商业模式指描述价值主张、价值创造和价值获取等活动连接的架构，数字技术的嵌入可以通过改变企业价值创造以及价值获取的方式来改变企业的商业模式。

数字商业模式创新的实现主要有以下 3 条路径。第一，自动化和数字增强，指使用数字技术增强现有商业模式。第二，数字化扩展，指企业使用数字技术支持新的业务流程进而改变原有商业模式，这些新的业务流程补充了现有的活动和流程。第三，数字化转型，指企业利用数字技术开发出新的商业模式以替代传统的商业模式。

知识链接

扫描章后二维码，学习"数字商业模式设计"

二、数字化转型

（一）数字化转型战略的类型

数字化转型战略是指支持企业由数字技术应用所带来的战略转型以及转型中或转型后企业运营发展的战略定位，是企业战略管理的重要内容。传统企业的数字化转型，重点从企业本体出发，基于企业与内外部环境的匹配制定适合自己的数字化转型战略。其中，战略转型是指企业为了动态保持内部条件与不断变化的外部环境的匹配，打破传统组织惯性形成新惯性的过程。

从数字化资源投入和组织适应性两个维度，可以将传统企业的数字化转型战略划分为四种不同的战略类型：变革依赖型战略、生态导向型战略、业务主导型战略和技术主导型战略，如图 11-1 所示。其中，数字化资源投入主要是指企业在数字化转型中对数字技术和数字化人才的投入。企业在引进数字技术的同时，还需要引进与技术相匹配的人才去应用和拓展数字技术，包括数字化转型技术人才和数字化转型领导力人才。组织适应性是组织的重要特征之一，是指组织识别、调整和化解企业内外环境中的可变因素的能力，是组织在挑战性环境下进行积极调整的组织能力，影响企业的战略转型。组织适应性较高的企业在制定企业数字化转型战略时较为灵活，能够快速整合企业数字化转型所需要的数字化资源。

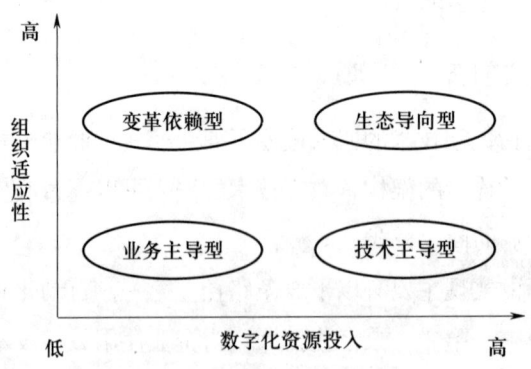

图 11-1　数字化转型战略的类型划分

资料来源：王永贵和汪淋淋（2021）。

1. 变革依赖型战略

当企业组织适应性较高而数字化资源投入较低时，采取变革依赖型战略。这种转型战略常见于小企业。小企业自身的资源和能力不足，无法支撑企业在数字化资源上的大量投入。同时，小企业规模小，组织结构灵活、简单，能够基于企业战略、业务发展、市场需求等做出快速响应和调整。采取这种转型战略的企业一般采用 B2C 的商业模式，依赖外界的力量进行数字化转型。如阿里巴巴、京东电商平台上的大部分第三方店铺企业，在制定和实施数字化转型战略时，往往通过第三方企业搭建的数字化平台，给客户提供数字化体验。

2. 生态导向型战略

当企业的组织适应性和数字化资源投入都比较高时，采取生态导向型战略。这种转型战略常见于行业中的领军企业。这类企业在行业中属于数字化转型的引领者，具备丰富的数字化资源和较强的数字化能力，数字化转型成效显著。企业已经探索出适合自身的商业模式，所以企业会针对外界的变化，对现有的商业模式进行优化，在保持现有的竞争优势下实现企业业务的增长。这类企业在引领数字化转型的同时，更加注重数字化生态的建设以实现企业和客户的全面可持续发展。如施耐德电气——能源管理与自动化领域的数字化转型专家，在自身实现从传统制造企业向数字化企业成功转型的同时，携手合作伙伴和客户企业，共建数字化生态圈。

3. 业务主导型战略

当企业的数字化资源投入和组织适应性都比较低时，采取业务主导型战略。这种转型战略常见于组织惯性较大、传统业务比重大的大中型企业。这类企业业务体量庞大、种类复杂，业务因长时间积累具备传统优势。它们在准备实施数字化转型时，视传统业务转型为切入点和重点，通过对业务的数字化赋能与重塑，以期实现业务的增长。这种转型战略常见于技术比较薄弱或者对技术依赖性不强的行业，如传统服务行业。这类企业没有太多的资源和精力投入技术的研发与应用，而是把战略重点放在传统业务数字化转型和新数字化业务开发上。如海底捞餐饮与阿里云合作，开发海底捞 App，通过数字化私人定制的服务实现业务的快速增长。

4. 技术主导型战略

当企业的数字化资源投入比较高而组织适应性比较低时，采取技术主导型战略。这种转型战略常见于重视技术研发以改进工艺生产流程、提高生产效率的传统工业制造企业。这类企业在行业中属于数字技术的探索者，企业在数字技术的应用上投入较多的资源和精力，通过数字技术提升企业运营效率。如三一重工集团依靠科技创新——人工智能＋传统制造，打造"18 号厂房"的智能工厂，以数字技术开发为主导，展示了传统工业的数字化未来图景。

知识链接

　　扫描章后二维码，学习"数字化转型中的生态协同创新战略"

（二）数字化转型的过程模型

　　数字化转型的过程可以分为八个阶段：决策、组织、数字化动员、数字化培训、实施、考评、取效和反馈。图 11-2 为数字化转型的过程模型。

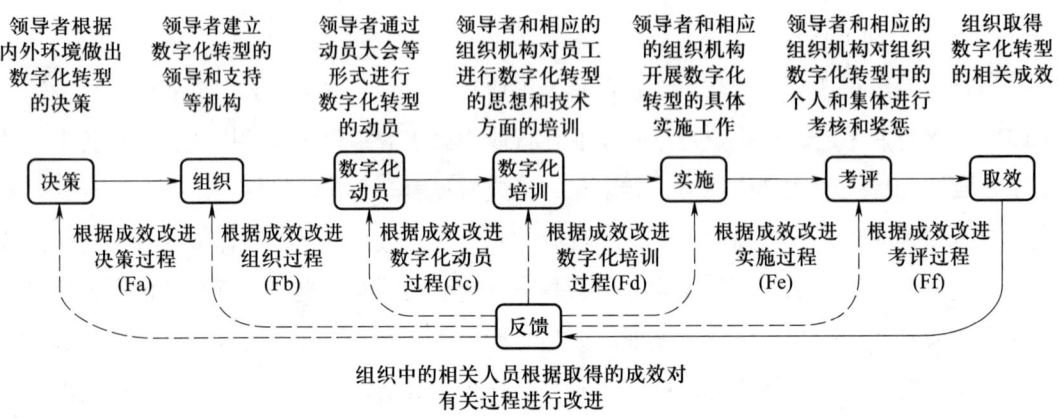

图 11-2　数字化转型的过程模型

资料来源：陈国权、王婧懿和林燕玲（2021）。

1. 决策

　　决策指的是领导者根据内外环境做出数字化转型的决策。数字化转型时需考虑内外部因素。对于组织内部因素，领导者需要考虑处在不同层次的员工，例如高层领导者、中层领导者和基层员工，以及总公司、子公司、部门等对数字化转型的反应和可能施加的影响；还需要考虑组织的软实力和硬实力，例如目标和方法、利益和权力、信仰和价值观、人力、财力、物力等对其数字化转型的支持程度。对于组织外部因素，领导者需要考虑组织所在的行业、地区、国家乃至世界的数字化发展趋势；考虑其竞争对手、合作者、上下游企业、客户，乃至其他行业的组织、研究机构、政府部门等对其数字化转型的促进和约束作用。此外，领导者需要考虑数字化转型过程中不同时间段的特点，以及组织如何不断迭代升级数字化转型的阶段。

2. 组织

　　组织指的是领导者建立数字化转型的领导和支持等机构。在数字化转型的过程中，领导者需要建立专门的机构，分别负责评估数字化转型的可行性、设计数字化转型的具体方案、提供技术支持、培训员工技能、给予后勤保障等，从而确保数字化转型顺利进行。譬如，组织可以建立专门的跨部门创新团队，例如智库，通过监测外部环境，预见细微的外部变化，从而识别有利的机会，并为组织探索适应数字化环境的、创新的商业模式。智库也可以通过不断的预研，为组织提供政策、技术等方面的建议，及时纠偏，保证数字化转型顺利进行。

3. 数字化动员

数字化动员指的是领导者通过动员大会等形式进行数字化转型的动员。在正式实施数字化转型之前，组织内部需要对数字化转型的目标、重要性和必要性、具体行动等方面形成一致的认知，统一员工的思想，从而让员工在情感上拥抱组织数字化转型这一巨大变革，减少组织数字化转型的阻力。领导者可以通过动员大会、誓师大会、出征仪式、交接旗帜、榜样示范等方式动员全体员工。组织的数字化转型还可能涉及组织外部的利益相关者，例如和采购业务相关的供应商、和数字技术相关的服务提供商、和营销业务相关的客户等，组织可以通过与其沟通数字化转型决策的内容来获得理解和支持。

4. 数字化培训

数字化培训指的是领导者和相应的组织机构对员工进行数字化转型的思想和技术方面的培训。在数字化转型实施之前，组织需要重视对员工进行培训以提高其数字化相关技能。不仅员工需要提高和数字化相关的技术能力，并适应数字化转型带来的组织流程制度的变化、数据资源的增加等，提高其业务能力，而且领导者需要提高相应的管理能力，以满足数字化转型所产生的新要求。必要时，组织还可以通过人员招聘的方式增加组织数字化相关的人力资源。

5. 实施

实施指的是领导者和相应的组织机构开展数字化转型的具体实施工作。在数字化转型实施过程中，组织需要解决有关技术和体系的问题，例如组织所需的技术如何获取和应用，组织的流程、制度、结构如何变革以适应数字化转型的需求等。组织应该加强和外部利益相关者（供应商、客户、合作者等）的联系，从外部识别和获取有用的知识，并鼓励组织内部的跨部门交流，从而更好地抓住机会、响应市场的需求和进行创新。

6. 考评

考评指的是领导者和相应的组织机构对组织数字化转型中的个人和集体进行考核和奖惩。在数字化转型实施后，组织需要对数字化转型中个人和集体的表现进行阶段性的考核评估，并进行相应的奖励和惩罚，激励员工更加积极地投身于数字化转型中。

7. 取效

取效指的是组织取得数字化转型的相关成效。组织数字化转型的相关成效可以结合传统的绩效指标和数字化的绩效指标来衡量。

8. 反馈

反馈指的是组织中的相关人员根据取得的成效对有关过程进行改进。具体来说，反馈可以分为根据成效改进决策过程、根据成效改进组织过程、根据成效改进数字化动员过程、根据成效改进数字化培训过程、根据成效改进实施过程、根据成效改进考评过程。组织通过不断迭代改进数字化转型的过程，从而建立有效的数字化系统，促进组织取得良好的业绩和保持可持续发展。

知识链接

扫描章后二维码，学习"北汽福田数字化转型"

第四节　数字化战略实施

数字化战略实施是企业利用信息技术来增强自身核心竞争力的关键手段，涉及企业运营管理效率提升、价值创新以及避免常见的数字化误区等方面。

首先，数字化可以实现企业运营管理效率提升。这包括使用大数据和机器学习技术进行需求预测，优化库存管理，以及通过自动化和智能化改善供应链管理。例如，通过集成先进的数据分析工具，企业能够实时监测和预测市场需求，从而减少库存成本并提高响应速度。

其次，数字化同样是推动企业运营管理价值创新的关键。这涉及利用数字工具来开发新产品、优化现有服务，甚至创造全新的商业模式。通过数字技术，企业可以更好地理解消费者需求，实现个性化产品和服务，这不仅能满足消费者需求，还能开拓新的市场机会。

最后，企业在推进数字化时也需要避免几个常见的误区。企业不应将数字化等同于简单的技术使用，它涉及的是一系列综合性的战略改革。企业需要确保数字化战略与其整体业务战略相一致，以避免资源浪费和方向偏差。此外，企业需警惕仅追求技术趋势而忽视实际业务需求的问题，应从自身实际出发，选择能够真正带来效益的数字化解决方案。

为确保数字化战略的成功实施，企业需要在全方位进行考量，包括技术选型、人才培养、文化适应等多个层面。此外，企业还需要持续监控和评估数字化战略的实施效果，及时调整和优化，确保数字化转型可以真正帮助企业实现长远发展。

一、企业数字化的作用

（一）企业运营管理的效率提升

1. 需求预测

需求预测是企业运营管理的基础。进入数字经济时代，用户需求与过去相比变化速度更快、个性化特征更为明显。同时，企业可以获取的数据类型和数据量都远比过去丰富。以京东为例，除了交易数据以外，企业还可以将用户浏览、购买、使用、评价等数据都记录下来，包括搜索的关键词、页面的停留时间等。这些行为特征往往是用户偏好及其个性化需求的直接表现，企业通过利用强大的数据分析能力，可以更加准确地预测用户的需求，为提高运营管理绩效打下良好的基础。例如，手机应用商店基于用户下载和浏览行为，可以更好地了解用户需求、进行精准推荐。电影发行团队基于微博和第三方数据组合的模型，可以更准确地预测票房收入。

2. 产品设计

数字技术能够实现更加贴合用户需求、更佳性能、更高效率的产品设计。首先，大量的用户使用数据和社交媒体数据，为企业准确设计符合市场潮流的产品提供了可能。其次，数字仿真、虚拟现实和增强现实等技术的发展，推动数字技术作为设计工具精确地模拟和仿真产品的各种物理参数，并通过可视化的模式加以展示，尤其是可以在不同参数、不同环境下模拟不同产品设计的性能差异，从而形成最佳性能的产品设计。最后，为了更好满足数字经济时代用户需求日益个性化的趋势，最大限度实现个性化的设计，许多企业开始利用云计算技术，将越来越多的功能转移到云服务器，增强了与用户的互动设计，通过软件实现客户端产品的定制。

3. 定价和库存管理

借助数字技术，企业可以制定更加优化的定价和库存管理决策。定价决策方面，首先，通过从数据中学习，企业能够动态优化定价策略，更好地实现收益管理。例如，企业可以从用户评论数据中了解关于其产品质量的信息，发现价格需求函数，从而更好地制定价格，提高利润。其次，企业可以实现不同销售渠道或不同细分市场上的差异化定价。例如，京东经常为某些商品设定 Plus 会员用户专享的价格。为避免价格歧视，差异化定价可以利用数字技术向不同细分市场推送不同优惠券来实现。最后，在某些服务行业，结合用户的行为数据，甚至可以做到"一人一价"。例如，借助车辆传感器传回的数据，保险公司可以实时收集用户的驾驶行为数据，从而更深入地了解用户的驾驶习惯，以更合理地制定"一人一价"的保险价格。

对于涉及实物产品的需求，企业的库存管理决策与定价决策密切相关，一方面动态的定价需要考虑剩余的库存数量，另一方面库存补货受到需求的影响，企业需要同时对两者进行优化。基于数字技术，企业甚至可以在需求发生之前就制定相应的库存补货计划。亚马逊拥有一项专利技术，基于用户的搜索数据，以及在商品展示页面的停留数据，通过深度学习算法，亚马逊能够在用户的真实订单到达之前，就将货物准备好并运往相应的配送中心，降低了运输成本和库存成本。通过学习潜在购买者在商品展示页面的点击数据与线下的实际购买数据之间的关系，企业可以优化其库存管理策略，降低缺货成本和库存持有成本。

4. 供应链管理

数字技术在企业的供应链管理创新中发挥了重要的作用，这既体现在流程日趋智能化，又体现在供应链上下游之间决策越来越多地依赖于数据分析做出。首先，制造业正在变得越来越智能，越来越多地使用传感器和无线技术来捕获生产环节中的各种数据，再传递回智能设备以指导生产，工厂由集中控制转变为分散式自适应的智能网络。其次，在互联网时代，越来越多的供应链管理中的零售环节开始采用全渠道零售模式，即零售商通过线上及线下等多种渠道进行销售。线上的销售数据可以帮助零售商更好地对线下销售中遇到的问题进行决策，特别是通过全渠道收集的数据多于传统数据，指导操作更具参考性，如选品问题、货架库存问题以及选址问题等。最后，在供应链风险和金融领域，数字技术也发挥了重要作用。来自各个领域的大数据使得提供金融服务不再仅仅依据财务报表，而是基于多维度的数据评估目标企业的信用，降低供应链金融风险。通过分析企业内部数据、个人数据、政府数据、社交网络数据、第三方数据和利益相关者数据，可以更全面地刻画供应商的内外部风险。

（二）企业运营管理的价值创新

1. 需求创造

数字化环境中，企业能够更加精准地了解消费者的潜在需求，并通过自动化、智能化的工具提供支撑，将消费者的潜在需求转化为真实需求。比如，通过大数据计算，电商平台可以为顾客提供"购买此商品的顾客也买了"等信息，这一个性化推荐可以更好地挖掘潜在需求，有效提高商品的销量。更进一步，传统意义的需求是指消费者购买的产品（或服务）的数量，然而消费者购买产品，最终目的是获得使用产品带来的价值，产品的使用价值才是消费者的真正需求。基于数字化及相关技术，企业能够更深入透彻地理解消费者深层次需求，通过创造新的产品价值创造新的需求。例如，全球第二大食品公司卡夫通过大数据工具对10亿条零碎信息进行内容分析，发现消费者关心的重点是健康、素食和安全3个方面。尤其在健康方面，对孕妇十分重要的叶酸是其中的核心。基于这一系列大数据分析，卡夫推出了面向孕妇消费者市场的全新产品，创造了新的产品需求。

2. 业务设计

随着数字技术的普及，近年来制造业服务化的趋势快速发展，企业不是仅为客户提供产品，而是基于智能设备、互联网、云计算等提供以数据为基础的服务，使产品成为实现服务的载体，企业转向提供"数据－服务－产品包"。例如，汽车企业将更多地提供基于道路、交通、天气、客户出行偏好等数据的出行服务，汽车成为实现出行服务的工具，未来随着自动驾驶技术的成熟和规模化应用，这一趋势将更为明显。以 3D 打印技术为代表的增材制造也在改变着企业提供产品的形态和模式。从产品生产形式而言，由大规模制造转向了小批量、高度定制化制造；从生产组织方式而言，由集中式制造转向了分布式制造；从产品形态而言，由提供实物产品转向提供数字产品＋周边服务＋通用材料。然而，数字产品本身并不具备使用功能，必须通过 3D 打印成为实物产品之后才能真正具备使用价值，这在商业模式上也形成了另外一种"数据－服务－产品包"的形式。

3. 价值共创

数字化的一个重要意义在于其推动了价值共创，这包括消费者与企业之间、消费者相互之间以及企业相互之间的价值共创。数字化环境下传统制造业的价值共创主要体现在消费者、供应商、批发商和零售商通过智能终端、在线平台、虚拟设计环境等数字化平台共同参与产品的设计、生产、仓储和销售等环节，从而打破了传统的产品制造模式中企业与消费者之间、企业之间的壁垒，制造商通过数字技术不断改进产品，更好地满足多样化、个性化需求。新的数字技术不仅支持消费者更好地满足自身消费需求，而且使他们能够为其他消费者创造更大的价值。在新兴数字经济业态中，价值共创在产品或者服务中发挥着更大的作用，甚至有的业态的核心就是价值共创，离开价值共创，也就没有了产品或服务。

4. 供应链重构

在数字技术的支持下，产品或服务的设计、生产、仓储、配送、售后服务等环节在全球范围的互联网虚拟供应链中完成，供应商、制造商、批发商和零售商可以参与不同的供应链，甚至在不同的供应链中承担不同的功能、发挥不同的作用，同一个成员可能作为消费者出现在某些供应链中，但是在另外一些供应链中则承担了供应商的角色。在这样的背景下，传统的"供应商—制造商—批发商—零售商"垂直供应链的线性结构被颠覆，来自不同行业、不同职能、不同地区的企业和个体形成基于互联网平台错综复杂的"供应网"。相对于过去的供应链，数字化环境下的供应链呈现网络化、动态化、虚拟化的特点。

5. 生态圈构建

随着移动互联网普及和消费习惯改变，消费者越来越希望能够以一站式、无缝衔接的方式满足各种不同类型的需求，通过简单的界面操作就能完成一系列的消费活动。例如能够在同一个平台上实现订餐、购票、导航等功能，或者通过一个手机应用程序控制家里的温度、灯光、音箱等。面对这种多类型、多功能、集成式的需求，单个企业往往难以完全实现。领先企业正在依托移动互联网、云计算等技术，将过去不相关的产品或服务关联起来，形成网络化和动态化的生态圈，创造并满足消费者的集成式需求。生态圈中的成员可以是与以往供应链成员类似的上下游企业，更可能是由于数字化环境而引入的原来不相关的企业，例如智能家居生态圈就将路由器、电视、音箱等产品智能化，以相互连接的整体为消费者提供服务。同时，生态圈的形成也改变了以往的竞争模式，是以整个生态圈提供的"数据－服务－产品包"为消费者创造价值，而不是单个企业在生态圈的某个局部实现盈利。

二、企业数字化的误区

（一）将企业数字化等同于搞虚拟经济

虚拟经济则是指以数字化、网络化和智能化技术为基础的一种新型经济形态，主要由虚拟产品、虚拟服务和虚拟资产组成，如在线游戏或虚拟市场。虚拟经济包括虚拟产品和服务的交换，有时也包括现实世界的交易。虚拟经济的一个具体例子是大型多人在线游戏（如《魔兽世界》）的游戏内部经济。这些虚拟经济允许玩家使用在游戏中赚取或购买的虚拟货币相互交易虚拟产品和服务。虚拟经济是企业数字化的一种形式，但并不是全部内容。在数字化转型过程中，虚拟经济可以起到一定的作用，例如通过电子商务、数字支付、互联网金融等方式推动实体经济发展，但企业数字化的核心还是要依靠数字技术和数字化工具来优化企业或组织的运营模式、提高效率和增加价值。因此，企业数字化不仅仅是虚拟经济，而是一种更加广泛和深入的商业变革和管理创新。

（二）将企业数字化等同于数字技术的使用

企业数字化离不开数字技术的使用，数字技术的掌握和应用是企业数字化的一个基本条件，但企业数字化不仅仅是数字技术的使用。企业数字化是一项循序渐进的持续性变革，需要利益相关者的充分参与、全力推动，从战略、业务、文化、组织、人才等多维度开展。例如，企业数字化涉及组织文化向以客户为中心和数据驱动的转变；涉及对传统商业模式进行重新思考，使用数字技术来改善客户体验的需求；需要通过数据分析来为整个组织的决策提供信息，包括改变流程和文化等以支持数据驱动的决策；要求组织更加敏捷，有能力尝试新想法，并迅速扩大成功的举措。总之，数字化转型不仅仅是使用新的数字技术，更是一项涉及多个职能和利益相关者的全企业范围内的持续工作。

> **知识链接**
>
> 扫描章后二维码，学习"数字化转型升级五阶段分析框架"

（三）盲目跟随数字化趋势

数字技术发展迅速，各种新技术和新应用不断涌现，企业往往会因为害怕被淘汰而跟随数字化趋势，只关注数字化应用的新潮流和热点技术，而忽略数字化对企业本身实际需求和发展战略的支持和帮助。这种情况下，企业可能选择一些并不适合自身情况和需求的数字化方案。这样做往往会浪费大量的时间和资源，无法真正提高企业的业务效率和竞争力。相比于盲目跟随数字化趋势，企业需要基于自身情况和需求，进行深入的调研和分析，制定适合自己的数字化战略和方案。企业需要了解自己的业务流程和运营模式，以及数字技术对企业的支持和帮助。企业只有在深入理解自身情况的基础上，才能够选择适合自己的数字化方案，实现数字化的最佳效果。

（四）认为数字化终结于实施

企业数字化不是随着新技术或新工艺的实施而结束的一次性事件，而是一个持续的转型过程，需要持续优化、不断改进和适应不断变化的业务和技术环境。数字化过程的目的是实现数字化的效果和价值，通过数字化改变企业的业务模式和流程，以提高效率、增强竞争力、创造价值。数字化的实施只是数字化过程的一个阶段，数字化过程包括对企业现有的业务流程和运营模式进行评估和识别，确定数字化的方向和目标，选择数字化相关技术和工具，设计和实施数字化方案，以及对数字化过程进行持续监测和改进。数字化是一项全面的、系统性的工作，需要企业在不同层面进行协调和整合，包括战略层面、组织结构层面、业务流程层面、技术层面等。数字化需要企业全面的支持和投入，包括人力、物力和财力，需要具备一定的数字化能力和思维的人才。

本章小结

数字化是当前企业发展面临的一个重要变化。了解数字经济的发展趋势、数字技术与平台的特点，以及数字化环境带来的商业变化和企业变革要求。在数字化浪潮的影响下，企业可以利用数字资源进行数字化创新，以及结合企业自身情况选择合适的数字化转型战略。数字化转型战略的实施对企业运营管理的效率提升、价值创新具有重要作用，但是企业也需要避免数字化的一些常见误区。

思考题

1. 查找相关资料，谈谈中国的数字经济发展面临怎样的机遇和挑战。
2. 选取我国天生数字化企业的典型案例，谈谈当今企业数字化有哪些新趋势。
3. 结合具体案例说明企业如何选择合适的数字化转型战略。
4. 影响企业数字化转型的因素有哪些？请从多个维度展开讨论。
5. 企业数字化存在哪些误区？如何避免这些误区？

| 即评即测 | 常用术语 | 知识链接 | 参考文献 |

第十二章

国际化战略

📍 学习目标

★ 理解企业国际化的动因和进入模式。

★ 了解企业国际化的速度和区位选择。

★ 了解企业国际化的作用和组织方式。

★ 了解新兴经济体企业国际化的特点。

开篇案例：云卷云舒东南亚 [①]

　　2022年9月，华为云、阿里云接连在泰国曼谷发布了出海计划，东南亚成为第一站：华为发布了"Go Cloud，Go Global"（上云，走向全球化）生态计划，宣布要在东南亚开拓伙伴生态、人才生态，联合当地政府、企业推动数字化转型。阿里云也宣布，未来三年将投入70亿元建设国际本地化生态，并在吉隆坡等全球市场增设6个服务中心。

　　中国云厂商向海外扩张要追溯至2017年。当时，中国云厂商同时瞄准了美国、欧洲、东南亚三大市场。欧美市场曾被视为出海关键，欧美市场成熟，客户需求旺盛。出海欧美的中国企业也需要技术服务。中国云厂商如果能在欧美高端市场获得认可，也意

----

① 财经十一人.跳出内卷，华为云、阿里云再战东南亚［DB/OL］.百家号，2022-10-08.

味着容易打开东南亚、中东、北非等其他市场。

2018 年之后的贸易环境变化影响了中国云厂商出海节奏。2018 年欧盟《通用数据保护条例》（GDPR）生效。2021 年，美国政府以"TikTok 可能威胁国家安全"为由，要求字节跳动旗下海外视频应用程序 TikTok 在美国停止使用阿里云。

多年来，东南亚是中国云厂商出海的桥头堡。2020 年，由于新冠疫情，中国云厂商在东南亚的脚步有所放缓。东南亚疫情管控放开之后，中国云厂商进入东南亚市场是中国市场竞争加剧、进入欧美市场不顺之后的自然选择。

从中国市场"内卷"，到东南亚市场"外卷"，中国云厂商跨出了寻找增量市场的重要一步。2022 年国内云市场"内卷"加剧、增速放缓且盈利困难。互联网市场天花板见顶，政企市场有增长却利润薄。上半年头部云厂商收入增速普遍降至 20% 以下。二季度多家企业增速甚至低于 10%，且仍处于微盈或亏损状态。

东南亚市场是距离中国最近的市场洼地。国际数据机构 Statista 显示，2022 年东南亚十国公有云（IaaS/PaaS/SaaS）市场规模预计为 74 亿美元，当年中国公有云市场规模预计为 353 亿美元。具体到东南亚各国的市场规模，新加坡最大，约为 30.4 亿美元，印度尼西亚 10.7 亿美元，泰国 10.1 亿美元，马来西亚 9.6 亿美元，菲律宾 6.8 亿美元，越南 4.4 亿美元，缅甸 1.2 亿美元，柬埔寨、文莱、老挝不足 1 亿美元。

同时，东南亚数字化市场增速也快。尤其是新加坡、印度尼西亚、泰国、马来西亚四国，近几年的公有云市场平均增速甚至高达 30%。国际调研机构 IDC 在 2021 年的数据显示，2025 年东南亚公有云服务市场总额预计将增长到 110 亿美元，五年复合年增长率为 21.5%。

耕耘东南亚市场同样可能形成价值陷阱。布局东南亚首先需要有云基础设施。2022 年阿里云宣布，未来三年投入 70 亿元建设国际本地化生态，后续将在各国推行差异化的产品和生态策略。印度尼西亚、泰国、马来西亚、越南、菲律宾每个国家的语言、文化都不一样，英语在一些国家甚至无法通用。耕耘海外市场，尤其是东南亚市场，应该采用"local to local"的原则。"local to local"旨在针对每个市场建立由本地人组成的团队，以此服务本地企业，而非用中国团队服务外国企业。2022 年，阿里云的海外组织结构完成了新一轮升级，最为重要的是服务团队、解决方案团队逐渐实现本地化。

阿里云布局海外市场的思路是从国际化到全球化。国际化指资源和能力从总部向外面延伸，没有去中心化。全球化是按照所属区域的优势特点来配置资源，包括销售、研发、供应链、物流等，以便更好地匹配当地市场。阿里云目前只做到了国际化，全球化是接下来的目标。

不过，无论是中国云厂商还是中国软件厂商，目前在东南亚仍处于起步期。东南亚市场会成为价值洼地还是价值陷阱，这考验着每一家企业的智慧。

案例思考题

1. 从中国云厂商国际化的时点和路径入手，思考国际化的机遇和挑战。
2. 作为一种网络服务，为何云计算提供商也需要进行本地化商业布局？

第一节　企业国际化的动因和模式 ■ ■ ■

一、企业国际化的动因

传统国际商务领域的研究对象主要是发达国家的跨国企业，这些公司随着规模的扩大和产品的成熟，试图向国外寻找新的市场从而获得更多的利润。这引发了学者们对企业国际化行为的探讨，形成了包括垄断优势理论、内部化理论、国际生产折中理论、国际化过程理论等一批经典的企业国际化理论。这些理论解释了发达国家企业在全球范围内渐进式扩张的过程、特征和成因，主要强调企业特有的优势资源是其开展国际化的关键因素，认为企业能够通过不断向东道国市场输入优势资源而获取超额收益。

垄断优势理论主张，企业进行国际化是为了利用其特有的竞争优势，如专有技术、品牌识别度、管理技能等，这些是本地竞争对手所不具备的。这种优势允许企业在外国市场上垄断一定的市场份额，从而获得高于正常的利润回报。企业将这些优势资源转移到国外市场，可以在更广泛的地域范围内获取超额收益。

内部化理论强调通过内部化跨国企业可以更有效地管理其国际运营。该理论认为，企业通过内部市场替代传统的市场交易，来避免市场缺陷，如高交易成本和信息不对称等。通过内部化，企业能够更好地控制其知识产权，优化全球供应链，减少依赖外部供应商所带来的风险和成本。

国际生产折中理论认为企业选择在特定国家进行投资有三个主要动因：所有权优势，地理位置优势，内部化优势。这个理论综合了垄断优势理论和内部化理论的观点，进一步解释了企业在国际化过程中如何利用其特有的优势，并在特定地理位置实现这些优势的最大化。

国际化过程理论则强调企业国际化是一个逐步深入的过程。企业初期可能只从事出口，随着对外市场知识和经验的积累，逐步扩大其在外市场的业务，可能发展到设立销售或生产子公司。这一理论特别强调学习和经验积累对于企业国际化战略的重要性。

企业国际化经典理论，主要聚焦于企业所拥有的稀有的、难以替代的、难以被模仿的知识和技术资源对企业国际化的驱动作用探讨，关注企业特有的优势资源所发挥的关键作用。企业国际化经典理论关注国际化的四个基本优点：一是扩大市场；二是更高的资本投资回报率或生产投资回报率；三是更大的规模、范围和学习效应；四是与区域差异相关的竞争优势。

通过国际化进入更多的市场，既可以帮助企业用原有产品服务需求类似的市场，也可能要求企业根据新市场用户需求调整产品和服务。容量较大的市场通常意味着更高的潜在投资回报率，但也可能意味着更激烈的竞争和投资风险。对于投资数额巨大的项目而言，市场规模至关重要，因此大多数研发密集型行业需要通过国际化摊薄研发成本，提高资本投资回报率和生产投资回报率。企业进行国际化市场扩张之后，可能产生规模效应，根据产品在不同国家标准化的程度，调整关键资源的分布，可能取得最优化的规模效应。在国际化过程中，企业往往会寻求特定的位置优势，这些优势有可能包括更低的劳动力成本、稀缺的关键资源和重要的客户等。

二、企业国际化的进入模式

进入模式是企业扩展到海外市场的方式。选择何种进入模式是企业国际化的关键战略决策。进入模式可分为出口贸易、许可协议、营销机构、合资企业和全资企业等。根据控制程度不同，后两种被看作高控制型进入模式，其他为低控制型进入模式，它们体现了企业在海外市场不同的承诺及风险水平。

（一）国际贸易

20 世纪 80 年代初产生的"新国际贸易理论"，以克鲁格曼模型为代表。这一理论模型与传统国际贸易理论模型（包括李嘉图模型与赫克歇尔－俄林模型）主要存在几个方面的区别。

（1）克鲁格曼模型的基本假设是规模效益递增、不完全竞争；传统国际贸易理论模型的基本假设是规模效益不变、完全竞争。

（2）克鲁格曼模型的基本结论是，规模效益递增决定了每个国家的贸易模式，即每个国家只集中生产一种产品中的某几个品牌并出口，以此获得规模效益；传统国际贸易理论的基本结论是，比较优势（李嘉图模型中的劳动生产率比较优势、赫克歇尔－俄林模型中的资源禀赋比较优势）决定贸易模式，一个国家会生产与出口其具有比较优势的产品。

（3）在克鲁格曼模型中，一个国家从国际贸易中的获益，是专业化分工与贸易带来的消费品种类的增加、生产成本与产品价格的下降；在传统国际贸易理论模型中，一国从国际贸易中的获益，是以进口产品表示的实际工资的增长（李嘉图模型）或充裕型生产要素实际回报率的增长（赫克歇尔－俄林模型）。

（4）克鲁格曼模型适用于解释发达国家之间相互贸易的主要形式（产业内贸易），即不同国家出口同种商品中的不同品牌；传统国际贸易理论模型适用于解释发达国家与发展中国家贸易的主要形式（产业间贸易），即不同国家出口不同产业的产品。

（5）克鲁格曼模型考虑了企业的角色与作用，规模经济与不完全竞争直接影响企业行为选择，但这一模型假设企业是同质性的，即企业之间是无差异的；传统国际贸易理论模型则根本不考虑企业在国际贸易中的角色与作用。

在克鲁格曼模型以及国际贸易微观实证研究的推动下，梅利茨建立了"异质性企业模型"，从而正式开创了"新新国际贸易理论"。该模型的核心内容是：① 企业是异质性的，它们的效率存在差异——这就改变了克鲁格曼模型第五个特点中关于企业同质性的假设。② 贸易自由化对不同效率的企业产生的影响不同：当一国开放贸易之后，由于竞争加剧，效率最低的企业会被迫从市场上退出，效率稍高的企业会继续在国内市场销售，效率最高的企业则会在国内市场销售的同时，通过出口扩大其市场，即出口企业比非出口企业表现优异，而且这种优异表现是其出口的原因而不是结果。③ 贸易自由化对不同效率的企业产生的上述不同影响，促使了社会资源从效率低的企业向效率高的企业转移，从而促进了整个行业乃至整个社会的生产效率的提高。

根据联合国贸易发展会议（UNCTAD）发布的《2022 年贸易与发展报告》，2022 年全球商品贸易额与服务贸易额将达到 25 万亿美元和 7 万亿美元，比 2021 年分别增长约 10% 和 15%。数据显示，2022 年全球商品贸易和服务贸易增速都开始放缓，其中商品出口增长约下降一半，从 2021 年 26.5% 的强劲增长骤降至 2022 年的 13.8%。运输、旅游等服务出口增长小幅下降，从 2021 年的 17.2% 降至 2022 年的 14.6%。该报告指出，供给侧受到冲击、消费者和投资者信心减弱以及俄乌冲突导致了全球经济增速放缓，并加剧了通胀压力。目前发达国家和发展中国家都面临着严重的通货膨胀。在实际工资下降、财政紧缩、金融动荡以及多边支持和协调不足的情况下，过度的货币紧缩可能给许多发展中国家和一些发达国家带来压力。

（二）对外直接投资

从总体上看，企业可选择的国际化进入模式可分为两类：一是非股权的合同模式，如出口贸易和许可协议；二是股权基础上的合资企业或全资企业。国际商务研究通常重点关注股权基础上的进入模式，并将进入模式选择归结为两类问题：一是独资还是合资；二是并购还是新建。独资还是合资针对的是股权模式选择；并购还是新建针对的是建立模式选择。进入模式选择涉及企业对海外业务的控制、资源承诺以及风险承担等重要决策，是企业海外经营成功与否的关键决定因素。

不同的进入模式意味着对国外运营的不同程度的控制。控制意指对运营和战略决策所拥有的权力。在各种进入模式中，许可协议的控制程度最低，全资企业的控制程度最高。就合资企业而言，控制水平取决于所有权分配和所涉及的各方数量，但无论如何，控制权必须与风险合作伙伴共享，因此，控制水平介于许可协议与全资企业之间。控制是进入模式关注的焦点。高控制型进入模式可以增加回报和风险。低控制型进入模式最小化了资源承诺和风险，但通常以回报为代价。企业国际化的进入模式选择可以视作在风险和不确定性条件下对控制与资源承诺成本之间的权衡。保持灵活性应该是大多数企业进行权衡的主要考虑因素。

资源承诺涉及专用资产，即无法在没有成本（价值损失）的情况下重新部署到其他用途的资产。这些资产可能是有形的（例如实体工厂）或无形的（例如管理技术）。就其本质而言，大多数国外生产都会涉及某种程度的专用资产投资。这些投资的特殊性质使它们容易受到机会主义的侵害，从而使对专用资产的保护成为一个重要问题。由于市场竞争无法控制机会主义，企业需要实施治理机制以保护其投资免受损失。其中，一种常见的保护策略就是内部化。值得注意的是，资源承诺构成了退出障碍，并限制了企业的战略灵活性。当资源承诺很广泛时，跨国企业不能在不产生大量沉没成本的情况下退出国外市场。

根据联合国贸易发展会议发布的《2022 年世界投资报告》，2021 年对外直接投资（FDI）达到 1.58 万亿美元，同比增长 64%，但也面临巨大的下行压力，发达国家和发展中国家吸引对外直接投资出现明显分化，进一步加剧南北发展不平衡问题。发达国家吸引外资增长了 200%，占全球跨境投资增长的近 70%，而发展中国家吸引外资只增长了 30%，最不发达国家、内陆发展中国家吸引外资较 2020 年减少 3.5%。该报告表示，2021 年流入亚洲发展中国家的外资增长 19%，创 6 190 亿美元的历史新高，占当年全球外资流入的 40%。中国是主要外资流入目的地。

（三）跨国并购

跨国并购是企业为了扩大市场占有率、快速建立国际竞争优势、实现长期稳定增长的一种战略抉择。企业选择跨国并购是多种因素综合的结果，其动因主要集中于通过海外资源、技术、人才的整合来增强企业自身的竞争力从而占据海外市场。跨国并购理论随着跨国并购活动的开展产生与发展，主要以规模经济、多元化经营、协同效应、市场势力理论作为跨国并购动因分析的理论根据。

规模经济理论是西方经济学家解释企业跨国并购动因最早理论之一。规模经济是企业因扩张而获得的成本降低的优势，企业希望通过跨国并购行为来增大企业生产规模，降低长期生产成本，从而获得规模经济效益。多元化经营理论指一家企业同时拥有多个不同的业务分支从而获得经营优势的行为。中国企业旨在通过跨国并购来增加企业经营业务范围，提高经营效率，降低企业的破产概率、降低期望的税负和增加回报的稳定性，从而提高企业价值。协同效应理论则强调企业跨国并购后的整体经营效果高于原分散的企业之和。企业希望通过跨国并购行为来达到经营协同、管理协同和财务协同效应，共同提高企业经济效益。市场势力理论强调企业借助跨国并购占据市场。一方面，由于挤出效应，企业可以减少竞争对手，提高市场占有率，加大对经营境况的操控。另一方面，企业间通过跨国并购组成大规模企业集团，对抗外来竞争，规模的扩大使得企业形成了市场垄断，使同行难以打破行业壁垒，获得了超额利润，增加了可持续发展的机会。

跨国并购是企业获得创新资源的重要方式之一。在跨国并购中，并购方企业不仅能够获取目标企业的固定资产、基础设施等实物资源，还可以吸收目标企业的管理模式、战略思维等无形资源。跨国并购可以使并购方企业直接获得发达国家的先进人员管理经验与企业战略发展思路，有效降低沉没成本，是企业转型升级的重要方式。跨国并购有助于企业获得被并购方的优质资源，企业可以通过吸收更多的先进技术资源，或者通过与企业本身的技术互补来提供更好的产品和服务。

同时，企业通过跨国并购，可以有效地避免贸易壁垒、扩大出口规模、开拓国际市场布局、利用被并购方在本土的优势拓展企业的营销网络和品牌，从而完善产品出口结构。并购后整合通过资源共享、资源重组、资源剥离等方式，使得并购双方在组织、人力、生产统筹、企业文化等多个层面上进行协同。尽管跨国并购能够为企业带来诸多优势，但企业在实施过程中或多或少都会遇到阻碍，并购整合后经营过程中产生的一些问题也难以避免。跨国并购的主要风险体现在财务风险（如价值评估风险、融资风险、支付风险等）、整合风险（如文化差异、人力整合、制度差异等）、税务风险和法律风险等方面。

知识链接

扫描章后二维码，学习"均胜集团连续跨国并购"

第二节 企业国际化的速度和区位

传统理论认为，国际化是企业一系列渐进决策的产物，即通过出口、在海外设立营销机构，逐步发展为在海外直接生产。然而，新兴经济体企业的国际化不一定遵循渐进方式。提出"跳板"观点的学者认为，新兴经济体企业以获取战略资产并规避国内制度限制为动因，倾向将国际化作为跳板，以激进方式进入海外市场。它们的进入模式既不会循序渐进，也鲜有路径依赖。与传统理论相似，"跳板"观点认为，经验在企业国际化中扮演着重要角色。通过贴牌生产、合资等方式与跨国企业合作，新兴经济体企业学习并积累了先进的技术、组织技能和管理经验，在后续的国际化中能采取非传统的模式。

一、国际化速度

传统的国际化理论强调企业国际化是渐进式的经验积累和知识学习过程。例如，国际化过程的经典理论"乌普萨拉模型"，认为企业国际化是阶段式发展过程，反映企业从纯国内企业转变为跨国企业的各个阶段，而不同阶段代表着该企业不同的国际化程度。该学派认为国际化过程是连续过程，企业会随着产品生命周期的演变不断提高自身的国际化程度，并采用国际化程度来描述国际化的进程，使用海外销售额比重、海外资产比重、海外员工比重以及海外分支机构价值增值比重等指标衡量国际化程度。以"乌普萨拉模型"为代表的传统国际化过程理论倾向于采用静态化、截面式传统分析范式，探讨企业的国际化程度忽略了国际化过程本身的动态性。

自 20 世纪 80 年代后期以来，一些初创企业从一开始就涉及国际业务。这些初创企业经常在几大洲筹集资金，制造和销售产品，特别是在先进技术行业，许多刚建立的企业已经全球化了。学者将国际新创企业定义为从一开始就寻求在多个国家使用资源和销售产品以建立显著竞争优势的商业组织。这些初创企业的显著特征是它们的起源是国际性的，它们在不止一个国家表现出可观察的和重要的资源承诺（例如材料、人员、融资、时间）。这里的重点是企业成为国际企业时的年龄，而不是它们的规模。与那些逐渐从国内企业发展到跨国企业的组织形成鲜明对比的是，这些新创企业始于积极的国际战略。

国际新创企业的兴起凸显了"加速国际化"这一核心特征。国际创业理论关注企业在海外市场选择、进入模式以及运营模式等战略决策上展现出的速度、广度和深度。国际化速度包括广度（地理范围和产品市场范围）和深度（资源承诺水平、进入模式选择）两维度。在广度方面，国际新创企业不是由近及远地完成市场延伸，而是在地理、文化、制度等方面表现出国际化行为的快速、频繁跳跃等特征；在深度方面，新兴经济体跨国企业则越来越倾向于直接采取并购的模式。国际创业理论认为，国际化速度应当体现全过程性，关注包含初始进入速度、国家范围变化速度以及海外承诺增长速度等多个维度的国际化速度指标。

影响企业国际化速度的因素可以分为管理者个体、团队和组织、组织间三个层面。从管理者个体层面看，企业国际化是一个经验积累与风险规避的过程，管理者国际化经验以及对待风险的态度是国际化速度的重要前因变量。管理者个体的风险认知态度、预见性、对不确定性的容忍度以及国际化导向，是加快企业国际化进程的因素。从团队和组织层面看，高管团队的国际化前瞻性和国际化经验能够提高企业的国际化速度。从组织间层面看，社会网络是企业克服外来者劣势、局外者劣势的关键因素，企业高管的国际化网络关系对企业国际化速度有明显的促进作用。

> **知识链接**
>
> 　　扫描章后二维码，学习"奥马天生国际化的海外扩张"

二、国际化区位选择

在 20 世纪 60 年代，海外投资区位选择是对外直接投资研究的中心议题之一。到了 20 世纪 70 年代，国际商务研究的重点开始从国家及其贸易和国际收支状况的宏观层面转向企业跨境运营的微观层面。直到 20 世纪 90 年代，对海外投资区位的关注才重新受到学术界的重视。发生这种转变的主要原因是经济环境的重大变化，例如，作为关键财富创造资产的知识的重要性日益增加，以及全球活动相互关联性增强。由于环境的这种转变，所有权和区位优势之间的相互作用最常发生在更为复杂和互联的跨国企业系统中，而不是产品周期模型或国际化过程模型中描述的简单的顺序市场进入。由于新的所有权优势的产生依赖于在特定地点进行的专门活动之间的相互关联性，通过与当地行为者之间的关系来利用空间特定的资源或能力已变得越来越重要。

有关区位选择的概念至少可以追溯到古典经济学关于专业工业场所外部性的观点。该观点认为，在特定地点的买卖双方的集聚可以带来更低的交换成本，增加思想互动的流动性，从而为各参与方利用这一丰富的资源池创造了机会。这种资源通常是无法转移的，也不能从其他的区位获得。20 世纪中叶以来，随着新技术的发展和全球化水平的提高，国家之间的双边和多边自由贸易协定的签订，运输、通信和交易成本的降低，区位观念的影响逐渐减弱。有观点认为，世界已变得平坦，因为标准化的中间产品投入现在可以来自世界上任何生产成本最低的地方。运输成本远低于过去，并且由于标准供应的最便宜区位不管位于什么地方都可以方便地获得，因此，在地理位置上更接近这些供应来源不再能够作为企业竞争优势的来源。

然而，在经历了新一轮全球化浪潮之后，学者发现，不同国家或地区之间的文化和制度差异并没有如此轻易地减少，相反，不同社会的制度复杂性还在日益增加。在跨国企业的国际网络中，高价值创造和创新活动可能在地理上分散在多个节点或卓越中心内，因此，区位异质性和国际业务战略要求跨国企业构建一个连贯的区位资产组合。当这些资产彼此契合并被视为一个整体时，区位特定资产的多样化结构将会成为企业竞争优势的来源。

有关区位问题的主流理论确定了对外直接投资的四个主要动因，即市场寻求、自然资源寻求、效率寻求和战略资产寻求。传统上，跨国企业向海外扩张以利用东道国的优势，重点关注与影响区位竞争力的因素相关的比较优势，如当地资源、教育基础和制度。跨国企业的竞争优势与子公司特定优势有关，这些优势来自当地的区位特征，即当地经济和非经济资源以及基于当地情境的潜在溢出机会。然而，仅仅强调特定区位的特征不能完全解释企业的战略，必须充分考虑企业与区位的相互作用，跨国企业寻找与其所有权优势相辅相成的区位优势，区位的重要性已经从与当地资源的相关性演变为专注于它们与企业特定优势的独特互动。换句话说，企业的全球竞争优势可以通过本地学习和与当地参与者的相互作用（双向溢出和知识流动）来加强。

知识链接

扫描章后二维码，学习"中国企业的品牌国际化"

三、全球化与本地化

虽然跨国企业战略涉及的内容非常复杂，但战略分析的框架却相对简单。在这一框架中，世界被视为全球化与当地化两股力量之间的平衡。技术变革带来了品位、风格和产品的趋同，但战略实施需要一定程度的本地化，以响应当地的需求和文化，并从当地的优势中获益。在20世纪80年代和90年代初，学者开始系统地研究跨国企业在地方适应和全球一体化方面的战略。早期的研究倾向于将这些维度视为相同规模的相反极点，或者作为两个高度相关的尺度。这个阶段的主流观点认为，全球战略的核心在于开发一种标准化的产品，在世界范围内以相同的方式生产和销售，通过全球市场利用规模经济，通过快速和大规模投资取得先发制人的地位，通过管理相互依赖性实现不同活动之间的协同效应。

渐渐地，学者认为全球化与本地化这两个维度并不是排他性的，如果建立和实施合适的组织结构，则可以将这两个维度结合起来。因此，他们引入了"多焦点"公司（multi-focal corporation）的概念，这样的公司同时具有当地响应和全球整合的特征。在此基础上，企业可以采用四种类型的战略，即国际战略、全球战略、多国战略和跨国战略。国际战略很少明确地利用全球一体化优势或当地适应优势，从而限制了持续的知识交流。全球战略侧重于全球一体化，牺牲了当地的响应能力，从而在很大程度上整合了组织过程，并从规模经济和范围经济以及整个组织的综合学习中获益。多国战略侧重于当地的响应能力，例如通过在每个市场提供适合当地情况的产品，但却放弃了潜在的规模经济。跨国战略创造了最为复杂的协调挑战。为了实现这种复杂的协调，跨国企业不仅需要正式结构，还需要非正式机制。

在过去几十年中，虽然全球化已经达到了新的高度，但仍然远远未达到"世界是平的"状态。学者称这种状态为"半全球化"，并指出，中间水平的国际一体化的这种结构条件为国际商务战略提供了与"主流"（单一国家或地区）业务战略真正区别开的内容空间。相比之下，零跨境整合的极端可能性意味着产出和投入市场的完全国际分割，并且可能使用"主流"业务战略框架，逐个国家制定战略。各国可能在几种不同类型的维度上存在差异：文化（宗教、种族、社会规范、语言）、行政（政治和经济关系）、地理和经济（财富和收入）。而在另一极，通过完全的跨境整合，"主流"业务战略的使用条件将再次得到满足：世界可以简单地被视为一个大国或大熔炉。

只有通过半全球化，国际商务战略才有可能与单一国家情形区别开来，而单一国家情形是大多数战略思想的基准。半全球化既是市场跨境整合水平的经验特征，也是考虑国际商务战略独特内容可能性的基本逻辑。半全球化是区位特异性的基础，并且与主流业务战略的"为什么公司不同"的基本问题并行，将"为什么国家或区位不同"作为国际商务战略中的基本问题。

> **知识链接**
>
> 扫描章后二维码，学习"字节跳动国际化突围"

第三节　企业国际化的作用和组织

一、研发国际化与企业创新

研发国际化（internationalization of R&D）是指公司的研发资源在不同国家之间的跨境配置，这些资源包括知识、人力、资本以及新技术。自 20 世纪 70 年代以来，伴随着海外市场需求的扩大和以网络信息技术为代表的全球知识生产方式的发展，各国研发基础设施普遍改善，西方跨国企业开始在全球范围内设立研发机构。对于发达国家企业的研发国际化活动目前已有充分的商业实践和理论研究，结果发现研发国际化对于母公司和东道国产生双赢效应，一方面母公司可通过海外研发提供本地化的产品和服务，并利用东道国的创新资源；另一方面东道国也可以从中获取技术外溢，提升本国研发人才的素质。

中国本土的企业由于先天技术实力不足，长期通过技术引进、模仿等方式向发达国家的跨国企业学习。从 20 世纪 90 年代开始，中国企业主动走出国门，与国外的企业、研究机构开展战略合作，通过收购、绿地投资等方式建立海外研发中心，监测、追踪、学习、利用国外先进的研发资源，助力企业研发能力的提升。研发国际化是当前中国企业跟进全球产业发展趋势、拓宽知识获取渠道、提升自主创新能力、开拓海外市场的重要方式，是国家推进创新驱动发展战略的重要途径。企业研发国际化的动因主要包括两种：一是技术应用型，即将母公司的技术转移到海外分支以适应东道国的市场环境和需求；二是技术探索型，即学习海外先进的技术和知识，从而提升母公司的技术水平和研发能力。

企业进行研发国际化的动因是动态变化的。早期针对发达国家跨国企业的研究认为，研发国际化的初始目的是帮助总部转移技术，支持海外的生产活动。但是随着生产和销售活动的扩大，海外研发机构会逐渐扩张为本地技术单元，进行适应性技术的开发。一些学者提出中国企业研发国际化的动因遵循着"技术搜索—母国优势扩大—母国优势利用"的演进规律，企业建立海外研发机构的初期是为了学习和吸收新的技术、知识；然后将其转移到母国企业，提高研发总部在中国本土的研发能力；最后会将这种能力推广到海外研发机构，实现产品和工艺在海外市场的本地化，获取国际竞争优势。企业的研发国际化决策除了受到主观动因的驱动外，还受到企业所处的环境等客观因素影响。西方企业由于海外生产基地和全球市场竞争的需求，往往需要对既有的产品和服务进行本地化的改善以适应东道国的市场特点，因此东道国的政治、经济、社会等因素会影响它们建立海外研发中心的决策。

从结果上看，研究表明研发国际化会对企业创新绩效产生积极作用，并且对企业生产率和销售额的增长都有积极贡献。研发国际化对于创新绩效的积极影响可能还受到众多潜在因素的调节，如企业的技术吸收能力、知识整合能力、国际化经验等自身因素，海外研发机构的地址选择、进入方式、所有权结构、组织形式、与母公司的沟通协调等因素，以及东道国的技术实力、科研体系、人才优势等选址因素。

> **知识链接**
>
> 扫描章后二维码，学习"南京汽车跨国并购"

二、国际化与企业绩效

关于国际化与企业绩效的关系，传统的看法是更高的企业国际化程度会带来更好的绩效，即两者线性正相关。然而一些研究发现，二次方的倒 U 形曲线关系（企业国际化超过最优水平之后会损害绩效）和 U 形曲线关系（企业国际化在取得正收益之前会有成本较多的负收益阶段）都可能存在。

国际化与企业绩效的正相关关系可以用经典的对外直接投资理论来解释，OLI 理论范式能够很好地解释跨国经营的动机与优势——比起东道国企业具有垄断优势（所有权优势），比起母国企业具有区位优势，比起出口与许可经营具有内部化优势，这一视角现已成为解释跨国企业存在机理的通用框架。组织学习理论认为国际化是一个渐进的过程，这个过程能够使国际化企业获得国内运营企业所得不到的组织学习和知识发展。国际化企业通过逐渐地收购、整合和使用外国市场知识，在国际化过程中获得了相对于非国际化竞争者更大的竞争优势。国际化与企业绩效的正相关关系也可以用资源基础观进行解释，国际化为跨国企业提供了更多有利的全球资源，以及重新对资源进行更有效配置的能力，甚至可以在有效的中间产品市场缺失时，用企业内交易来代替。

也有一些研究认为，国际化与企业绩效呈负相关关系。当企业进行外国直接投资的时候，企业面临着众多挑战，比如购买和安置生产设施、进行人员配备、建立内部管理系统和外部业务网络等，这些挑战将置新建立的子公司于一个相对现有企业不利的位置，降低其竞争力，同时这些负担也会阻碍子公司建立东道国合法性及提升企业声望。当子公司在外国建立时，除了上述的新进入者负担之外还要承受外来者负担，因为子公司无法具有与东道国当地企业一样高的商业活动效率；随着经验的增加和干中学进程，子公司的外来者负担和额外高成本才有可能逐渐减低。此外，跨文化研究指出，企业活动的地理广布性和文化多样性将带来沟通、协调和激励方面的众多问题。进一步，国际化会增加企业的财务风险和政治风险，例如汇率的波动、政府的规制、国际贸易法规等带来的一系列经营风险问题和管理应对难度。

倒 U 形关系的理论解释中很重要的一点是基于交易成本理论。当企业国际化超过适当程度之后，将产生过多的信息处理负担、组织复杂性、管理困难、资源配置的无效率，以及多个东道国政治文化环境的熟悉障碍。交易成本、协调成本和治理成本，都将随着国际多元化程度的加大而增加。有研究认为，国际化与企业绩效呈 U 形关系。国际化是一个渐进的学习过程，组织学习理论既可以解释 U 形关系中企业在国际化初期由于市场异质性和文化多样性的增加而降低效率，也可以解释初期之后国际化企业逐渐通过组织学习和知识发展，获得了更多的国际化知识和市场知识，通过产品和服务质量的提升形成了更大的竞争优势和超常的绩效。同时，在国际化初期企业存在着规模和范围不经济，从而形成了负的绩效，而在国际化中期之后随着海外子公司经营程度的加深，规模和范围不经济逐步转化为规模和范围经济。

> **知识链接**
>
> 扫描章后二维码，学习"万华集团跨国并购"

三、国际化与社会责任

对外直接投资的母国效应不仅体现在经济方面，还应包括社会绩效等其他效应。众所周知，随着全球范围内社会责任运动的兴起，对于企业履行社会责任的呼声日渐高涨，企业也越来越重视与社会、环境的和谐共处。一般认为，发达经济体跨国企业是促进全球社会责任发展的主要动力，然而发达经济体跨国企业虽然在本国拥有良好的社会责任形象，但是它们往往根据东道国对环境保护、劳工权益等的重视程度选择社会责任策略，以求在全球整合和当地响应两种压力之间取得平衡，国际多元化在使跨国企业"变好"的同时，也会使它们"变坏"。对美国企业的研究显示，国际化与社会责任存在正向关系，东道国的法律法规越完善，国际化对社会责任的促进作用越明显。对英国企业的研究却发现两者之间的关系并不明确，只有当东道国具有较高的社会责任标准时，国际化才能促进跨国企业社会责任的承担。

迈上世界经济舞台的企业由本土企业变成了跨国企业，但这种社会身份的转变会给企业带来突出的身份认同不足问题，即组织身份与组织形象不一致。身份认同不足源于新兴经济体跨国企业所面临的新兴者劣势，是导致新兴经济体跨国企业面临独特挑战的主要原因。跨国企业是在多国制度嵌入的环境下经营，不仅需要面对母国利益相关者，还需要对国际市场利益相关者的诉求予以高度关注。由于全球利益相关者对于企业参与解决社会问题抱有较高期望，这激励具有身份意识的跨国企业主动将国内环境和国际环境脱钩，改变社会责任策略和行为，向全球利益相关者呼吁的社会责任标准看齐，展现负责任的形象。企业向国际市场传递具有良好道德标准、可信赖的信号，能够改变东道国利益相关者的既有印象，并有助于加入东道国合法化的组织群体。

新兴经济体跨国企业可以将社会责任视为一种修补母国劣势的策略，通过履行社会责任与国际市场的利益相关方对话，证明自身具有优秀企业的品行。此外，身份认同理论还强调个体形成社会偏好是出于对自尊的需要。受传统文化影响，我国企业在某种程度上更加注重在国际上的形象，跨国企业身份所带来的荣誉感和责任感激励它们向高水平企业看齐，并积极改变。正如一些学者观察到的，"走出去"的中国企业会主动提高责任意识，并依据全球化的社会责任标准来规范企业行为。

四、跨国企业的组织

跨国企业的组织结构需要适应国际化战略的两个重要方面：国外销售额的相对规模和国外产品多样性的程度。这两个变量的相互作用划分了四个不同的战略领域，每个战略领域都与不同类型的结构相关联。国外销售额低，国外产品多样性低，适宜国际分部结构；国外销售额低，国外产品多样性高，适宜全球产品分布结构；国外销售额高，国外产品多样性低，适宜区域结构；较高的国外销售额和国外产品多样性则适宜矩阵或混合结构。

跨国企业母子公司关系亦称总部与子公司之间的关系，涉及总部可以通过哪些方式使其子公司的行为与企业整体的利益保持一致，以及选择适当的控制策略。处理这些利益冲突和控制策略的一个有用视角是代理理论，它关注的是委托人（总部）如何确保其代理人（子公司）以最大化委托人福利的方式行事。代理理论之所以适用于研究跨国企业母子公司关系，是因为这些关系基本上属于代理性质，例如：① 总部（委托人）将决策权授予子公司（代理人）；② 总部无法充分观察该附属公司是否适当行使授权；③ 双方通常有不同的动机，导致子公司不是按企业的最佳利益行事。

总部可以通过三种基本控制机制使子公司行为与企业总体目标保持一致：① 行为控制。行为控制是指委托人监督和指导代理人的行为以达到预期结果的程度。在跨国企业中，行为控制通过直接命令、密切监督或标准操作程序的实施和执行来实现。② 产出控制。产出控制是指委托人使用目标和目标设定来实现预期结果。在跨国企业中，产出控制体现在如总部随后跟进的年度绩效目标（例如市场份额、客户满意度或业务发展）中。代理人具有很大的自由度来确定如何实现这些目标。③ 社会控制。社会控制通过规范性压力来运作，这些压力旨在确保社会义务感并促进组织成员之间的价值共享（通过调整所涉及各方的目标）。在跨国企业中，社会控制可以采取各种形式，例如培训计划、员工选择、非正式和社会交流，以及总部和子公司之间的人员交流。

管理母子公司关系的目标是最佳的决策权分配，采用确保有效实施和正确行为的结构和系统，并不断调整整个企业的目标和利益。这在所有企业中都是一个多方面、复杂且具有挑战性的任务，但在跨国企业中更是如此。跨境条件加剧了跨国企业的权力下放需求，因为知识分散在各地区，任何问题的相关专业知识分散在不同区位。因此，必要时，跨国企业必须给予当地子公司很大的自由裁量权。

知识链接

扫描章后二维码，学习"天士力集团国际化组织发展"

第四节　中国企业国际化的特点

一、新兴经济体企业国际化相关理论

现有新兴经济体企业国际化相关理论主要分为两个流派：其一是企业国际化理论学派，以 OLI 理论为代表，认为企业进行国际化需同时具备所有权优势（ownership）、区位优势（location）以及内部化优势（internalization），强调跨国企业国际化是企业利用自身竞争优势抢占海外市场份额的结果。考虑到很多新兴经济体跨国企业在国际化初期并不具备上述优势，学者在 OLI 理论的基础上进一步提出 LLL 理论，认为新兴经济体跨国企业国际化的起点是获取外部资源，而这些跨国企业可通过对外扩张的外部资源联系（linkage）、杠杆（leverage）和学习（learning）来获得公司新的竞争优势。

其二是制度理论流派。制度理论学者认为，对于新兴经济体跨国企业来说，制度因素是直接影响企业战略制定和实施的关键因素，而不只是一个背景条件。制度因素对新兴经济体跨国企业国际化的影响来自两个方面：制度支持和制度逃逸。制度支持论强调母国政府对企业国际化的政策支持，如税收减免和融资刺激等；制度逃逸论则强调新兴经济体跨国企业国际化不仅是为了在国外市场利用其竞争优势，很大程度是对本国市场制度约束的一种逃逸。与之相关的制度套利论则是利用国外完善的制度优势为企业带来收益，实质是制度逃逸的另外一面。此外，跳板理论认为新兴经济体跨国企业可以利用国际化作为跳板获得企业的竞争优势，以克服它们内生的后来者劣势，弥补自身竞争力的不足，并减少其在国内面临的制度约束和市场制约。

影响新兴经济体企业国际化的因素主要体现为四个方面：第一，产业因素，如行业的类型、企业在行业中的地位和行业的竞争度等。第二，企业资源能力因素，主要体现为企业的制度能力、网络关系以及动态能力。例如，在经济相对落后的国家，拥有制度能力的新兴经济体跨国企业能更快适应当地市场制度，从而更容易将其外来者劣势转化为市场竞争优势。第三，制度因素，主要是东道国制度环境、制度距离等。母国制度因素，如母国制度环境、政策支持等，也会影响新兴经济体企业国际化的战略决策和行为。第四，管理

者个人因素，如高管的创业创新精神、民族自豪感等都会影响新兴经济体企业国际化的战略决策。

关于新兴经济体跨国企业国际化的战略目标，现有研究主要给出了三种解释。第一种解释认为，新兴经济体跨国企业国际化是为了获得更大的国际市场份额，国际化是企业特定优势的利用和延伸。新兴经济体跨国企业具有针对母国和东道国环境的区位特定知识优势，当面对多重的制度压力和复杂的制度环境，新兴经济体跨国企业通常能够迅速反应并发挥其非市场资源能力来获得市场竞争优势。

第二种解释认为，新兴经济体跨国企业国际化是企业战略资源获取的重要渠道和方法。与发达经济体跨国企业相比，新兴经济体跨国企业在技术、品牌和管理等方面较为匮乏，使其在国际竞争中常处于劣势地位。因此，为了企业的持续发展，获取海外优秀战略资源成为新兴经济体跨国企业国际化的重要动因。

第三种解释基于制度逃逸观点，认为新兴经济体跨国企业为了降低在母国受到的制度压力和风险，更倾向于通过国际化来实现国内资产、风险向制度环境较好的地区或国家的逐步转移。

关于新兴经济体跨国企业的区位选择也有多种观点。有研究认为新兴经济体跨国企业更倾向于进入发展程度较低的国家，以充分发挥其制度经验与关系能力，从而更易于赢得当地市场；制度逃逸观点则认为新兴经济体跨国企业国际化是对母国不完善的制度环境的逃逸，以获取更完善的市场竞争。

知识链接

扫描章后二维码，学习"华源集团国际化适应性成长"

二、共建"一带一路"倡议下的企业国际化

2013年9月和10月，习近平先后提出共建"丝绸之路经济带"和"21世纪海上丝绸之路"，标志着共建"一带一路"倡议正式提出。此后，党中央扎实推进共建"一带一路"倡议，将理念化为行动，使愿景变为现实，"一带一路"建设进入谋篇布局的阶段。2015—2018年，共建"一带一路"完成总体布局。"十四五"时期是推动"一带一路"高质量发展的关键阶段。《中华人民共和国国民经济和社会发展第十四个五年规划和2035年远景目标纲要》明确提出，要加强发展战略和政策对接、推进基础设施互联互通、深化经贸投资务实合作和架设文明互学互鉴桥梁，以推动共建"一带一路"高质量发展。

"一带一路"实践印证了所有权优势理论在企业国际化中的作用。所有权优势理论指

的是企业在对特定的一个或一组市场进行供给时，所具有的他国企业没有或者无法充分利用的禀赋。例如，出口经验能够显著提升企业对"一带一路"共建国家投资的概率。共建"一带一路"倡议下，具有较强可转移优势的企业更倾向于采用合资或并购模式对外投资，以更好地利用自身优势获取当地资源；不具备可转移优势的企业则更多通过在当地绿地新建的方法来生产相关资源。

区位优势理论在共建"一带一路"实践也有体现。区位优势主要是东道国对于投资者而言在环境方面的优势，主要包括两个方面：由东道国丰富的要素禀赋所形成的优势，以及由东道国良好的经济和政治环境所形成的优势。研究表明，"一带一路"共建国家技术和研发资源显著促进了中国企业采用合资或并购模式进行对外投资，这反映出中国企业对共建"一带一路"的发达国家的投资存在一定的战略资源寻求动机。

东道国良好的经济和政治环境所形成的优势主要体现在三个方面：第一，要吸纳外国投资，东道国需要具备一定的经济规模和发展水平。第二，较低的投资壁垒对于促进资本在国际的自由流动有重要意义。第三，完善的基础设施是构成良好投资环境的重要配套条件。研究表明，以共建国家 GDP、人均 GDP 或 GDP 增长率衡量的东道国经济状况的好坏显著影响中国对外投资，并且显著提升中国对共建国家的投资效率。此外，东道国政府对经济干预程度的经济自由度，对于共建"一带一路"倡议下的中国对外投资效率具有显著的促进作用。共建"一带一路"倡议也提升了共建国家的基础设施水平，进而有利于提升中国企业对当地的投资规模。

在"一带一路"建设过程中，东道国和母国关系对投资的影响也愈加受到关注。密切的关系有利于促进信息流动，并且能够在一定程度上削弱较高的制度风险带来的不确定性，降低投资成本。研究表明，共建"一带一路"倡议能够通过加强中国与共建国家之间在设施联通、贸易联系和金融联系三方面的经贸关系而提升中国对外投资规模。此外，以中国文化产品出口规模表示的文化交流水平也被证明是共建"一带一路"倡议提升中国对外投资规模的重要路径之一。

> **知识链接**
>
> 扫描章后二维码，学习"华立出海记"

三、新发展格局下的中国企业国际化

随着经济全球化进程的深化，国家间经济和政治实力对比也在发生显著变化。在大国博弈和国际秩序演进的大背景下，大多数中国企业国际化的进程正面临前所未有的挑战。

从技术维度看，中国企业的国际化多为资源驱动，仍然处在国际价值链的低端。从市场维度看，中国企业仍需加强国内外市场的协同。从全球治理的维度看，当前中国企业在全球合作系统中多数时候仍只能被动接受规则、遵循现有国际秩序格局下的制度安排。随着逆全球化趋势的凸显，中国企业在跨国经营活动中越来越受到所嵌入的政治、制度等因素的制约。如何进一步完善全球治理，加强市场话语权是中国企业亟须解决的问题。

　　构建以国内大循环为主体、国内国际双循环相互促进的新发展格局是中国应对百年未有之大变局、推动经济高质量发展的重大战略抉择。新发展格局不是封闭的国内循环，而是开放的国内国际双循环。正如习近平强调的："以国内大循环为主体，绝不是关起门来封闭运行，而是通过发挥内需潜力，使国内市场和国际市场更好联通，以国内大循环吸引全球资源要素，更好利用国内国际两个市场两种资源，提高在全球配置资源能力，更好争取开放发展中的战略主动。我国开放的大门不会关闭，只会越开越大。要科学认识国内大循环和国内国际双循环的关系，主动作为、善于作为，建设更高水平开放型经济新体制，实施更大范围、更宽领域、更深层次的对外开放。"①

　　内循环和外循环之间存在辩证关系：从规模角度看，内循环和外循环存在互补和替代关系；从结构和效益角度看，内循环有助于提升出口产品质量和国际竞争力，而外循环也有助于促进国内经济结构优化升级。从动态过程看，国内市场与中国企业国际化之间的双向赋能是一个循环往复、迭代增强的过程。

　　研究表明国内市场对中国企业国际化的赋能包括制度赋能、要素禀赋赋能和市场赋能，这些赋能帮助中国企业积累资源和能力，进而实现国际化发展。第一，制度赋能。制度赋能是指母国制度环境对中国企业国际化的赋能效应，如政府对企业国际化的资源支持、税收优惠、服务支持等。第二，要素禀赋赋能。要素禀赋赋能是指国内要素禀赋（如自然资源、人口、劳动力成本、土地等）对中国企业国际化的赋能作用。早期国内给企业出口的最大支持是低成本要素资源（如劳动力成本），帮助企业成功将产品打入国际市场，建立竞争优势。企业在国际化早期阶段也依靠国内要素禀赋优势提高产品价格优势。随着时间的推移，国内要素禀赋也在不断变化，尤其是数字要素、创新资源日益丰富，中国企业的国际化发展也越来越受益于新要素赋能。第三，市场赋能。市场赋能是指中国国内超大规模市场优势对企业国际化产生的赋能效应，突出表现为企业依靠国内庞大消费市场在国内积累资金、技术、人才等，并利用这些资源赋能企业国际化，国内市场是中国企业持续发展的动力之源。

　　随着时间的推移，中国企业国际化发展反过来也对国内市场产生赋能效应，包括微观和宏观两个层面。从微观层面看，中国企业国际化有助于提升企业自身在国内市场的竞

① 习近平.新发展阶段贯彻新发展理念必然要求构建新发展格局［J］.求是，2022（17）：4-17.

争优势，为企业进一步拓展国内市场提供技术、品牌、人才等支持。从宏观层面看，中国企业国际化对国内经济具有赋能效应，如促进国内相关产业技术进步、满足内需消费升级等。第一，技术赋能。技术赋能是指企业通过国际化获取海外先进技术、前沿知识、专利等，并将这些技术资源转移到国内市场，提升企业在国内市场的竞争优势。第二，品牌赋能。品牌赋能包括三类赋能机制：一是直接通过跨国并购获得海外知名品牌，并将这些品牌引入国内市场；二是通过国际化发展不断提升企业自身实力和影响力，逐渐提升自身品牌形象和价值；三是在国际市场创造新品牌，并将新品牌应用在国内市场。随着越来越多的中国企业开展国际化，并借助国际化赋能国内市场，企业国际化对国内大循环的赋能效果将逐步增强。

知识链接

　　扫描章后二维码，学习"新发展格局下企业国际化案例"

本章小结

　　国际化是企业发展的重要方向，面向国际市场、满足全球需求是企业发展过程中不可回避的战略选择。理解企业国际化需要从为何国际化、如何国际化、向哪里国际化、何时国际化等方面进行系统性思考，并深入理解国际化的过程、节奏和效果。传统的国际化理论认为，企业往往在某国市场积累特定的竞争优势后才开始国际化。然而，随着全球化进程的深入，许多发达国家和发展中国家的企业呈现出天生国际化的特点，利用全球化技术、全球化市场和全球化人才促进企业持续发展。

思考题

　　1. 查找相关资料，谈谈中国企业国际化的路径和东道国选择有哪些新变化。

　　2. 选取中国企业"蛇吞象"海外并购的案例，思考并购标的选择和并购后整合应注意哪些问题。

　　3. 选取我国天生国际化企业的典型案例，谈谈当今国际创业有哪些新趋势。

　　4. 共建"一带一路"倡议与新发展格局对企业国际化的影响体现在哪些方面？

即评即测

常用术语

知识链接

参考文献

第十三章

非市场战略

 学习目标

★ 从社会和企业层面理解非市场战略的重要性。
★ 了解非市场战略的主要类型。
★ 学习企业非市场战略决策模型。
★ 理解企业如何有效整合非市场战略与市场战略。

━━━━━━━━━━━━━━━ **主要内容** ━━━━━━━━━━━━━━━

开篇案例
第一节　非市场战略概述
第二节　非市场战略的主要类型
第三节　企业非市场战略决策
第四节　整合市场战略与非市场战略
本章小结
思考题
即评即测
常用术语
知识链接
参考文献

扫描二维码，
学习本章完整内容

第四篇

战略组织和实施

第十四章

战略的组织

学习目标

★ 理解组织与战略的关系以及战略变革在组织层面的诱发因素。

★ 理解高层管理者、中层管理者和员工在企业战略制定与实施中的角色。

★ 理解人力资源管理的战略意义。

★ 理解不同类型组织文化的形成以及对企业战略的影响。

主要内容

扫描二维码，
学习本章完整内容

第十五章

战略的实施

学习目标

★ 掌握战略实施流程各个阶段的内容。
★ 掌握业务领先模型的要点及内在联系。
★ 理解战略地图的基本逻辑及优缺点。
★ 了解战略解码的含义、原则及实施流程。
★ 了解战略执行和评估的意义及方法。

 主要内容

扫描二维码，
学习本章完整内容

教学支持说明

建设立体化精品教材，向高校师生提供整体教学解决方案和教学资源，是高等教育出版社"服务教育"的重要方式。为支持相应课程教学，我们专门为本书研发了配套教学课件等教学资源，并向采用本书作为教材的教师免费提供。

为保证教材配套教学资源仅为教师获得，烦请授课教师清晰填写如下开课证明并拍照后，发送至邮箱：jingguan@pub.hep.cn 或 weiyl@hep.com.cn，也可通过高教社管理类专业教学交流 QQ 群 234904166，进行索取。

咨询电话：010-58581020，编辑电话：010-58556265

证　明

兹证明＿＿＿＿＿＿＿＿＿＿大学＿＿＿＿＿＿＿＿学院／系第＿＿＿＿＿学年开设的＿＿＿＿＿＿＿＿＿＿＿＿课程，采用高等教育出版社出版的《＿＿＿＿＿＿＿＿＿》（＿＿＿＿＿主编）作为本课程教材，授课教师为＿＿＿＿＿，学生＿＿＿＿个班，共＿＿＿＿人。授课教师需要本书配套教学资源用于教学使用。

授课教师联系电话：＿＿＿＿＿＿＿＿＿＿E-mail：＿＿＿＿＿＿＿＿＿＿＿

学院／系主任：＿＿＿＿＿＿＿＿＿（签字）

（学院／系办公室盖章）

20＿＿年＿＿月＿＿日

郑重声明

高等教育出版社依法对本书享有专有出版权。任何未经许可的复制、销售行为均违反《中华人民共和国著作权法》，其行为人将承担相应的民事责任和行政责任；构成犯罪的，将被依法追究刑事责任。为了维护市场秩序，保护读者的合法权益，避免读者误用盗版书造成不良后果，我社将配合行政执法部门和司法机关对违法犯罪的单位和个人进行严厉打击。社会各界人士如发现上述侵权行为，希望及时举报，我社将奖励举报有功人员。

反盗版举报电话 （010）58581999　58582371

反盗版举报邮箱 dd@hep.com.cn

通信地址 北京市西城区德外大街4号　高等教育出版社知识产权与法律事务部

邮政编码 100120

读者意见反馈

为收集对教材的意见建议，进一步完善教材编写并做好服务工作，读者可将对本教材的意见建议通过如下渠道反馈至我社。

咨询电话 400-810-0598

反馈邮箱 gjdzfwb@pub.hep.cn

通信地址 北京市朝阳区惠新东街4号富盛大厦1座　高等教育出版社总编辑办公室

邮政编码 100029

防伪查询说明

用户购书后刮开封底防伪涂层，使用手机微信等软件扫描二维码，会跳转至防伪查询网页，获得所购图书详细信息。

防伪客服电话 （010）58582300